党校文库 SERIES OF BOOKS OF PARTY SCHOOL 中共浙江省委党校

中共浙江省委党校
学 人 书 系

# 刘明 文集

中国社会科学出版社

图书在版编目（CIP）数据

刘明文集 / 刘明著 . —北京：中国社会科学出版社，2019.7
ISBN 978-7-5203-4772-3

Ⅰ.①刘…　Ⅱ.①刘…　Ⅲ.①哲学—文集　Ⅳ.①B-53

中国版本图书馆 CIP 数据核字（2019）第 150060 号

出　版　人　赵剑英
责任编辑　冯春凤
责任校对　张爱华
责任印制　张雪娇

出　　　版　中国社会科学出版社
社　　　址　北京鼓楼西大街甲 158 号
邮　　　编　100720
网　　　址　http：//www.csspw.cn
发 行 部　010-84083685
门 市 部　010-84029450
经　　　销　新华书店及其他书店

印刷装订　北京君升印刷有限公司
版　　　次　2019 年 7 月第 1 版
印　　　次　2019 年 7 月第 1 次印刷

开　　　本　710×1000　1/16
印　　　张　17.5
插　　　页　2
字　　　数　285 千字
定　　　价　98.00 元

# 目　录

## 第一部分　科学文化研究

## 第二部分　学术评价制度研究

# 序　言

陆发桃

东南形胜、潮涌钱塘，诗画浙江、自古繁华。伴随着新中国一起诞生，在改革开放中跨步前进的红色学府——中共浙江省委党校已有近七十年的历史。七十年来，作为省委的重要部门、培训轮训党员领导干部的主渠道、党的哲学社会科学研究机构，浙江省委党校始终高扬党的旗帜，紧紧围绕党的路线方针和中心大局开展干部培训和理论研究宣传，为党的干部队伍建设、理论创新和浙江经济社会发展作出了重要贡献。特别是1983 年到 1989 年党校教育正规化时期，浙江省委党校各项事业快速发展。这一时期，省委党校科研工作空前活跃，领导科学、干部语言逻辑等学科建设成果显著。鲍世平撰写的《领导科学纲要》于 1985 年 10 月由中央党校求实出版社出版，1989 年修订本出版时，中央党校常务副校长薛驹对此表示祝贺，并亲自为该书题写书名。陈宗明编写的《现代汉语逻辑》获 1985 年度省社会科学优秀成果一等奖……这一时期，党校教师形成了以老教师带头、以 80 年代初引进的一批中年教师为主体的"党校学人"群体，为党校教育正规化事业作出了不可磨灭的重大贡献。1986年 9 月 10 日，李基固被评为省教育系统优秀教师和全国教育系统优秀教师；1987 年 8 月 24 日，陆立军被省委宣传部、省教委、中国教育工会浙江省委员会批准为省级优秀教师；1989 年 9 月 10 日，陈宗明被国家教委、人事部、全国教育总工会评为 1989 年度全国优秀教师……时光荏苒，岁月如梭。老一辈"党校学人"陆续离开了他们热爱的党校教师岗位。但他们的精神始终激励着我们。为全面回顾"党校学人"的光辉历程，传承和发扬"党校学人"的光荣传统，激励党校学人继续开拓进取、勇往直前，在历史新时期谱写党校事业新篇章，学校决定对党校学人积累下来的珍贵的学术财富进行系统梳理，设立《党校学人书系》。《书系》的编写出版，对于深入研究"党校学人"成长规律，进一步探索新时期"党校学人"培养新思路新方法，努力开创新时代党校发展新局面，具有重要借鉴意义。"干在实处永无止境，走在前列要谋新篇。"新时代党校工作责任重大，使命光荣。希望新时代"党校学人"站在前人的肩膀上，不忘初心、牢记使命，永远奋斗，努力为建设红色学府示范党校，推进"两个高水平"建设、实现中华民族伟大复兴的中国梦而努力奋斗！

# 自　序

今年是改革开放纪念年，拙作的文集有幸在这个时节推出，我当遵循冥冥之中的天意，将她奉献于十一届三中全会——改变历史进程的伟大事件——召开四十周年。

可以毫无修饰地承认，没有改革开放就没有这些文字；没有改革开放，就没有当下的我。作为 1940 年代生人，我的前三十年，是迷失在闭关锁国——思想禁锢中的三十年；我的后四十年，则是沐浴在改革开放——思想解放中的四十年。几乎是与新中国同步走的我们这一代人的经历，可以证明的是一个浅显道理：改革开放是国家走向民主文明、个人通往自由尊严的唯一康庄大道。

1978 年 9 月，我考入浙江大学自然辩证法专业，得以作为"文革"后的第一届研究生，继续整整十年前在北师大谭厚兰派掌权的政治整肃中草草结束的大学学业。我牢记着当年的第一声春雷——恢复大学高考招生——如何震动了沉睡的中国大地，我感谢浙大录取我这样一个出身仍有待正名的北大荒汤原县地震办科员（在该年春季的研究生招生考试里，在普遍荒废了学业十年的考生当中，我的数学成绩出奇的好），给予我再次学习的机会。

1978 年 12 月，党的十一届三中全会召开，否定了"以阶级斗争为纲"的极"左"路线，开辟了改革开放的新征程，展现了国家繁荣昌盛的光辉前景。

1978 年 9 月—1981 年 12 月的三年回炉，因为时代背景大异于 1962 年 9 月—1968 年 8 月的大学年代，让我补习了欧洲哲学史、中国哲学史、自然科学史等学科知识，并且接触到系统论—控制论—信息论，耗散结构论—协同论—突变论等新兴学科。但是，处在那样一个新旧更替的时期，外界的文化信息纷乱杂陈，一些老师的学识结构也因为三十年的"兴无灭资"思想改造而僵化落后。而我的专业兴趣——科学哲学——涉及以量子力学、相对论为代表的现代科学和哲学认识论知识论的一些基本问题，对于前者，我需要提高；对于后者，我需要新修；尤其是世界观模式必须从三十年来被灌输的独断的一元论转向怀疑的多元论；自己的时间、精力远远不够。三年里疲于应付课程学业要求，导致尽管用心不少，毕业论文从命题到立论、取材、构思，均不能自我满意，更谈不上正式发表论文了。"万事起头难"，这段经历令我有深深的体会。好在那些年里，体现新思潮的图书层出不穷，只要用心，总能够不断获得新知，

经过一番周折，1981年12月，作为当年分配到此的十名毕业研究生之一，我到浙江省委党校报到，进入哲学教研室。在很短时间里，党校就对解决我们的两地分居、住房、职称……作出了优先安排，让我们能全身心地投入教学和研究。

浙江省委党校自1980年起，就开办了两年制正规培训班。1983年3月，中共中央作出了《关于实现党校教育正规化的决定》，省委党校对组织机构、招生班次、课程设置等进行了大幅度的调整，特别是设立了自然科学教研室。我一边承担着教学和行政任务，一边借助《读书》编辑部王焱到访的东风，启动了指向公开发表的学术研究。

1980年代，是中国近七十年来思想最为活跃的年代，而《读书》则起到了吹响思想解放号角的作用，梁漱溟、李洪林等是她的作者，谢冰心、沈从文、巴金等是她的热心读者。我的科学哲学习作能够多次通过她面世，大大提振了从事研究的自信心。另外值得一提的是，1986年8月，在安徽黄山召开了"全国中青年哲学工作者最新成果交流会"，会议收到的论文多达1700多篇，这实在是一次空前绝后的哲学盛会，我提交的论文《试论科学认识中的未知与创造》入选并能够与诸多前辈、同行切磋交流，在大会小会上感受前所未有的敢想敢说平等对话的气氛，至今不能忘怀。

我在这一时期撰写的论文，是我在开放年代接触新知的学习心得，涉及对于过往教科书的若干范畴概念的反思和批评：机械决定论、独断一元论、古典因果论、被动反映论、牛顿是"归纳法的驴子"……从一个方面反映出我力图以开放的心灵迎接开放的时代，用科学领域的新成果批评

前三十年的自己和同龄人曾经接受过的僵化教条，表明我继续走在此前研究生阶段开始的全民启蒙的大道上。

1989 年的政治风波后，教学任务大幅度减少，我曾花费了两年时间生啃难度很大的《庄子》，并撰写了《庄子技术论思想评析》《庄子原始科学哲学思想初探》、论《庄周—卢梭问题》等一批论文，对郭沫若、冯友兰等的观点提出了商榷和补充，获得了同行的好评。陈鼓应将《试论庄子的技术哲学思想》纳入他主笔的《道家文化研究》第十辑，一些高校将此论文列入研究生必读的参考文献。

1994 年晋升教授之后，我从文化学教研室转到了行政管理教研室（现公共管理教研部）。在承担"可持续发展与公共政策"等教学任务之外，我一直在考虑怎样将个人兴趣专长与行政体制改革结合起来。

对于高等院校和科研院所来说，如何评价教研人员的研究业绩及研究能力，是一个关系到资源分配和精神激励的重大事项。自 20 世纪 90 年代中期以后，量化评价办法日益得势，涉及到对教研机构、教研人员、研究成果给以评估的方方面面。通过几年的观察，我深感这一貌似客观公正的评价机制实质上缺乏理性支撑并造成诸多弊端。为此，我主要着眼于人文社会科学（比较自然科学和工程技术，人文社会科学至今不评选院士，不颁发国家级奖励，本身就是背离各国通例的耐人寻味的制度安排），在纵向上，从学术评价的起源、变迁到中外历史经验教训；在横向上，就科学计量学之滥觞、量化评价与同行评议二者之优劣、欧美发达国家对量化评价之取舍……进行了多方面的讨论，主张将学术评价重新纳入同行评议这个唯一可取的轨道，并为同行评议的健康开展创造包括减少行政干预在内的必要条件。我的这一研究选题得到了浙江哲学社会科学研究基金的支持。

围绕学术评价制度研究，21 世纪的前几年，我在《自然辩证法通讯》《自然辩证法研究》《科学学研究》《社会科学论坛》、香港中文大学《二十一世纪》等发表了一系列论文、评论、随笔等，并且出版了一部专著《学术评价制度批判》。这些著述受到海内外诸多媒体和热心人士的关注与讨论。例如《科学时报》《中华读书报》《学习时报》……《WIKIPEDIA》的条目 "Science and technology in China" 着重引述了《批判》中的观点，2006 年，美国国务卿赖斯的科技顾问爱德华·萨穆尔斯基教授随同美国国务院科技代表团访华，也借助《批判》的讨论，评述了中国学术研究的进步及存在的不足。舆论的共鸣说明我讨论的是一个真问题并提出了若干有价值的见解，遗憾的是，近年来，评价制度的改进并不显著。

这些年来，围绕可持续发展、行政监督、科学技术政策等，我也有论著发表；出于教学需要，我主编过《现代科学技术概论》《实用管理数学基础》等教材；与前辈及友人合作，编译出版了《爱因斯坦文录》《怀特海文录》；为《中国大百科全书（物理卷）》撰写过条目，参与过《诺贝尔奖演讲全集》《中国少年儿童百科全书》……的编写。算是为各个阶层科学文化知识的普及尽了绵薄之力。自 2007 年退休以来，我为母校北京育才学校、北京师范大学，为回忆和反思"文革"，为我敬重的前辈，撰写了若干纪念回忆文字。这一切均未能收入本文集中。

因为字数的限制，本文集仅在我用心最多的科学文化研究和学术评价制度研究两个方面，选择了若干自认为迄今尚未过时的代表性成果合成一束，奉献给读者，算是对后半生研究工作的回顾，同时亦向改革开放四十年表达我的虔诚敬意。希望这些致力于思想解放求是改革的旧作，仍能够引起读者的关注和批评。

刘明
2019 年 6 月

# "决定论"质疑

在国内外讨论自然科学哲学问题的文献中，"决定论"是个常常见到的基本概念。由于历史的原因，人们对这一概念的理解存在着分歧，往往产生一些争论。

1980 年出版的《辞海》中写道："决定论是承认一切事件具有规律性，必然性和因果制约性的学说。一般地是唯物主义者的主张。非决定论是主观唯心主义者为了反对决定论而提出的学说……"另外一些论著，有的基本上采用了上述定义，有的在同一本书的不同章节却赋予决定论不同的意义。总的说来，都给决定论以肯定的理解。

要追究以上各种各样定义的由来，须回溯到 20 世纪 50 年代苏联哲学界对我国的影响。在苏联《简明哲学辞典》"决定论和非决定论"条目中就写道："决定论是关于一切事件和现象的有规律的、必然的联系及其因果制约性的学说，非决定论是唯心主义用来反对决定论的学说……"接下去，它便作出结论，认为关于量子力学完备性的观点和魏斯曼—摩尔根遗传学理论是"反科学的""非决定论"的。从 50 年代至 70 年代，苏联基本上沿用着上述观点。在苏联《哲学百科全书》中，"决定论"条目的内容大体照旧，同时还把赫拉克利特、德谟克利特、伊壁鸠鲁均划为古代的决定论者。一些学者还把决定论与因果关系问题完全联系在一起，认为决定论与非决定论是"关于因果关系的地位与作用问题的两种对立的哲学概念""彻底的决定论断言因果关系的客观性质"。

西方哲学界的决定论概念也存在着种种歧义。美国《哲学百科全书》和 Reese 编《哲学与宗教辞典》中就讨论过伦理学决定论、逻辑决定论、神学决定论、物理决定论、心理学决定论等多种形式的决定论。尽管形式各异，但决定论的基本涵义都是指：一定时刻处于一定状态的对象，它的发展前景将被唯一地、严格地确定。既有唯物论意义上的决定论，也有唯心论意义上的决定论。容易看出，苏联哲学界与西方哲学界的决定论概念有着原则的差别。那么，传统的、较为科学的决定论概念是什么呢？唯物辩证法的创立者又是如何评价决定论的呢？决定论（英文 determinism），词源为 determinate，即拉丁文 determinare。后者的原义是要求"确切地，一一列举地（即个体化 individualized）决定，鉴别"，决定论本身是说"所发生的每一事件均是由因果关系的必然链条所决定"。（《牛津英语辞典》1970 年版）

马克思、恩格斯在他们的哲学著作中清楚地表明了他们对决定论的批判态度。在《博士论文》中，马克思是在德谟克利特只承认必然性的意义上使用决定论这一概念的，他肯定了伊壁鸠鲁由于提出偶然性而突破了决定论的历史功绩。在《自然辩证法》中，恩格斯写道，决定论"从法国唯物主义传到自然科学中，并且力图用根本否认偶然性的办法来对付偶然性"。

无论从词源学角度，还是从马克思、恩格斯的提法都能够看出，决定论是一种形而上学的反辩证法的观点，它认为客观世界进程中只有必然性，没有偶然性，偶然性只是人类无知的别名。这样一来，自然界、人类社会、意识活动均被蒙上了一种先定的、神秘的色彩，恩格斯一语中的：承认这种必然性，"还是没有从神学的自然观中走出来"，肯定要陷入宿命论。

若考察决定论观点的起源，要追溯到古希腊时代，但它作为一个思想体系出现，则是在牛顿创立经典力学之后。法国唯物主义者接过了这一强大的科学武器，给宗教神学致命的打击，但同时，他们又把宏观物体机械运动的规律绝对化，认为宇宙间的一切都像太阳系一样，遵循完全确定的方式运行着。霍尔巴赫曾说，在暴风雨中，"没有一个灰尘或水滴的分子是偶然放在那里的，每一个分子都有充分的原因占据它所在的那个位置。""偶然这个词是没有意义的空洞的语词"。这种论断显然是不妥当的，姑且不论尘埃、分子等细小物体的运动并不完全服从经典力学规律，就是行星绕日运转这样典型的机械系统，也还要受到彗星冲击、遥远恒星吸引、自身物质蜕变等内外复杂随机因素的摄动，理论上的预言仅仅在有限的精确度上成立。

如果说决定论作为经典自然科学的理论表现，作为唯物主义反对唯心主义的一种历史形式，有它的积极意义，那么当自然科学迈入现代阶段，众多领域的物质运动规律以非经典力学形式表现出来，决定论的模式就再也不能概括今天的人类认识。

微观物理理论的建立是 20 世纪以来最伟大的成就之一。这一理论揭示，在原子以至更深的物质层次，单个个体的运动带有根本性的随机性质。人们在通俗讲演中，常常把电子绕原子核的运动类比为行星绕太阳运行，应该指出，这一类比是不妥当的。尽管原子核与电子间的相互作用力是确定的，但它仅决定着电子出现于核外空间某点的可能性——几率的大小，具体它出现在哪一点上，却完全是随机的，即偶然性在起作用。又如一块放射性的铀盐，它含有亿万个铀原子，每个铀原子都可以放出 α 粒子（氦原子核）而衰变成钍原子核，我们还了解到每过 45 亿年，就会有一半铀原子一定要完成这一衰变，物理学上称为铀的半衰期是 45 亿年。但对于其中的某一个铀原子，我们完全确定不了它衰变的时间。一个决定论者若固执地要去把握一个个原子运动，变迁的时刻表，他肯定要大失所望。

生物进化过程中，遗传和变异是一对基本矛盾。遗传学的研究指出，控制物种繁衍复制的基因会发生突变，这种突变不论是自发的还是诱发的，是有害的、中性的还是有利的，都以各自不同的频率发生，根本做不到精确预见单个个体是否要发生突变及发生何种突变。近来我国新生婴儿的性比例问题日益引起人们的重视，医学上认为，就特定受精卵说来，究竟它是由 X 型精细胞还是由 Y 型精细胞与卵细胞结合而成，是不能控制的，偶然的变动就可能改变这个受精卵的性别，但若随机抽查万千个婴儿的性别，却总会发现男与女间的比例是 105∶100。如果人为地要改变这一合理的自然过程，反而将造成社会生活的混乱。

恩格斯早已指出："在自然科学中，由于它本身的发展，形而上学的观点已经成为不可能的了。"（《自然辩证法》）的确，处在我们这个时代的自然科学家和哲学家，不管你赞成不赞成，高兴不高兴，非决定论的自然规律已经进入到极其广大的社会生活领域，承认偶然性在自然过程中的地位，把非决定论提高到哲学高度来研究分析，是必需的。

迄今为止，我们对于统计规律，对于非决定论及其有关范畴的研究还是很不充分的。但这并不表明我们可以超脱决定论、非决定论，恰恰相反，盲目迷信决定论的思想方法曾经给我们造成了祸害。例如，我们往往把规律性视为"铁的必然性"，一讲到规律，就不承认有多种发展趋势，要做多种准备，这是不是带有决定论思想的反映？我们需要冲破传统观念的牢笼，以适应开创历史新局面的需要。

原载于《读书》1983 年第 6 期

# 物理学是立足于实验的

长期以来，科学史是我国学术界比较薄弱的研究领域之一，论著和译著的数量、质量都远不能满足社会的实际需要。近几年来，这种情况多少有所改变，仅在物理史范围内，就有三部外国著作的中译本相继问世。它们是：劳厄的《物理学史》，伽莫夫的《物理学发展史》和卡约里的《物理学史》。三部史书的作者都是大手笔，但格调不同，各异其趣。卡约里的《物理学史》英文第三版成书于1928年，较早于前两部，在物理学和科学史界被认为是一部材料丰富，立论严谨的著作，即使在今天看来，仍然具有很高的参考价值。

本书的时间跨度自远古起到本世纪初相对论和量子力学问世止，对物质结构、力学、光学、热学、电磁学的发展都作了全面、客观的述评，关于继承和创新，不同学派的争鸣、宗教和哲学思潮等等内外因素对物理学进步的影响，作者也能以典型事例阐明自己的观点。它像一幅壮观的长卷，展现了物理学从幼稚到成年的演进历程。

特别值得一提的是，该书在"物理实验室的进化"栏题下，用一定篇幅介绍了16世纪伽利略时代之后，实验室机构在欧美各国的迅速发展，以及实验在科研和教育中地位日益提高的过程。在各种科学史著作中，作这种专题记述的大约还是仅此一家，整部书始终贯穿注重实验和实验事实的主线，显示了它的特色与独到之处。一般来说，理论自然科学可以划分成数、理、化、生、天、地六大门类。纯粹数学的原型来自于现实世界，但它在自己的一定发展阶段上就与现实世界相脱离，数学家们发挥自己的高度抽象能力，拿起一支笔，几页纸就可以在数字与符号的原野上驰骋，天学和地学研究大尺度现象，它们的实践手段主要是观察现象，搜集标本、化石（很大程度上生物学也是如此），物理学的任务是研究物质的基本结构和最一般规律，而且要求运用数学工具严格定量地统率经验现象，因此，"物理学家是在自然过程表现得最确实，最少受干扰的地方考察自然过程的，或者，如有可能，是在保证过程以其纯粹形态进行的条件下从事实验的。"① 历史上的化学、今天的生物学也运用着实验方法以摄取理论素材，并从物理学借鉴手段和概念，但在深度与广度上都远较物理学逊色。卡约里以实验进步作为理论进步的基本条件，这就抓住了物理学的核心、物理学的个性。

《物理学史》指出，许多科学理论虽然冠以某位学者的大名，却是由同一时代不同学者独立发现的。如牛顿、胡克、惠更斯、哈雷等人同时在猜想着万有引力定律；斯图尔特、基尔霍夫研究辐射问题达到同一结论；迈尔、柯尔丁、焦耳，赫尔姆霍茨同时发现了伟大的能量守恒定律；欧姆和亨利同时掌握了我们今天称为欧姆定律的电学规律；海森堡、薛定谔同时创立了量子力学……而驱动这些"巧合"事件发生的，就是当时的技术状况和由技术状况决定的实验水平。

科学实验不仅提供经验事实，而且对矛盾或者对立的假说作出判决。关于光的本性，牛顿的微粒说和惠更斯的波动说争论了近二百年，结果佛科的光速实验最后否定了微粒说（第 153 页）。实验还具有引发出新假说以取代旧假说的功能。关于原于结构，开尔芬和汤姆孙曾经提出过正电球镶嵌负点电荷的西瓜模型，但它说明不了 α 粒子散射实验，随后卢瑟福以电子绕带正电的原子核运转的行星模型取而代之（第 342 页）。

由于测试条件不完备或者观测者本人的主观因素等原因，实验也会给出一些虚假的结果，但假象亦只能由真相来澄清。书中报道的所谓"N射线"和弥勒发现以太漂移的报告，至今已为多数物理工作者所不知晓，因为这些伪"成果"没有多少科学价值，所以有如过眼烟云早被人遗忘了。卡约里在书中收入了这些反面材料，这有个很大的优点，它可以为人们提供借鉴，有助于锤炼老实严肃的治学态度，提高识别真伪的能力。

《物理学史》突出实验的地位，但它也用史实说话，强调必须诉诸理论思维方能洞察现象后面的本质。爱因斯坦认为，"感觉经验是既定的素

① ［德］马克思：《资本论》第 1 卷，第 8 页。

材，但是要说明感觉经验的理论却是人造的。"① 实验结果本身仍然是零散的、朴素的，科学家的本领在于能够用少量的原理、概念将它们统摄，协调起来，构造出有机的、有普遍意义的逻辑体系。这就要求科学工作者在掌握一定专业知识的基础上，重视理论思维，养成独立思考、独立判断的能力和洞悉事物本质的直觉。放射现象的发现曾使一些人怀疑能量守恒定律的有效性，拥护能量守恒定律的人们也各执一端，只有卢瑟福用元素衰变理论给它以合理的说明，从而打破了原子不可改变的传统观念，对于同一个迈克耳逊—莫雷实验，当时的名家裴兹杰惹和洛仑兹囿于经典成见，企图用机械论方式加以阐释，26 岁的小人物爱因斯坦却敢于怀疑绝对时空观，追求物理定律的统一性，创立了狭义相对论。物理学史上这些史实是发人深思的。

强调物理学的进步来自实践和理论的完美结合，对于我国科学事业具有特殊的现实意义。由于实验条件不完备和历史传统的原因，迄今为止，我们的理科教学仍是以传授既成知识为中心组织的，把培养实验技能和开发智力放在陪衬的地位上，致使许多学生优异的考试成绩与其研究成果的量与质之间不能统一。一位留学生尖锐地指出，中国学生与外国同学相比，我们的"考试成绩在平均水平以上。但在实验室里，就明显不如人家了。""我们缺乏实际知识和独立工作能力。"（见《中国青年报》1982年 6 月 23 日蒋洁文）因此，物理教师和有志于探索物理世界的青年读一读《物理学史》，以追踪历史前进足迹的方式领略一下物理学的真谛，也是不无裨益的。

当然，《物理学史》也有它的局限和瑕疵。作者显然对哲学唯物主义持有偏见，把它等同于机械唯物主义，看不到那只是唯物主义的过时形态。他把热质、燃素、以太说等等谬见均归罪于唯物主义，并加以抨击。作者似乎想维持一种罗素式的中立一元论的立场，实际上却滑向了唯心论。由于相对论效应，静止质量不再守恒，实际上是发生了静止质量向运动质量的转化，但作者却得出了质量守恒定律被推翻的错误结论（第 340页）。

中国古代的科学成就是极其辉煌的，历史上曾经长期居于世界的领先

---

① 《爱因斯坦文集》第 1 卷，第 384 页。

地位，直至 15 世纪，我国的物理学如同其他学科一样，仍然居于世界前列，但在卡约里的这部《物理学史》中，却没有为它安排一个公正的席位。所幸译者在该书的《译后记》中，不仅比较精确地评论了这部书的一些特色，而且简要介绍了我国古代物理学史的成就。这在一定程度上弥补了该书这方面的不足。

此外，这里还想借此机会订正一个多年来的误传。多数科学史著作，包括本书在内，都将这一误传引为佳话，刊入正史。书中第 63 页上说，牛顿诞生与伽利略逝世碰巧发生在同一个 1642 年。实际上，按照当时的意大利格里历，即现今通用的公元纪年，伽利略死于 1642 年 1 月 8 日，牛顿生于 1643 年 1 月 4 日，对应到当时的英国历法，伽利略死于 1641 年 12 月 29 日，牛顿生于 1642 年 12 月 25 日，无论怎样，两位伟人的卒年与生年相隔一年。物理学是讲究时空坐标变换的，因此，有必要在这里再加以订正（参见《美国物理杂志》1980 年 1 月号）。

原载于《物理学史》，〔美〕弗·卡约里著，戴念祖译，范岱年校，内蒙古人民出版社 1981 年版。

# 佯谬和物理学进化

## ——兼评理论物理的终结观

30 年前，现代最伟大的物理学家爱因斯坦与世长辞。但他的科学思想的光芒却随着时光的流逝越发显得璀璨夺目。尤其是他当年几乎是单枪匹马探索的统一场论今天已经成为理论物理学中最为活跃、进展最快的领域之一，自然科学家和哲学家们都从中汲取了丰富的营养，并且热烈讨论着怎样对其高度抽象的数学——物理方程作出理性的诠释。

理论物理学指出，自然界形形色色物体间的相互作用力归根结底只有四种：引力，电磁力、弱力、强力。长程的电磁力与短程的弱力已被实验证明是弱电力的两种相变形式。同时已经发现或正在寻找观测和实验事实支持关于弱电力与强力统一的大统一理论和弱电力、强力与引力全部统一起来的超统一理论。而一旦建立并证实了这四种力的统一，便实现了从渺渺基本粒子到茫茫宇宙的完美和谐。这将是比牛顿时代以来历次物理学理论综合宽广得多、深刻得多的大综合。

理论物理学家满怀信心期待的超统一理论的未来完成意味着什么呢？国外某些很有影响的学派的答案是："理论物理学将得到最大的成功，最大的满足，同时也就是它的死亡。"[①] 人们将它称为理论物理学的"终结观"。

物理学的基本任务之一就是确定物理对象运动的动力，正如所有物理理论所揭示的那样，物理客体之间的"相互作用是事物的真正的终极原因"[②] 相互作用就是矛盾。推动理论物理前进的也是矛盾，包括实验事实

---

① 《百科知识》1981 年第 1 期，第 55 页。

② 《马克思恩格斯全集》第 20 卷，第 574 页。

与理论结论之间的矛盾，以及理论逻辑结构本身的矛盾，而佯谬就是这种矛盾的突出表现形式。本文旨在通过对理论物理演进过程的分析，说明既成理论中总是包含着佯谬的，相对于它所脱胎而来的原有理论，新理论是克服佯谬的成果，而相对于人类的知识总体，它又是包含佯谬的有待完成的东西。佯谬曾经推动了经典物理向现代物理的前进运动，终结观假说之中的佯谬又预示着物理学理论体系将再次发生革命。

## 一　发生佯谬的根源

所谓佯谬，有多方面的涵义，它或是指科学理论的整体与局部之间，或是指理论体系与哲学信念之间，或是指理论与客观现实之间所发生的对立。佯谬有种种不同的表现，（1）从同一组原理出发却推出了两个相反的结论（即 A 是 a，又是非 a）；（2）从某种观点出发演绎出来的命题（A 是 a）却与已知的原理（A 是非 a）不相容；（3）理论的必然推理（A 是 a）与观测事实（A 是非 a）直接违背。佯谬是一种违背形式逻辑矛盾律的逻辑矛盾，而不是内在于自然事物之中的必然的辩证矛盾。唯物辩证法以及数学基础研究成果均告诉我们，形式化体系产生佯谬是不可避免的，自然科学又是在不断克服佯谬中前进的。

物理理论中何以会产生佯谬？这就必须考察理论的形成过程。作为狭义和广义相对论的创立者，爱因斯坦曾阐述过他从事理论研究的方法论。[①] 其程序是：感觉经验→公理体系→导出命题→实验验证。

即从直接经验中提炼出由概念编织成的公理体系，再由公理推导出一系列具体的命题，将这些命题与直接经验相对照，根据二者的相符或相悖，进一步考察公理体系的真理性，将它推倒、修正或肯定。

问题在于，公理体系又是如何形成的呢？公理既然是进行推理的少数逻辑出发点，它自己就不能从现成的某个大前提中推演出来；新的公理既然以扬弃既定的科学理论为使命，它也必须站在比具体自然科学学说更高的起点上，只有哲学，作为人类理性思维的精粹，可以充当物理学家们的精神食粮。爱因斯坦说，"哲学是自然科学之母"，公理是"概念的自由

---

① 《爱因斯坦文集》第 1 卷，第 541 页。

创造",即表达了这个思想。

　　既然理论物理的任务是研究自然界一般的物质结构和最普遍的运动规律,它就一定要与时间和空间,整体和部分,偶然性和必然性等等范畴打交道,而这些范畴又恰恰是哲学研究的对象,因此物理学与哲学的彼此关联成为不可避免。一方面,每个历史时代的哲学思潮均是前代与当代物理学(不局限于某个学科)成就的结果;另一方面,这个时代具有开创意义的物理学研究成果又是运用哲学思维的结果。它们之间存在着相互可逆的联系。为了确切分析哲学与物理学之间强烈的依存关系和佯谬发生的原因,有必要进一步剖析哲学思想体系的结构和理论物理公理体系的认识论基础。

　　哲学唯物主义作为一种源远流长的学说,有自己世代相承的一些基本信念,科学哲学家们称之为"刚性的硬核"。哲学唯物主义作为一种发展的学说,又有自己跟随时代前进的多种形态,科学哲学家们称之为"塑性的外壳"。下述命题:自然界就是自身原因;物质守恒;运动不灭;时空是物质的存在形式;世界上只有尚未认识的事物,没有不可认识的事物,原因与结果间的稳定联系……就是这种科学观刚性硬核的组成部分。全部科学史告诉我们,凡是真理均符合于上述规定,凡是违背上述规定的都不是真理。一个自然科学家,无论他自觉与否,只有坚持这些原理,才可能在探索未知的事业上取得成功。牛顿说:"自然物的原因不过是那些既是真的又足以解释它们的现象的原因。"[1] 拉普拉斯说:"我不需要(上帝)这个假设。"[2] 爱因斯坦说:"相信世界在本质上是有秩序的可认识的这一信念,是一切科学工作的基础。"[3] 均从不同角度表达了他们对唯物主义基本原理的信仰。

　　但是,仅仅坚持这些硬核并不能保证科学工作成功,更高的要求是善于对与硬核一同出现的软壳进行辨析。这个外壳实质上是特定时代的科学学说对硬核所作的具体说明。例如,建立于经典自然科学之上的形而上学唯物主义认为:质量、形状、动量是物体第一性的质,恶无限的可分性,

① [英]牛顿:《自然哲学的数学原理》(英文版)第 2 卷,第 398 页。
② [英]丹皮尔:《科学史》,商务印书馆 1975 年版,第 259 页。
③ 《爱因斯坦文集》第 1 卷,第 284 页。

绝对时空观。"自然界不作飞跃"就是 17—19 世纪在自然科学家世界观中起作用的基本信念。他们之中的多数人认为这个壳与里面的核绝对同一，只有维系壳的不可侵犯才能维持整个科学结构的基础，因而在物理学中佯谬重重亟待变革之时却把自己的思想拘谨起来。但像马克思、恩格斯这样先进的哲学家和以爱因斯坦为代表的先进科学家在"怀疑一切"的口号下则以各自不同的方式对它提出了挑战，从而创立了现代哲学和自然科学的思想体系。

科学体系的公理源自客观事实，经过演绎又回到客观事实，公理本身又是在哲学思潮的两个既相互联系又相互区别的部分影响下产生的。由于自然界物质运动的多样性、复杂性，由于理论物理学家世界观中存在着唯物论与唯心论，辩证法与形而上学，可知论与不可知论的矛盾，以及事物本质的暴露需要有一个过程，以公理为核心的物理理论形式体系中发生佯谬就成为必然。

1. 公理要从感官所感受到的现象中概括提炼，但现象有真相与假象之分，把扭曲地反映本质的假象误认为真相；把假象直接作为公理的经验依据，就会使现象中的不协调演变为理论体系的不协调。

2. 人类对自然界的科学考察只经历了有限的历史，创立物理理论的科学家总是从有限的观察实验材料出发建立公理的，但理论必须有超出其出发点的普遍适用性，所谓普遍适用性又有着事先难以确定的边界条件。因此，以公理为大前提、以具体的观测实验条件为小前提推演出来的逻辑结论，与超出其适用范围的观测实验事实相比较，便发生了由看来正确的命题向错误结论的转化。

3. 物理理论的目的在于认识自然界的本质，作为世界观的哲学以范畴的形式鸟瞰着更为广阔的领域，自然也有辨析物理理论合理性的功能。在哲学与自然科学的相互理解中，会发生以佯谬出现的逻辑矛盾。这里需要区别两类情况：哲学信念并非事物存在及运动的最一般规律的正确反映，通过与物理原理的对照被修正，部分地或整体地改变了该时代哲学的形式；哲学信念是正确的；通过与物理原理的对照而揭示了该理论的局限性，预示了理论物理继续前进的方向。

总之，理论自然科学中间发生佯谬，是一种规律性的现象，具有一般的认识论功能。佯谬是推动物理学革命的智力杠杆，是促进哲学革命的催化剂，又是形式逻辑体系在扬弃中进化的原动力。无视佯谬，把历史上相对完成的东西作为最终完成的东西，社会陷入绝对主义，就会堵塞认识的道路。消极地对待佯谬，把历史的前进运动当成谬误之间的更替，就会陷入相对主义，导致否定科学而崇尚虚无。只有积极地对待佯谬，才能不断克服佯谬日益接近客观真理。

## 二　理论物理在克服佯谬中前进

前面，我们从逻辑上说明了佯谬发生的原因和佯谬对于物理学以及一般理论自然科学的意义。科学活动的历史反复证明了这一点，佯谬曾经为经典物理学的诞生助产，佯谬又向经典物理学发难，召唤现代物理演出一幕幕将物理学从危机引向革命的话剧。

从中世纪直至文艺复兴时期，各个学术领域弥漫着言必称亚里士多德的毒雾。关于物体的运动，亚氏的观点是："体积相等的两个物体，较重的下落得较快。"[①] 如果不推倒这个"权威"，就谈不上物理学后来的进步。伽利略以逻辑推理的方式证明这个论断不成立：如果将一个轻物体缚着在重物体之上，那么结果会怎么样呢？重物体更重了，因而下落得更快，还是轻物体拖拽着重物，使重物下落变慢？有些材料说，伽利略在比萨斜塔上作落体实验将亚氏的观点证伪，姑且不论对这一传说的真实性历来有争论，实质上，伽利略佯谬已经点破了亚氏观点错误之所在：它是建立在以"常识"出现的假象基础上的、虚伪的原理。

自开普勒、伽利略开始，经过牛顿、法拉第、麦克斯韦等人的工作，经典物理学日趋完备、严谨。形而上学唯物主义借助于它的推动，成为在自然科学领域雄踞统治地位的哲学思潮。但是用静止的、孤立的、机械的思想方法统率经典自然科学博大精深的成果，从根本上讲是不可能成功的，因为宏观现象领域及对它的理论反映也是发展的、联系的、充满矛盾的。曾经有一种说法，19世纪末，经典物理学上空只存在着两朵"乌云"：黑体辐射现象和迈克尔逊—莫雷实验，由两朵乌云中诱发出了现代物理。这种提法是相当肤浅的。由于实验深度受到技术手段的制约，19

① ［美］卡约里：《物理学史》，内蒙古人民出版社1982年版，第4页。

世纪末直接揭露经典物理学局限性的经验材料的确是有限的，但是，物理学家们绝不仅仅是依靠视、听、嗅的感官作出判断的，大脑的理智告诉我们：一个个佯谬犹如定时炸弹埋在经典物理体系之中，它们势将冲击这个庞然大物貌似坚不可摧的根基。

在宇观领域。由于万有引力定律和牛顿三定律圆满地勾勒出太阳系的运动，并且从"笔尖上发现了"海王星和冥王星，很少有人怀疑它对大尺度空间运动的普适性。但人们用这一理论及与它对应的欧几里得几何来建造宇宙模型时却遇到了巨大的困难：如果假设万有引力定律在宇宙中普遍成立，宇宙空间是三维无限空间，空间的物质密度处处均不等于零，那么，任何一个物体都将受到无限大的力的作用。显然，它与实际情况相悖。这就是塞格里尔佯谬。这一佯谬表明经典力学与其几何基础并非先验的绝对真理，需要建立新的理论作为宇宙学的出发点。作为塞氏佯谬的孪生姊妹，将经典光度学原理应用于宇宙尺度，也出现了"夜不黑"的奥尔勃斯佯谬。从这个意义上讲，塞氏、奥氏佯谬里潜伏着当今标准宇宙学的种子。

在微观领域。形而上学唯物主义的层次观是无限的层次观，或者认为原子是物体的微观基元，只能在客观上作无止境地叠加；或者认为微观有无穷层次，表现为"一尺之棰，日取其半，万世不竭"。相当于数学上 $1 = 2 \times \frac{1}{2} = 4 \times \frac{1}{4} = 8 \times \frac{1}{8} = \cdots$，黑格尔说，这种无限性"只是重复的单调，是有限物与无限物使人厌倦的、老一套的交替。"[①] 1880 年，玻尔兹曼在理解热力学原理时，这一思想模式曾使他陷入困境：任何一个物体均由分子组成，分子又由原子组成，原子再由更小的部分组成……，如此进展，直至无穷，那么当给这个物体加热时，分子、原子，组成原子的更小粒子……都将在各自被束缚的范围里加速运动，如此追溯下去，就是一个吸收热能的无限"深渊"，因此要将它的温度即便升高一点点，也需要投入不可计量的热能。然而实验事实是每种材料的比热都是有限的。"合理的"思想却得出了不合理的结论，只有运用现代量子理论才能澄清玻尔兹曼佯谬。物质属性量子化的实际同时也戳穿了"自然界不作飞跃"的

---

① ［德］黑格尔：《逻辑学》上卷，第 141 页。

神话，从而证实并丰富了唯物辩证法的论断："每个物质层次都是分割的无穷系列中的一个'关节点'，它并不结束这个系列，而是规定了质的差别。"①

关于时间箭头。1859 年，达尔文发表了《物种起源》一书，指出生物物种并非从来如此，绝对不变的，而是有发生、发展、消亡的历史。"物竞天择、优胜劣败，适者生存"的进化规律是自然界的一条基本规律。达尔文的时间箭头是从无序指向有序。但是，根据热力学第二定律，即孤立系统中熵增加的规律，却与之相反，它认为时间箭头是从有序指向无序。理论物理的崇高目标之一，就是追求自然规律的和谐与统一。1871年，麦克斯韦猜想，可能存在一种小巧机智的精灵，它能鉴别每个物质微粒的运动状况，然后将快分子与慢分子相分离，借此实现熵增加的逆转。这个"麦克斯韦妖"便充任了自然界进化的产婆的角色。从认识论上讲，麦克斯韦正是运用着事物普遍联系的一般规律，以猜想的方式构建了无机界利有机界在演化方向上的联系。与麦克斯韦同时代的克劳修斯，却囿于流行的形而上学世界观的束缚，将有限系统内成立的热力学第二定律推广到无限宇宙，引申出"热寂说"，重蹈了"上帝的第一推动"的覆辙（罗马教皇声称，热寂说就意味着"承认宇宙中有个神圣的造物主"）。麦克斯韦佯谬大大推动了热力学、统计物理及相关学科的进步。20 世纪 30 年代，布里渊证明，从封闭系统内，麦克斯韦妖为获得分子运动的信息，必须向容器发出某种光线，光线造成的熵增加大于妖所能控制的系统熵减小，热力学第二定律不可逆转。布里渊从否定麦克斯韦妖出发沟通了信息与熵之间的内在联系。50 年代，申农、维纳等人证明，尽管严格平衡态下的麦克斯韦妖不存在，但在亚稳状态下，却有可能存在麦克斯韦妖，生物体内的酶就起着妖的作用。近十年来，研究开放系统内自组织过程规律性的协同学、耗散结构理论，把这一课题更加深化了，从而实现了将系统的历史与其未来的演化在时间箭头上统一起来。

上面我们仅仅考察了物理学史上几个著名佯谬对于物理学进化不可漠视的作用。诸如此类的材料在每个时代都不鲜见，它反映了佯谬在科学认识论上的重大价值。爱因斯坦也是受到佯谬的启迪才冲出了绝对时空观的

---

① 《马克思恩格斯全集》第 31 卷，第 309 页。

羁绊，萌发出建立狭义相对论的遐想。他后来回忆说："经过十年沉思以后，我从一个悖论中想到这样一个原理，这个悖论我在 16 岁时就已经无意中想到了：如果我以速度 C（真空中的光速）追随一条光线运动，那么我就应当看到，这样一条光线就好像一个在空间里振荡着而停滞不前的电磁场。可是，无论是依据经验，还是按照麦克斯韦方程，看来都不会有这样的事情……"①

　　物理理论及一般自然科学理论应该无歧义地说明已知的经验事实，应该单值地而不是模棱两可地预见新的经验事实，即它只能以遵从形式逻辑规则的体系出现，但是形式逻辑的固定范畴"所考察的只是很小的范围或很短的时间，它所能适用的范围差不多在每一个场合下都是不相同的，并且是由对象的性质来决定的。"② 物理理论的公理能够随着对象的扩大具有愈来愈广阔的视野，使形式体系从对象的基本矛盾中演绎出来，但它不可能从寥寥数语囊括对象不可穷尽的本质。指向不同对象的不同物理理论由于出发点各不相同，对自然界的性质及运动方向会提出有差异的，甚至截然相反的论断，但物理学家又追求统一与和谐……它们实质上反映了人类思维的至上性与不至上性，无限性与有限性这个根本性的矛盾。佯谬正是揭露这一矛盾的锐利武器。科学家们从自己的科学实践中已经自觉不自觉地悟出了这个道理。著名物理学家费曼在批评某些科学史评论失实时指出："人们经常听说，十九世纪后期的物理学认为，他们已经了解了所有有意义的物理规律，因而以后所能作的只是去计算更多的小数位。某个人可能这么说过一次，其他人就争相传抄，但是彻底阅读当时的文献表明，他们中所有的人都对于某些问题忧虑重重。"③ 没有"危机"就没有转机，在佯谬与科学实验的躁动之下，现代物理学降生了。

## 三　佯谬向终结挑战

　　以相对论和量子理论为代表的两大物理潮流分别向宇观和微观进军，

---

① 《爱因斯坦文集》第 1 卷，第 24 页。
② 《马克思恩格斯全集》第 20 卷，第 557—558 页。
③ 《百科知识》1981 年第 8 期，第 42 页。

总体上解决了经典物理无能为力的理论和实验困难，并在后者所不可比拟的广度及深度上描绘了物理世界的新的图景。今天，两大潮流的趋向融合，势必澄清更多的疑云，将未知转化为已知，但是否就能达到终结观所希望的顶点："得出一个完整、一致、统一的物理相互作用理论，它能描述全部可能的观测？"①

我们前面已经指出，物理理论是观测实验事实与理性思维相互理解相互渗透而产下的合子，当今的理论物理在接受今后的科学实验检验的同时，也要接受思维逻辑的检验，后一种检验是前一种检验的必要补充，又以前一种检验为归宿。姑且不论作为终结观逻辑前提的大统一、超大统一理论还没有被普遍接受的雏形，它们借以立论的基本事实，如夸克的永久禁闭，存在着希格斯粒子，质子寿命为 $10^{31 \pm 2}$ 年……也还没有被证实。即便从思维的逻辑着眼，有待澄清的佯谬也并不比当年的经典物理学更少。

按照终结论者的说法，终极的物理理论应满足了三个条件：（1）发现了支配所有物理现象的统一规律；（2）达到了所有可能的观测极限；（3）遇到了一个界限，在此之后不存在物理的因果规律。② 然而，分析一下大统一及超统一理论的逻辑前提和"终结"本身的涵义，就会发现佯谬潜伏在"终极的物理理论"之中。

首先，所谓终极的统一规律须建立在人类中心原理（人择原理）之上。这一原理对于物理学中几个无量纲数，如原子精细结构常数为 1/137，氢原子中静电力与万有引力之比为 $2 \times 10^{39}$，以原子单位测量宇宙年龄为 $7 \times 10^{39}$……作出的解释是："事物之所以象现在这样，乃是由于我们存在之故"。如果把这作为解答问题的方式，那么只能称为心理的解释，"把心理的东西作为最初的出发点，从心理的东西引出自然界，然后再从自然界引出普遍人的意识。因此，这种最初的'心理的东西'始终是把冲淡了的神学掩盖起来的僵死的抽象概念。"③ 笔者认为，在科学发展的一定阶段，将一些从现行理论看来极其困难的问题用心理解释（或曰目的论解释）的办法暂时搁置起来，将科学研究的视野转到本时代有可能

---

① 《世界科学》1981 年第 12 期，第 1 页。
② 《百科知识》1981 年第 1 期，第 52—55 页。
③ 《列宁全集》第 14 卷，第 237 页。

解决的疑难课题，在方法论上有一定的意义。但这并不意味着将这些问题永远搁置，一旦时机到来，就必须向它们进攻，而这种进攻，往往标志着科学革命的到来。行星运动初速度的来源问题，生物现象的根源问题，从提出到探索其科学的说明，就曾经过这样一个过程。如今，空间可以是三维，时间可以是一维，以及大数佯谬等疑难是科学空前繁荣的现时代所提出，但离解决尚远的超级难题。如果未来的大统一理论须以人类中心原理为公设，科学家们就要继续完成一个任务：用自然事物的相互作用来代替心理解释说明它们为什么是这样，而不是那样。

其次，终结观认为观测的时空上限的数量级在 $10^9$ 年。其涵义是，距今大约二百亿年前，宇宙从一次大爆炸开始了它的历史，从此之前的 $10^{-43}$ 秒，时空量子化，体积趋于零，质量、密度和时空曲率都成为无穷大，关于这个"奇点"之前，没有给我们留下任何可以研究的信息。不可否认，大爆炸宇宙模型是中外历史上诸多神学的、思辨的、科学的宇宙模型中最有说服力的一个，它得到越来越多观测材料的支持。问题在于，怎样理解这个奇点？黑格尔说得好："开端包含着有与无两者，是有与无的统一，或者说，开端是（同时是有的）非有和（同时是非有的）有。"[1] 笔者认为，根据大爆炸模型，经典意义的时空的"有"联接着量子化时空的"非有"，可以认为已经是一个"开端"，而正如量子化时空是现代物理学关于时空概念的飞跃，未来的物理学亦将揭示出第三种类型的时空，量子化的时空的"有"则是联结着这第三种类型的时空的"非有"。我们并未能听懂宇宙已传来的全部信息，有人就曾预言，中微子背景辐射和引力背景辐射就是还没翻译出来的信息。[2] 虽然广义相对论被当作标准宇宙学的理论基础，但爱因斯坦本人就认为，不能说广义相对论"对于很高的场密度和物质密度仍然是有效的"，"目前的理论只能作为极限情况才有效"[3] 他期待着新的理论有可能概括更广泛的事实材料。

最后，关于因果律的问题，本身就是科学哲学争论最激烈的热点，也是佯谬滋生的肥田沃土。如果对因果律作狭义的理解，那就用不着等待未

---

① ［美］卡约里：《物理学史》，内蒙古人民出版社 1982 年版，第 59 页。

② 参见 ［美］S. 温伯格《引力论和宇宙论》第 693 页及《国外科技动态》1981 年第 2 期喻传赞《中微子天文学近况》。

③ 《爱因斯坦文集》第 1 卷，第 420 页。

来，量子力学已经不满足单义决定论的要求。理论物理学界公认，狭义相对论和量子力学均是经过实践检验的基础理论。然而，近年来某些有利于量子力学完备性的判决实验又带来了超光速关联一类问题，从而与狭义相对论的基本假设相悖，这本身就是一个有待解决的重大佯谬。如果对因果律作广义的理解，就须指出因果律失效的明确涵义。"终结的"物理理论若只在统计系综的意义上成立，有始有终的"宇宙"就仅仅是一个基元事件，它就只能理解为"我们的宇宙"，无所不包的宇宙则是众多"子宇宙"的样本集合，其中的相当多数将续写自己的历史。这样也就缩小和改变了宇宙论为核心的终结的涵义，这岂不又是一个佯谬吗？

在形而上学家看来，佯谬就意味着物理学的"危机"，而在辩证法家看来，物理理论既然要无歧义地阐释经验事实，它就只能是一种逻辑上自洽的形式体系。但作为理论对象的自然界本身是充满矛盾的，理论当中不时发生佯谬恰恰证明，没有包罗万象、天衣无缝的物理理论。经典物理如此，现代物理仍然如此。一位数学家在谈到哥德尔定理对于数学发展的意义时写道："在数学中期望完全的严格性和绝对的无矛盾性，就像企图在自然界和社会现象中找到终极的解释一样地不可能。"数学的演进是永无止境的①将这一意见运用于物理学，岂不是也同样贴切。假设某一天建立了关于四种相互作用的超统一理论，那么它的意义也将与19世纪末经典物理的完成一样，仅仅标志着理论物理第二阶段使命的完成。而又一次新的物理学革命将揭示出物质、运动、时空等物理对象的更新的形态和属性。

发表于《中共浙江省委党校学报》1985 年创刊号

---

① 转引自《国外社会科学》1980 年第 3 期，第 34 页。

# 让智慧之光照耀未知世界

仅仅不过几年，中国的大地上就掀起了一场"信息热"。

或许是由于信息范畴太基本了，以至至今还没有一个令人满意的定义，或许是由于人们片面理解了维纳等人关于"一个系统中信息量是它的组织化程度的度量"的提法，人们往往只注意到信息是关于从未知到已知的知识这一层涵义，却忽视了从已知到未知的知识也是信息。人的认识只有从未知出发才能以已知终结。从这个角度看，未知作为信息的意义起码不在以已知为内容的信息之下。譬如：我们这一代人的认识能力比上一世纪有多大提高？在浩茫广大的自然界之中，智慧之舟已驶抵何方？19世纪末曾有迈克尔逊—莫雷实验和黑体辐射"两朵乌云"遮蔽了经典物理"灿烂的晴空"，20世纪末又有几块什么样的暗礁阻挡着现代科学破浪前进的航道？关怀科学与人类的命运的人们不会不关注这样的问题。值得高兴的是，译自英文版的《科学的未知世界》（以下简称《未知世界》）不久前和我国读者见面了。它在一定程度上带来了关于上述未知世界的信息，粗线条地却又较为准确地描述了"爆炸了的"自然科学知识的边界状态，把科学和科学哲学的视野引向未来。如果我们将《未知世界》与20世纪末德国生物学家海克尔的名著《宇宙之谜》做些比较，那么对于了解未知和已知的关系，不同时代未知的内容，以及科学哲学思潮的变迁，都会有所助益。

## 自然之谜究竟是在膨胀，还是在坍缩？

纵观科学史和哲学史上对未知世界的提问和回答，我们有必要研究这样一个问题：随着时光的流逝，人类文明的演进，自然之谜究竟是在膨胀还是在塌缩？按照如今流行的语言，科学知识随时间的推移呈指数型增长，未知的彼岸自然界是否在加速向此岸靠近？

对这一问题，《宇宙之谜》和《未知世界》给出了相近的答案。海克尔认为，如果我们愈深入了解实体的属性、性质和能，愈彻底认识实体的无数现象形式及其发展的话，那么，实体的这种真正本质对我们来说就会变得愈来愈奇妙和不可思议。① 《未知世界》的编者写道：如果把"已知比作一个池塘，那么还没有了解的知识就好比浩瀚无际的大西洋"。（第1页）

但是，一般的哲学教科书上则强调，人们"每天都在把'自在之物'转变成'为我之物'，即被我们所认识了的东西"。"科学的发展过程，就是不断化无知为有知，由知之不多到知之甚多的过程。"② 这样一种对认识过程的概括不能说不对，但是它忽略了问题的另一侧面：人类的认识也是一个从未知甚少到未知不断增多的过程。科学的目的主要不在于积累一些零星的、简单的知识，而在于寻找支配各种运动形式的规律，并建立起这些规律之间的过渡和联系，恰恰在完成这一根本使命上，我们愈来愈感到知识的贫乏和已知规律适用范围的极其有限。试分析一下未知之源，大致有三个关系：天然自然各个层次的运动规律及其原因；形式化科学（如数学）的内部关系及与现实世界的关系；人化自然，人工自然（包括人工智能）的发生、发展及其后果。很明显，人类的诞生同时就使人类面对第一类未知；自古代以来，在解决第一类未知的时候，第二类未知也逐渐显露并突出出来；进入现代，实践和理论水平的提高，使前两类未知在广度和深度上达到空前的规模，而以往未引起兴趣或未曾出现的第三类未知以其复杂性，综合性及人类自我反省的性质向自然科学提出了尖锐的挑战。

如果说，我们的时代是科学技术突飞猛进的时代，那么也同样可以说，我们的时代也是未知的荒漠从未如此辽阔的时代。消极地讲，"我们始于迷惘，终于更高水平的迷惘。"③ 积极地讲，未知是已知之源，正是

① 《宇宙之谜》，第358页。

② 见韩树英主编：《马克思主义哲学纲要》，第223—224页。

③ ［英］查尔莫斯：《科学究竟是什么？》中译本第8页。

未知的丰富才导致了科学的繁荣。反过来，已知之中也蕴藏着未知的种子。笔者赞成《未知世界》的这样一个观点，"如果一个理论没有为超出其本身范围之外的某种东西留出余地，以供必不可少的外界输入，那么这个理论就是片面的。"（第 7 页）科学探索的目的，是对自然界事物的认识不断接近肯定的或否定的回答，但万不可对提出来的争论问题作出完全相信或完全不相信的轻率结论。《未知世界》通过分析数理逻辑中的哥德尔不完全性定理，量子力学中波函数的统计解释，分子生物学中遗传密码的中性漂变，脑科学中一个大脑两个意识以及宇宙学的人择原理等一系列悖论性质的超级难题指出，如果说经典科学曾给人带来完美、和谐的感受，并产生了全智全能的拉普拉斯精灵的幻觉，那么现代科学则充斥着破缺和对立，不得不求助于"掷骰子的上帝"和人类中心说的目的论解释。甚至有人说："二十世纪科学所有成就之中最伟大的成就就是发现了人类的无知。"（引自 Wesley D. Camp, *Roots of Western Ci Vilization.* VOl. II P. 263）的确，就连恩格斯曾作为"永恒的自然规律"例证的"水在摄氏零度和一百度之间是液体"，也愈益变得只能相对成立。除了恩格斯提到的温度，压力的条件外，还需要说明是轻水（$H_2O$），还是重水（$D_2O$），超重水（$T_2O$），水中是否溶入了足够的空气，是否存在可作为凝结核的微尘……可以预期，随着科学的进步，将会给这一命题附加更多的边界条件。

这样阐述自然科学在揭示自然之谜时所面对的形势，是否说明我们背离了可知论，走向了不可知论呢？否。首先，不可知论的本质在于他不承认在感觉的界限之外有任何"确实可靠"的东西，而我们则承认物质是精神现象的本源：其次，马克思主义经典作家从未提到过"可知论"，历史上也未曾出现过可知论派别（参见秦淮沙：《论"可知论与不可知论的根本对立"之不能成立》，《晋阳学刊》1985 年第 2 期）；作为关于本体问题论争的一个派别，不可知论的对立面就是唯物主义；最后，在认识论的范围内，恩格斯倒是说过一句名言，人的认识能力，"按它的本性、使命、可能和历史的终极目的来说，是至上的和无限的，按它的个别实现和每次的现实来说，又是不至上的和有限的。"这个矛盾只有在"无止境的人类世代更迭中才能得到解决。"（《马恩选集》第三卷，第 126 页）也即是说，对于每一代现实的、活生生的人，比起发展着的物质世界多层次、多方面的属性和运动规律，他那个时代的科学所把握了的部分只是个无穷小的量。许多学识渊博的学者都有这样的感受。拉普拉斯说："我们知道的东西是有限的，我们不知道的东西则是无穷的。"爱因斯坦比喻得更为形象："用一个大圆圈代表我所学的知识，但是圆圈之外是那么多的空白，对我来说就意味着无知。而且圆圈越大，它的圆周就越长，它与外界空白的接触面也就越大。"山外有山，天外有天，我们和我们的子孙有幸站在历代巨人的肩膀上，但人类赋予它的晚辈的是更伟大，更艰巨的使命。

## 在已知和未知的边界上耕耘

未知是通向已知的起点，已知的疆界又可以以未知来标志。要从整体上把握近百年来科学所创造的业绩，最好的方式也是对比此前此后思想家们心中的迷惘和疑虑。拿《未知世界》和《宇宙之谜》进行对照，将使我们接近问题的答案。

1880年，著名的德国生理学家艾米尔·杜布瓦—雷蒙提出了七个"宇宙之谜"：（1）物质和力的本质；（2）运动的来源；（3）生命的起源；（4）自然界的合目的的安排；（5）简单感觉与意识的起源；（6）理性思维及与其有密切联系的语言的起源；（7）意志自由问题（见《宇宙之谜》第14页）。当年的海克尔将它归结为两个基本谜：实体、运动的本质和来源；生命、意识的本质和来源。海克尔立足于当时自然科学的成就，特别是物理学得到的能量守恒定律，化学得到的物质守恒定律，以及生物进化论，对这些谜作出了一元论的、实质上是唯物主义的回答：从自然界的普遍统一性和自然规律永远适用的信念出发，就可以排除唯心主义的干扰，废弃所谓"人格化的上帝，灵魂不死和意志自由"三个中心教条，从自然界发展运动的规律出发对无机界和生命界的种种现象给出原则上正确的说明。海克尔本人由此成为一个声名显赫的自然科学唯物主义者。但是这种海克尔式的唯物主义也明显地表现出机械观、还原论的思想倾向，它将心理学归结为"生理学的一个分支"，将生理学"归结为物理和化学领域里的现象"，再将化学的物质守恒定律和物理的能量守恒定律概括成"实体守恒定律"，而实体的基本属性则是物质和能。作为一个不懂得辩证法，又自发地倾向唯物主义的自然科学家，这种否认高级运动形式特殊性，撇开认识过程中主体与客体的矛盾，将本体讨论孤立起来的思想方法是朴素、原始的，又是不可避免的。

如果说 19 世纪的科学哲学界热衷于讨论本体问题的话，20 世纪的科学界却对它已经失去了特别的兴趣。这大体上导因于三种情况。第一种情况是马克思主义对本体问题提出了自己的研究方式。马克思要求从"人的感性活动"，从"实践"，而不只是从"客体"或"直观"的角度去理解事物、现实、感性，摈弃了离开认识过程和认识能力去讨论本体的唯物论传统方法。第二种情况要归因于自然科学本身的进步。一方面，物质世界第一性被科学工作者自觉不自觉地接受，爱因斯坦说："相信有一个离开知觉主体而独立的外在世界，是一切自然科学的基础"[①]，另一方面，由于对量子力学和相对论的哲学诠释的深入研究，仪器、选择，测量不可避免地进入关于客体属性的说明，孤立地讨论实体的绝对属性已无意义。第三种情况是，多数西方科学哲学家，一部分受其影响的自然科学家则认为"心"和"物"的争论是思辨的陷阱，科学的赘疣，他们不愿再去纠缠这类"形而上学"的问题，而去转向研究所谓可以整理的经验知识的可靠性、或然性，以及获取新知识的模式和途径，于是产生了实证主义、否证主义，科学革命的结构等科学哲学流派。用海克尔不甚确切的话讲，就是"真正的物理学家"对一元论自然哲学获得的巨大进步感到充实和满足，而"纯粹的形而上学家"却无意于再去琢磨那愈来愈奇妙和不可思议的"自在之物"（《宇宙之谜》第 359 页）。

那么，今天的理论自然科学家们感兴趣的富有哲学色彩的又是些什么谜呢？《未知世界》借助那些在有代表性的学科工作的科学家之笔，大致勾勒出这片疑云的轮廓。它包括：有没有对宇宙运动作出完整描述的"世界方程"？微观运动与宏观运动存在着怎样的联系？空间弯曲、时间不可逆的本质究竟是什么？整体的属性如何并在多大程度上还原为部分的属性？基本核子在哪里？哥德尔定律、测不准原理对人造系统的功能作出了什么限制？人工智能智力的极限何在？生物进化论中发生了什么困难？意识与脑的物质运动，心理与生理之间如何相互关联？……《未知世界》

---

[①] 《爱因斯坦文集》第一卷，第 292 页。

对这些问题的探讨没有拘泥于通行理论的常规见解，而是另辟蹊径，寻觅创立新理论的可能性。它不赞成所谓广义相对论就意味着空间的非欧几里得化，在定域实在性不能成立的实验基础上，要求以宏观时间和微观时间分别作自先至后和自后至前的相反解释的方案来重建时间概念；它既指出了达尔文进化论的局限性，也指出了将分子生物学融于其中的新达尔文主义的困难并提出了社会生物学的可能性，等等。了解这些新鲜观点和提出这些观点的方式是有价值的，它将督促科学工作者从哲学的或科学全局的高度重新思考从自己的老师或是从标准教科书上所接受，并曾被认为准确无误的基本概念和论断；它还指出了自然科学规律的适用界限，如果你要运用你的科学知识，不要忘记它的约束条件，如果要开创新的领域，你应当在已知和未知的边界上耕耘。

比较两部著作，我们容易发现它们都有着广阔的科学视野，试图从物理科学、生物科学和思维科学的最新成就出发，提出问题并阐明自己的观点，但海克尔时代的物理科学是古典的，生物科学还处在形态学和宏观解剖学的水平上，远"不能精密地表达"，而心理学中则充满着"模糊的和神秘的概念"。通过《未知世界》所反映出来的当代科学的形势，已绝非昔日可比。物理学对质量、能量、空间、时间等基本范畴的理解已和经典物理产生了质的差别，分子生物学把对遗传、变异、进化的研究推进到微观的、定量的水平，系统论、控制论，信息论的创立则把生理、心理学的研究建立在新的方法论基础上，数学不仅深入到各个自然科学学科，而且渗透到社会科学之中。

无论从所运用的自然科学材料，还是从所提问题的深度看，毋庸置疑，《未知世界》都处在更高的层次上。在自然科学与哲学的关系上，《宇宙之谜》和《未知世界》都表示了他们对现状的不满，如果说海克尔的世界观带有明显的机械唯物论的印记，那么，撰写《未知世界》的这批学者则不同程度地接受了近代西方科学哲学的影响，时而迸发出闪光的思想火花，同时也时而暴露出观念上的偏见。

## 科学家与哲学素养

《宇宙之谜》和《未知世界》是两部风格不尽相同的著作。《宇宙之

谜》着眼于哲学的论争，运用了大量的自然科学成果；《未知世界》力图
揭示当代科学的困惑和症结，指望未来作出回答，但贯穿着作者对问题的
哲学思考。它们的共同点之一，就是对自己时代科学家与哲学家的分道扬
镳表示惋惜和不满。海克尔抱怨道："至今还有相当数量的经院哲学家，
他们只愿用自己的头脑凭空来设想世界，因而轻视经验的自然认识，因为
他们对真实世界毫无所知；另一方面，某些自然科学家至今还认为，科学
的唯一任务就在于取得'实在的知识，即对个别的自然现象进行客观的
研究'。'哲学时代'已经过去，代之而起的是自然科学。"① 如果说 19 世
纪处于巅峰的经典自然科学，需要擅长哲学思维的科学家们揭示其中的矛
盾，并探讨解决矛盾的出路，从而涌现出肖莱马、海克尔、马赫、彭加勒
这些具有不同思想性格的科学—哲学家的话，那么愈来愈远离人的直观
感受的现代自然科学，必须由爱因斯坦、玻尔为代表的既有高度的哲学
素养，又有过人的科学造诣的学者创立，也只有他们才能把科学推向新
的发展阶段。就在"知识爆炸"的宣传一浪高过一浪的现代，同时也
有人提醒世界，半个多世纪以来，我们的确取得了数以万计的发明和发
现，但我们却没有取得超过或相当于相对论和量子力学的突破，重要的
是，科学革命主要不在于量的积累，而在于科学概念的飞跃。困难在哪
里？首先是科学实验还没有向理论提出根本性的挑战，此外恐怕还在于
缺少富有哲学气质的大科学家。难怪《未知世界》的作者发出这样的
感叹："不幸的是，擅长于发展清晰理论的科学家，常常不大了解事实；
而那些熟悉事实的科学家，却又倾向于不大喜欢动脑筋。"（266 页）

正是意识到哲学思维对于理论自然科学研究的重要作用，《未知世
界》的相当一部分作者本身就是科学哲学家（如 E. W. F. 托姆林，R. W.
斯佩里），或者至少也是对科学哲学问题表现出很高兴趣的科学家（如
H. 邦迪，J. A. 惠勒，I. W. 罗赫布洛，P. C. W. 戴维斯）。他们达到了
这样一种认识："未知的领域里，物理学和哲学纠缠在一起。"（第 113
页）透过该书对基础科学疑难的分析，我们可以窥见西方科学哲学思潮
之一斑。

《未知世界》的特点之一是多处阐发和运用了系统观点，特别强调

---

① 《宇宙之谜》，第 17 页。

在活的机体和人类行为的研究中不能离开整体孤立地考察部分。在概念系统的分析中，依据哥德尔定理指出了系统破缺的必然性——理论不完整不仅不应当遗憾，反而是科学前进的起点。《未知世界》也反映了逻辑实证主义的衰落和波普尔否证主义的兴起。有的作者主张，"理论除非能对自己作出某种预测，或提出某种决定性实验，说明本身就是一种预测……它就不能算是真正的科学理论"。（第 15 页）否证主义与实证主义相反，它对新的理论取代旧的理论这个规律性现象持乐观的，赞赏的态度。事实上，之所以有未知，就是因为它超出了既成理论的阐释能力。无论对原有理论的批判，还是探索性的真知灼见，从否证主义中将可以获得更多的力量。"意志自由"问题是《宇宙之谜》和《未知世界》都涉及到的问题，但在前者，仅仅从一元论哲学的角度出发加以否定，在后者，则是从总结脑科学，尤其是裂脑人的工作出发，得出了"自由意志是一种幻想"的实验科学结论，攻陷了唯心主义的又一处立足之地。

《未知世界》在科学上和哲学上也有值得斟酌和商榷之处。它对于西方以外的科学进展（如针刺、气功等东方特技）缺少了解；它在正确指出不可能有"包罗万象，没有为不知道的或至少还没有确定的事物留有余地"的理论的同时，却得出了"爱因斯坦和其他人的统一场论要失败到底，所有这些努力都是白费的"武断结论（第 10 页）。首先，统一场论的第一阶段成果——弱电统一理论已被证实；其次，四种相互作用的统一仍给生物科学、思维科学以及社会科学保留着充分发展的余地，它无论如何不是包打天下的理论。《进化论的谬误》一文中，硬把马克思主义与还原论扯在一起，说它是"人类自尊的三大威胁"（247 页）之首，这是没有道理的。怀疑论者笛卡儿说，"我思故我在"，这已经是从精神到躯体的主观唯心论命题，但《意识》一文对"我在"也表示怀疑（309 页）。不是力图沟通精神与脑之间的鸿沟，而是肯定甚至制造这一鸿沟，照这样的方向去研究意识问题是很难让人乐观的。关于悖论的发生，作者认为"物质客体不可能是悖理的，但知觉可以出现悖理"（316 页），但古老的芝诺悖论和现代的波粒二象性的悖论都来源于物质客体，以往的研究已经证明，否认这类实在的悖论，势必要否认实在本身。

《未知世界》的英文原名是 *The Encyclopaedia of Ignorance*（《未知百科全书》），看来是大题小作了。实际上，它仅仅在英国人所擅长的基础自然科学领域里提出了一些有价值的，但又很有限的问题。为了我国科学的繁荣，为了使我国科技发展中提出的大量实际课题引起广泛重视，我们为什么不能自己编辑一套既包括基础科学，同时也包括技术科学和社会科学在内的名副其实的《未知百科全书》呢？

1985 年 12 月于杭州文一街

（《科学的未知世界》，［英］罗纳德，邓肯、米兰达·威斯登—司密斯台编，黄绍元译，上海科学技术文献出版社 1985 年版；《宇宙之谜》，［德］海克尔著，上海外国自然科学哲学著作译组译，上海人民出版社1974 年版）

发表于《读书》1986 年第 9 期

# 论牛顿 "不作假说"

　　《自然哲学的数学原理》问世迄今整整三百年了，这部划时代巨著的作者——牛顿以其数学、力学、物理学、天文学诸领域众多奠基性的成就无可争议地被列入有史以来屈指可数的旷世奇才行列之中。他对万有引力定律的发现为以后宇宙间基本相互作用的研究开了先河，尤其具有根本性的意义。但也就是在引力及其本质的讨论中，牛顿声称 "我也不作任何假说"，并前后多次强调了他拒斥 "假说" 的立场，遭到当时及后世哲学家们诸多非议。莱布尼兹说："我敢说人家今天又重新提出来，而约三十年来也同样受人嘲笑的那经院哲学意义下的引力，也丝毫没有什么更合理的东西。"[①] 黑格尔抨击道，关于天体运行，"牛顿不是证明开普勒定律，而是做了相反的事情。人们想要得到的是事实的根据，但只满足于一个坏的根据。"[②] 在一些从唯理论出发讨论问题的论著中，牛顿往往被树立为轻视哲学思维，迷信经验归纳的典型。然而当笔者重读牛顿的《原理》及其他有关著述，联系科学方法论研究近年来所取得的成果时，却感到有必要遵循马克思主义关于 "具体地分析具体的情况" 的经典教导，辨明牛顿在引力及其本质，假说的认识论地位问题上的是非曲直，澄清曾经加之于牛顿的偏见，以告慰这位科学巨匠的亡灵。

## 一　牛顿对引力本质的求索

　　《原理》于 1687 年 7 月出版时，包括两部分内容，第一部分为 "定

---

　　① ［德］莱布尼兹，［英］克拉克：《莱布尼兹与克拉克论战书信集》，武汉大学出版社 1983 年版，第 103 页。

　　② ［德］黑格尔：《自然哲学》，商务印书馆 1980 年版，第 101 页。

义和注释""运动的基本定理和定律";第二部分是定理和定律的应用,讨论了万有引力定律及行星运动,并以它为根据建立了宇宙体系学说。《原理》作为第一部将微积分方法用于宏观物体运动规律研究的著作,给天上的、地上的千变万化找到了共同的原因——力,并建立起了物体每时每刻所受作用力与彼时运动之改变所存在的恒等关系——微分关系,在宇宙观上实现了完美、和谐的天上世界与世俗、平凡的地上世界的统一,在方法论上,实现了观测实验方法与数学分析方法的统一,奠定了经典物理理论的框架,是科学史上的奇勋。

《原理》出版理所当然地引起了轰动,但同时也遭到来自欧洲大陆的严厉批评。德国、法国、荷兰等国的科学家们批评《原理》,除去微积分发明权的争执外,主要在于他们作为笛卡儿唯理论的信奉者,认为牛顿的理论不符合笛卡儿主义的"第一原则",这一形而上学原则提出,一切自然知识的首要问题是发现最简单和最可靠的观念或原理,这些观念和原理又必须"由明晰的和注意的心灵在理性之光下产生的那些无疑的概念"给出。法国人说,万有引力理论"并未被证明,因此,以它为根据的证明就只能是力学",惠更斯经常"感到奇怪,他(牛顿)怎么能自找这么多麻烦来作这么多的研究和困难的计算,这些研究和计算除了这一原理外,再无任何根据。"莱布尼兹写道:"那些……说所有物体都按上帝创世时制定的自然规律而相互吸引的人的方法,是……坚持一个杜撰的故事来支持一种没有根据的观点。"①

对于来自对立派别的,相当激烈的批评,牛顿采取了冷静的、分析的态度,他认识到批评中内涵的合理因素,又严格论证对方相关理论的非科学之处,同时努力给万有引力寻找理智上能够接受的根据。为此,牛顿说服他的追随者不要忽视大陆方面的意见,他自己中断了其他工作,用了多年时间试图得到一种笛卡儿式的证明。这样,在各个不同阶段,获得了下述这些有价值的认识。

首先,牛顿认真研究了当时流行的、唯一能够与牛顿理论相抗衡的天体运动"理论"——笛卡儿的漩涡学说。计算表明,从漩涡说所推导出来的行星运动与第谷、布拉赫和开普勒多年观测所掌握的太阳系各天体运

---

① [英]牛顿:《自然哲学的数学原理》,商务印书馆1957年版。

动资料完全不符，所以漩涡说仅仅是一种"可笑的虚构"，或者用拉卡托斯的概念讲，漩涡说代表着一个退化的纲领，相反，万有引力理论却是具有解释新现象巨大潜力的进化的纲领，牛顿理所当然地拒绝了它。

第二，牛顿继在《原理》中声明，他的"力""吸引""推斥"都是从数学出发使用的，并未考虑它们的物理意义之后，进一步指出，超距的万有引力不能视为物质的根本而固有的性质。他写道："至于重力是物质所内在的、固有的和根本的，因而一个物体可以穿过真空超距地作用于另一个物体，毋须有任何一种东西的中间参与，用以把它们的作用和力从一个物体传递到另一个物体；这种说法对我来说，尤其荒谬，我相信凡在哲学方面有思考才能的人决不会陷入这种谬论之中。"作为一个科学家，牛顿当然要努力为引力的传递找寻一条理性的出路。从《原理》问世前的1675 年直至1727 年逝世，在长达50 多年的时间里，牛顿一直在尝试用以太说来代替超距说，在他1678 年写给波义耳的信中说："我假定有一种无所不在的以太物质，它能收缩也能伸展，非常富有弹性，一言以蔽之，它在各方面都很像空气，只是远比它要微细。"[1] 为了使以太的存在不与行星真实运动状况相矛盾，牛顿生前还设想以太的弹性比空气要大700000倍，稀薄程度又比空气差 700000 倍，这样才能使它的阻力比水要小600000000 倍[2]。但所有涉及以太的猜测既没有观测实验的证据，它的古怪性质在逻辑上又自相矛盾，难以理喻，所以牛顿始终不曾把它作为个人的正式见解提出，而仅仅把支持以太和反对以太的种种思考以"疑问"的方式交给读者去评论，宁肯用荒诞不经的超距说叙述引力现象以为权宜之计。

第三，牛顿对于自己只能唯心地解说，而不能找到万有引力的根源是坦白的、直言不讳的。1713 年《原理》第二版新增加的"总释"中，他声明："直到现在，我还未能从现象中发现重力所以有这些属性的原因，我也不作任何假说。"[3] 他还表示："重力的原因是什么，我不能不懂装

---

[1]　转引自［英］拉卡托斯：《科学研究纲领方法论》，上海译文出版社1986 年版，第283页。

[2]　［美］塞耶编：《牛顿自然哲学著作选》，上海人民出版社1974 年版，第18—19 页。

[3]　同上书，第64 页。

懂，还需要更多的时间对它进行考虑。"①

如此看来，牛顿发现并完善了万有引力定律，将开普勒行星运动的三个积分定律简化为一个微分定律，为天文学——力学研究掀开了历史的新篇章，科学上的功绩是巨大的。而且牛顿在面对论敌的非议时，一方面承认不足并自觉地改进定律的概念基础，尽力探寻它的作用机制；另一方面不为唯理论的第一原则所动摇，坚持任何理论必须与观测实验相吻合，如果暂时没有令人满意的理论，不妨将明显的疑窦而不是似是而非的辩白留给后人。这种严谨的科学精神受到爱因斯坦的高度评价："牛顿自己比他以后许多博学的科学家都更明白他的思想结构中固有的弱点。这一事实时常引起我对他的深挚的敬佩。"② 只要不抱有莱布尼兹—黑格尔式的偏见，对于牛顿处理引力疑难的思想方式是应该给予肯定的。

## 二　牛顿拒斥什么样的"假说"

以上评述了在引力这一个别问题上牛顿对于假说的态度：反驳了笛卡儿的漩涡假说，对于以太假说长期存疑，宣布对引力不再作假说，权宜采用理智上荒谬但实验还不能证伪的超距说。与此同时，牛顿在《原理》第二版，在《光学》，在他的书信中反复强调了他拒斥"假说"的立场（仅在［美］塞耶编《牛顿自然哲学著作选》中就有20余处），并且多次反对别人将他的理论称为"假说"，为此曾遭到以后哲学家们的贬抑和嘲笑。简单地批评牛顿的经验主义倾向固然不无根据，但是更需要搞清楚，他为什么要反对"假说"？他在科学实验的实践中有否运用及怎样运用理论思维？他反对"假说"的立场对他本人及后来者产生了怎样的影响？只有将这一切放在他所处的那个特定的历史时代来分析，才可能对牛顿在哲学上的功过作出恰如其分的评价，也才能古为今用，对今天我们处理好科学与哲学的关系有所启迪。

首先，需要澄清当代哲学家所指的假说与牛顿"很少有兴趣"的"假说"是否同一个东西，只有取得语义学上的一致性，才能避免聋子间

---

① ［美］塞耶编：《牛顿自然哲学著作选》，上海人民出版社1974年版，第135页。
② 同上书，第172页。

的对话。

根据美国著名科学哲学家瓦托夫斯基的意见，按照其接受经验检验的情况，可以把假说归为三类，第一类是可以以观察的方式加以直接检验的"常识性或观察的假说"，第二类是其观察语言在理论上得到定义，需要通过受控实验检验的"科学假说"；第三类是不能接受经验检验的"形而上学的假说"①。三类假说在科学上的地位是有差别的，常识性或观察假说，是日常生活和科学得以进行的初始条件，"科学假说"是科学理论的胚芽，这两类假说的意义在科学—哲学家中是很少疑义，很少争论的，"形而上学假说"的作用则颇多争议，也是允许争议的。那么，牛顿的批评者，当代一般哲学文献和牛顿所说的"假说"是同类的吗？

恩格斯是肯定假说的认识论地位的。他曾明确阐明假说的涵义："一个新的事实被观察到了，它使得过去用来说明和它同类的事实的方式不中用了，从这一瞬间起，就需要新的说明方式了——它最初仅仅以有限数量的事实和观察为基础，进一步的观察材料会使这些假说纯化，取消一些，修正一些，直到最后纯粹地构成定律。"② 显然，恩格斯在这里所指的是科学假说。

《苏联哲学百科全书》中将假设分为描述性假设和解释性假设，并指出假设得以成立的四个条件：尽可能不与已知的事实和科学观点相矛盾；原则上的可检验性；适用于尽可能广泛的现象领域（与特设假说相区别）；原则上最大可能的简单性③。无疑，苏联哲学中的"假设"也是指上述"科学假说"。

《简明不列颠百科全书》要求假设说明直接观察和实验可得到的材料，并推理预言进一步的结果，这些结果可以通过其他实验的经验证据予以证实或证伪。④ 因此，当代英美哲学的"假设"人体上还是指上述"科学假说"。

我国哲学教科书及辞典上对假说的解释与上述几种说法相近。总之，

---

① ［美］塞耶编：《牛顿自然哲学著作选》，上海人民出版社 1974 年版，第 52—53 页。

② 同上书，第 62 页。

③ 许良英、范岱平编译：《爱因斯坦文集》第 1 卷，商务印书馆 1976 年版，第 226 页。

④ ［美］瓦托夫斯基：《科学思想的概念基础——科学哲学导论》，求实出版社 1982 年版，第 262—264 页。

当代哲学界对假说概念取得了共同认识。

波普尔、拉卡托斯等当代科学哲学家概括了以往科学方法论研究的成果，指出科学与非科学相区别具有三个判据：经验基础——建立于观察与实验资料之上，对它们进行逻辑一贯的说明；预见性（创造性）——能够作出其他理论所不能作出的观测或实验预言；可批判性——准备接受经验事实的证实或证伪。撇开对于"经验"本质的原则分歧不论，马克思主义者与非马克思主义者在对科学假说的要求上建立了共同语言。

那么牛顿又是在什么意义上使用"假说"（为区别起见，本文将牛顿意义下的假说均写作"假说"）概念的呢？

1. "假说"无经验基础："凡不是从现象中推导出来的任何说法都应称之为假说"①，"假说""仅仅是指这样一种命题，它既不是一个现象，也不是从任何现象中推论出来，而是一个——没有任何实验证明的——臆断或猜测。"

2. "假说"缺乏预先性，它不去设计和实施与原有的理论针锋相对的实验。

3. "假说"不可批判：在原已存在的命题之外，没有出现其他的观测或实验现象使这一新的"假说"显得更为正确或者出现与推论不符的情况。

既然牛顿心目中的"假说"缺少科学所要求的规定性，那么它只能归属于"形而上学的假说"一类。在我们评价牛顿的科学思想的时候，不能不注意到这一重要的差别。事实上，这个差别在某些重要的哲学文献中已经体现。例如 A. Flew 编《哲学辞典》中指出，一类假说"可以演绎出观测和实验结果，并能作出新的实验推断，这些推断或被证实，或被证伪"；另一类"假说"则是专指牛顿说的"带有武断性或随意性的理论和设想。"② 约翰·洛西在《科学哲学历史导论》中也指出："牛顿所用的'理论''假说'等术语，与现在的用法不同。……牛顿对'假说'这个词的用法之一，就是用来记述表示'神秘的质'的术语。"③

---

① 《马克思恩格斯选集》第 3 卷，人民出版社 1972 年版，第 561 页。
② 《苏联哲学百科全书》第 1 卷，上海译文出版社 1984 年版，第 433—435 页。
③ 《简明不列颠百科全书》第 4 卷，中国大百科全书出版社 1986 年版，第 304 页。

　　既然如此，就不必要泛泛地、一般地批评牛顿轻视"假说"，而转换成为应该把形而上学的假说和即不接受、也不准备接受严格的经验检验程序的哲学思辩放在什么地位上的问题，牛顿在理论上和实践上如何处理经验与理性的关系，它有什么特色又有什么偏差的问题。

## 三　牛顿思想经验主义倾向的意义

　　从牛顿时代到康德—黑格尔时代再到今天，科学界内部，哲学界内部，科学界与哲学界之间，一直存在着关于形而上学与科学关系的激烈争论。限于本文的主题和篇幅，不可能作深入的讨论。但笔者愿意作出下述两点一般性的概括。第一，应该承认形而上学对科学具有一定的启迪作用，无论从历史上还是从逻辑上分析，形而上学的天才猜测确曾有助于科学的产生和进步，例如德谟克利特的原子论，伽利略关于大自然是用数学的语言"写下"的观点即是；又应该承认，形而上学决不能充任实证科学的起点和判官，因为科学只能面对事实，对自己的应用和实践结果负责，任何形而上学的原理、原则反倒只能是来自科学的概括和抽象。科学如果成为形而上学的侍从和婢女，就将因偏见而闭目塞听，迷失方向。自黑格尔以来，我们看到、听到形而上学家强行指挥、武断干预科学研究酿成的悲剧还少吗？第二，在不同的历史时代，形而上学的意义也有所不同。大体上，在思辩哲学泛滥而轻视实践经验的时代应更多地提防它对科学活动的过量介入和干涉；在理论思维不足而沉溺于实验操作的时代则应注意发挥它对科学思想的助产和催化功能。在常规科学时期，科学家有必要集中精力于新生的科学范式的开拓和完善；在科学革命时期，科学家则需要吸收有助于对旧范式扬弃和促进新范式确立的哲学分析，同时也要清理适应于旧范式的陈旧哲学观点。总之，在每个特定的历史时代，需要特定的理性与经验恰当互补的方式，不存在对形而上学假说地位的超历史评价。

　　牛顿所处的时代是经院哲学没落，以培根、霍布斯、洛克为代表的经验主义与以笛卡儿、斯宾诺莎、莱布尼兹为代表的理性主义相互争雄的时代，经验主义和理性主义曾经是反对经院哲学的烦琐逻辑推演和无聊诡辩的战友，均具有解放思想的巨大意义，但它们在近代数学和实证科学产生过程中的作用则是有差别的。对于数学，抛开其初始的现实出发点不说，当它发展到一定阶段，就表现为由某个公理系统推演出来的逻辑体系。作为纯粹数学家而非数学哲学家的人，可以而且必须从所谓理性认同的公理出发，发挥演绎法的功能，探究数与形的内在联系。对于实证科学，情况就大不相同。实证科学扎根于经验的基础上，在其进化过程中的每一步，都需要以一定层次的经验材料作为立论的根据或作为不同观点间的判据。因此，自然科学家在他的研究工作中必然是自发的唯物主义者。培根之所以被马克思评价为"英国唯物主义和整个实验科学的真正始祖"，主要不在于他对当时的自然科学工作所发生的影响（科学史家证明，这种影响是很有限的），他的价值主要在于他所提倡的经验论哲学比同时的唯理论哲学更注重收集事实，更强调实验在归纳中的作用，并激烈抨击妨碍科学家认识物质世界真相的"种族假相""洞穴假相""市场假相""剧场假相"。培根仅仅指示了认识科学真理的方法，要使之开花结果，还有待于科学家们去完善和具体化，并以自己典范性的工作证明新的经验方法的有效性，正是牛顿肩负起了这一历史使命。

牛顿针对笛卡儿派企图从形而上学原理出发推导基本物理学定律的意见，坚持认为，自然哲学的结论必须立足于对现象的考察，"虽然用归纳法来从实验和观察中进行论证不能算是普遍的结论，但它是事物本性所许可的最好的论证方法。"表明了牛顿坚持把实践放在首位，而不是把思想放在首位的唯物主义立场；但牛顿并非是一个狭隘的归纳主义者，他明确主张科学研究的归纳—演绎程序，他把它叫作"分析和综合方法"，并对这种方法作出了超过伽利略、培根的两点新贡献：综合演绎推断要超出归纳分析所依据的经验事实，综合演绎推断需要进一步的实验确证。终其一生，牛顿是善于将归纳——演绎，分析——综合，观察实验——数学推理有机结合起来的朴素辩证方法的身体力行者。

通过反对他所指称的"假说"，牛顿努力排除经院哲学和其他任何玄想所臆造的"隐质"对科学工作的干扰。他认为，只是相信事物发生的背后有一种隐蔽的性质，耗费精力于猜测这种"隐质"的性征，这种隐质又是不能发现的，不能使之变为明显的，那么科学研究就会停止不前，难以进步。正如科茨在为《原理》（第二版）所写的那篇著名的论战性的《序》中所说，经院哲学热衷于无聊的概念游戏，不去探讨事物本身的哲理；理性主义者则反对经院哲学那一堆无用而混杂的辞藻，主张从事对人类有益的工作。但他们在一点上又是相通的，即或是随心所欲地，或是自某些思辨的第一原则出发去构思事物背后的隐蔽性质，而不诉诸确实的观察和实验，这样的工作仅仅是"谈论哲学"或书写"传奇"，并不是进行自然科学研究。如果说奥卡姆的剃刀削去了经院哲学的"本质""隐质"之类的哲学废话，那么牛顿的反对"假说"则剥夺了"第一原则"在自然科学中第一位的地位，使它让位于观察和实验。

　　因此，处在那样一个特定的时代，牛顿为了给襁褓中的实验自然科学开辟道路，为了确立他自己所创立的经典力学体系的范式地位，他推崇归纳法，倾向经验主义，言必称观察实验，贬低形而上学，推斥"假说"，与理性主义论战，其功绩是主要的。当然，牛顿在阐述他的方法论主张的过程中，的确说了一些过头话，有片面性，没有达到后人在实践—理论、归纳—演绎、分析—综合等对立关系上的辩证理解，但这毕竟是第二位的。

　　恩格斯说："只要自然科学在思维着，它的发展形式就是假说。"这个论断无疑是正确的。在牛顿的科学工作中，除去他不愿在恩格斯的意义上使用假说概念外，他对自然科学不可或缺的科学假说的看法在理论和实践上存在着矛盾。一方面，由于在理论上不能划清脱离实际的臆想与立于实验的假说的界限，他对假说的科学意义认识不足，尽管他曾经提出过许多假说，其中不乏智慧的火花，例如猜测光线可能是"发光体射出的极小物体"，想象热是由于"溶液里各部中有极大的运动"，以及《光学》第四次修订版中的 31 个疑问……但只要这些假说证据不十分充足，他就不愿将它们正式提出，或者将它们列为正文的附录，仅供参考；另一方面，在他所开展的诸多领域的研究中，牛顿均离不开用假说引导自己前进，无论是不受力物体的惯性运动，作用力与反作用力的同时存在，还是光的三原色说等等，在其提出的初始阶段均处于假说的地位。只是在这些假说经过反复的实验验证，获得一次又一次经验支持，已经上升为公理、定律、定理之后，牛顿才将它们公之于世。这就掩盖了一个事实，即这一切理论均曾经历了观测实验——假说——验证——理论这样一个从存在到思维，又从思维到存在的反复运动过程，掩盖了牛顿作为物理学研究的第一个和最伟大的代表，也是一位善于提出假说，善于将假说上升为理论的思想家的事实。相反地，因为他拒斥"假说"，人们竟认为他是单纯崇信知觉、不屑于理性思维的眼界狭窄的经验主义者，这实在是一个极大的误会。

纵观牛顿为实验科学奋斗的，但又是充满矛盾的一生，我们在异口同声地赞美他的科学业绩的同时，可以对他生平的美中不足表示惋惜。我们尽可以批评牛顿的社会局限性，如他对王室的无限忠诚，他相信"创造万物而且主宰万物的上帝"的存在并且在后半生花费了比科学研究更多的精力去从事神学研究，特别是把天体的切向运动奉献给"上帝的第一推动"；我们也可以批评牛顿的认识局限性，他曾潜心于炼金术，他不赞成光的波动说，他过分看重经验却不懂得经验渗透理论，对二百多年后爱因斯坦所推崇的实在论的理性的价值估计不足……但就假说观而论，他是科学假说的伟大实践者，却在理论上阐发不够；他是形而上学"假说"的反对者，坚决要求把它们驱逐出科学的殿堂，相对他那个时代，这又是为打击各种各色的形而上学崇尚思辨、杜撰原理、用幻想的"隐质"强加给自然界之谬误所必须的、不这样便不足以建立科学实验的权威。关于牛顿反对"假说"的原因及其功过，丹皮尔曾有过一段精彩的评论，牛顿"从来不发表不能用观测或实验证明的学说。这不是因为他缺乏哲学的或神学的兴趣，其实事实恰恰相反。他是一位哲学家，也有深挚的宗教信仰；但是他觉得这些问题是从人类知识的顶点才能看到的境界，而不是人类知识的基础，它们是科学的终点，而不是科学的开始。"牛顿"从自然科学的大厦中排除掉不必要的哲学成见……实在是一种真正的进步。

牛顿就是牛顿，牛顿不是爱因斯坦，玻尔，牛顿时代就是牛顿时代，牛顿时代不是19、20世纪，我们应该就历史要求牛顿可能达到的高度来要求他，而不能指望他成为科学—哲学的超人。经历过代替论折磨的我们这一代人，应该而且能对牛顿作出更为实事求是的评价。

发表于《浙江学刊》1988年第1期

复印报刊资料《自然辩证法》1988年第2期转载

# 本体的分裂与认识的功能

哲学史"简略地说，就是整个认识的历史。"① 纵览哲学史，各派哲学家们都试图给予认识过程一个严谨的、逻辑一致的说明，都试图将某个本源或本体作为认识的起点，由本体的运动演化出种种认识现象。然而，现代科学的进步从根本上动摇了所谓由精神本体或超越人的物质本体导出人类认识的古典理论，要求将人的认识建立在主客体统一的实在基础之上。因此，必然王国向自由王国的转化过程，只能是须臾离不开人的实践——选择——创造过程。本文试图运用现代自然科学的成就，对上述问题作些粗浅的探讨，借以强调当代唯物主义哲学必须重温马克思主义创始人关于人——自然一体化的教导。

## 一 诸本体的分裂

所谓认识，就是追求理论与实践、理性与感性以及理论体系本身的统一。当理论落后于实践时，感觉到了的东西不能理解它；当理论超前于实践时，预见到的东西又不能得到直观感受。这种矛盾的一再发生，成为认识探源的目标。我们面对的现象世界是色彩斑斓，变化万千的。但人可以构造理性世界，如形式逻辑系统以及已将其包容在内的数学系统。我们要求它并曾经看到它是统一的，并曾以它来统摄分裂的现象世界。哲学三大流派之所以产生，根本在于各自崇信某个统一的本体：朴素唯物主义源于相信自然界的根本规律的统一；客观唯心主义相信理念世界——绝对精神的统一；主观唯心主义相信感觉、情绪、理性的统一。爱因斯坦在谈到思

---

① 列宁：《哲学笔记》，人民出版社 1974 年版，第 399 页。

想家探索动力时写道："渴望看到这种先定的和谐，是无穷的毅力和耐心的源泉。"① 在科学进程的某一幼稚阶段，也确曾达到了（似是而非地达到了）这种统一。但是21世纪以来自然科学的进步却不是沿着强化这种统一的方向，而是沿着造成分裂的方向发展过来的。

### 1. 物理世界运动规律的分裂

物理学讨论自然界物质的一般形态——粒子及后来的场的一般规律。力学运动的和谐性曾是上帝完善圆满的科学证明，牛顿当年就这样表白过，后来则成为形而上学唯物主义的奠基石。但现代物理从两个方向冲击着物理世界的完美图景。②

其一，循着质点力学——经典统计（微观是牛顿粒子，宏观用统计方法）——经典电磁学（以太波的振动）建立了从现在把握过去，从现在把握未来的决定论图景，并留下了"拉普拉斯精灵""两朵乌云"一类的终极观自然哲学典故。21世纪以来，牛顿式的力学理论体系受到来自实验和逻辑两方面的非难，从而有狭义相对论和广义相对论的提出。然而，在自然界不作飞跃，自然界遵循着严格的因果关系而演变的意义上，相对论则与经典力学一脉相承。③

但是，当物理的视野转向微观领域时，情况发生了突变。在量子力学中，有不确定关系出现，我们不可能同时获得关于微观粒子基本状态参量——位置 X，动量 P 的信息，对应于经典力学图景的原子行星模型只得让位于量子力学的原子星云模型，与相对论的诠释相反，量子力学说明了基层自然现象必须跳跃，自然界中没有严格的因果关系。如果说当年经典力学给形而上学唯物主义带来了黎明，那么量子力学则为它唱起了挽歌。

两个世界图景信仰的冲突是不可避免的。著名物理学家洛伦兹忧伤地说："就我没有谈到过的基础现象而言，我总可以保持我对决定论的信仰。一个更深邃的精灵难道就一定不能表达这些电子的运动吗？人们难道不能把决定论当作一种信仰对象并坚持它吗？在原则上坚持非决定论是必

---

① 赵中立、许良英等编《爱因斯坦文集》第一卷，商务印书馆1976年版，第103页。

② 转引自赵中立、许良英编：《纪念爱因斯坦译文集》，上海科学技术出版社1979年版，第353页。

③ 转引自《现代科学技术简介》，科学出版社1978年版，第254页。

要的吗?"并引发了决定论思潮的代表人物——爱因斯坦和非决定论思潮的代表人物——玻尔之间的著名争论,一次次科学——哲学论战的结果,玻尔的意见总是占据上风。今天科学界主流的观点不妨用德布罗意的说法来概括:"相对论只打乱了人们对于时间和空间的传统概念,它在某种意义上却完成了并给经典力学加上了皇冠;量子和波动力学则给我们带来了更为激进的新概念,并迫使我们放弃基层现象的连续性和绝对决定论。"

其二,经典统计物理在研究孤立系统发展趋势时,得出了熵增加的结论,所谓熵增加,就是系统中具有个性的各个组成部分消除个性,趋向同一,这是个消除差别的过程。但是,现代耗散结构理论在研究远离平衡态的开放系统时,却发现由于非线性相互作用的存在,系统内部的随机涨落可能使系统更为有序,即系统各组成部分功能分化,个性强化,这是个增大差别的过程。人类总是以地球为立足点认识世界,地球就是个不断吸收外界能量,物质及负熵流的开放系统,地球在进化中,而人类变革世界的过程,实质上就是对取材于天然的差别性较少的原料系统输入信息,加工成为千姿百态的人工自然物,尤其是今天,我们运用遗传工程的方法,可以使新物种的出现加速上万倍。不久前,已有实验证明三体力学系统中不能避免随机性,那么由数量庞大,远比力学系统来得复杂的体系中又会诞生多少新鲜事物、新鲜规律,有待于去揭示!尤其需要指出,量子力学强调或然性,或然性毕竟可以用概率去把握,而耗散结构揭示的随机性,进一步超出了概率表述的范围。社会人类学家阿丹斯就此指出,耗散结构理论"承认自然比传统经典动力学和热力学所假定的要复杂得多",自然界"事件未来的发展方向可能出自任何涨落,因此它们天生是不可预言的。"[1]总之,经典的物理世界只有一个决定论方向,今天的物理世界却有决定论、或然论、随机论三个方向。统一的自然图景已成为历史的陈迹。

### 2. 数学系统不完备性的发现

柏拉图作为客观唯心主义最早的代表,相信既有超越物质世界,又超越人类思维的绝对精神存在,什么体现了绝对精神?接受了毕达哥拉斯的思想,他认为数学基本公设就是绝对精神的体现,欧几里得几何似乎揭

---

[1]　湛垦华、沈小峰编:《普列高津与耗散结构理论》,陕西科技出版社1982年版,第314页。

示，从公设出发的几何体系完美和谐，天衣无缝，现实世界则是残缺而参差的。不幸的是，现代数学证明数学形式体系也是不完备的。

由于发生了证明欧氏几何平行线公设的困难，19 世纪提出了非欧几何，各种几何又被统一到独立的无矛盾性的算术系统，算术系统的严格又转化为集合论问题，19 世纪末集合论的成就曾使数学家—哲学家彭加勒豪迈地宣布："今天我们可以说，绝对的严格已经取得了。"① 尽管随后有罗素悖论的发现，希尔伯特在 1930 年仍然坚信："我们必须知道，我们将会知道。"② （即找到解决悖论的出路）但话音未落，哥德尔就严格地证明：一个包括初等数论的形式系统如果是协调的，那就是不完全的。换句话说，一个逻辑严谨的形式系统中，能够证明其是或否的命题总是少于它所提出的命题。哥德尔定理的提出使数学基础的研究工作分崩离析，各国数学家分别循着逻辑主义、直觉主义、形式主义的方向寻找出路，各有各的成就但又都存在深刻的矛盾。这一冲击不仅指向数学界。以海森堡为代表的一大批实证科学家由于深感难以获得关于物理对象运动规律直观表象的困难，把希望寄托在数学形式上，但哥德尔不完全定理却声明，数学语言自身的功能也是有限的，它一定会将自己的痼疾传染给实证科学。曾经代表着理想的数学如今却以其铁的严格性标志着大一统理想的破缺。

### 3. 意识过程的困惑

列宁曾说，主观唯心主义的本质就在于把人的复杂认识过程的某个片断给予片面地、夸大地发展。贝克莱膨胀感性的作用，提出 "存在就是被感知"；笛卡儿膨胀理性的作用，提出 "我思故我在"；以康德为代表，对感觉主义，理性主义提出了诘难，要求把心理学的研究成果熔融于哲学思维之中。现代脑科学，神经心理学以及人工智能等诸方面的研究仍然处于假说林立，整理实验资料的阶段，取得的确定性成果是有限的，但他们碰到的最为困惑的问题，恰恰也是可以向反辩证法、反唯物主义的哲学家提出挑战的问题，具有逻辑佯谬的性质。

其一，实验已经在一定程度上揭示了色、声、嗅、味、触等感觉发生

---

① 胡作玄：《第三次数学危机》，四川人民出版社 1985 年版，第 2 页。
② 同上书，第 114 页。

的神经生理机制，但骄傲、自卑、羞怯、内疚的心态却怎样与感觉发生联系？有限、无限，间断、连续，偶然、必然……理性范畴又是怎样从感觉派生？或者反过来说，情感范畴、理性范畴又怎样向感性发生实证科学意义上的演化？

其二，自然现象的结构不会背离自然科学的规律，即可能是悖理的，靠感觉、记忆、归纳得到的表象也不会是悖理的，但人却可以想象并构造悖理的逻辑对象及艺术对象，或者说，思想对象与感觉对象并非同构，这种跳跃如何在生理上、心理上实现的？

其三，思维与脑之间的因果关系问题，是脑的神经元发生变化引起了思维，从而将思维还原为理化过程，还是"我思"的意志引起脑的神经元的理化变化，诱发了种种思维内容，从而得出非还原论的结论？进一步说，意识问题的实证科学化与非实证科学化，哪个方向更正确一些呢？

上述这些重大问题在生理—心理学上至今找不到出路，一方面说明生理—心理学研究至今处于从思辩向实验过渡的起步阶段；从另一方面讲，是否也可以认为，由于这一领域深受哲学观念有形无形的渗透和制约，而种种哲学流派又总是力图把认识论问题归结为某一单一本体，使得它陷入举步维艰的窘境呢？

上述种种自然科学多元发展的情况曾令思想家们哀伤，因此有人指出："20 世纪科学所有成就之中最伟大的成就就是发现了人类的无知。"[①]但是，究其实质，它则是有力地证明了从精神现象的某一断面出发，或从超越于认识的非人的自然界的统一性出发，去统一全部主观客观世界，是多么背离 20 世纪的科学精神。我们有必要认真审查以往对于主客观关系的理解，深入发掘认识的本质，使唯物主义哲学真正扎根于当代科学成就之上。

## 二 实在是人—自然的统一

种种主客观唯心主义都把物质世界作为某种精神的产物，但是自然科

---

① Wesley D. Camp, *Roots Of Western Civilzailon* Ⅶ, John Wiley & Sons, New York 1983, p. 263.

学、尤其是考古学、天文学、地质学的发现足以证明在精神出现之前，已有无精神的物质世界存在。所以物质世界在先，意识世界在后，意识是物质发展到一定阶段的产物，唯心主义颠倒了二者的历史发展顺序，是反科学的。但是，能不能说，在认识论上，某个独立于意识的物质存在推动着意识，意识的任务就是反映在它之外的物质存在及其属性，从而实证科学所获得的自然规律就是超越于人的自然规律呢？否。现代自然科学恰恰是沿着与此相反的方向，它所证明的倒是这样一种观念："被抽象地理解的、孤立的，被认为与人分离的自然界，对人说来也是无。"①

反映意识之外的物质存在，必须找到一个立足点，即物质本身的规定性。在哲学史上，许多唯物主义哲学家和自然科学家采用"实在""客观实在""实体""自然"等概念表述我们之外的客观存在，他们坚持这种客观存在是意识产生的本体论基础，这种客观存在是认识的最初对象。抛开术语上微妙的差异，让我们探讨一下立足于现代科学的认识所规定的物质与立足于经典科学的认识所规定的物质有什么原则的差别。

古希腊罗马的唯物主义者以及后来的机械唯物主义者在确立物质范畴时，大体符合这样几项要求：第一，它作为某种不变的永恒的砖石与具体的易变的东西相对立，可称之为基质性；第二，它有着依附于它的根本属性，这种属性独立于主体之外，可称之为客观性；第三，它的活动可以用统一的相互作用模式去说明，不应有在这之外的附加作用物，可称之为内在性。

作为古希腊晚期素朴唯物主义的杰出代表，伊壁鸠鲁认为，原于是构成各种复合物的不可分的、不变的始基；它具有伴随着形状的某些基本性质，如大小、重量、坚固，这些性质均是知觉之外的；原子的运动没有开端，在直线下落和偏斜中因相互冲撞作用而改变彼此位置关系。对此，马克思在他的《博士论文》中曾给予高度评价，但这毕竟是前科学时期的天才思辨。到牛顿时代，以几何学和物理学的理论为基础，物质或实体被赋予了诸如广延性、不可入性、形状、重量、位移等普遍的、基本的、第一性的性质，不可分的原子被认为是这些不变属性的基质或负荷者，物质本身的惯性及作用和反作用规定着物质的运动。这种力学物质观与上述三

---

① ［德］马克思：《1844 年经济学哲学手稿》，人民出版社 1985 年版，第 135 页。

项要求是吻合的。但因牛顿主张有"上帝的第一推动",给它留下了一条神学的辫子,康德—拉普拉斯的星云学说在一定程度上补偿了这一缺陷。这样一种无视人、冷漠人的物质观是与整个经典力学的特征一脉相承的,这个特征就是,人处于自然界的观察者的地位。"他与世无争地站在厚厚的玻璃墙壁后面注视着墙内的事态,并不参与它的进程。"

但是现代物理的发展使传统的几项物质规定均发生了困难。其一,实物的地位已让位给场,各种所谓"基本粒子"都有对应的场,实物仅是场能相对聚集的区域,"基本粒子"之间又可以相互转化,"基本粒子"不基本已是公认的结论。夸克在数学形式上成立,而在实验上又不能确证,与其将它视为物质的基质,还不如称之为"基本粒子"间的关系,这种关系决定了可能有什么样的"基本粒子",不可能有什么样的"基本粒子";"基本粒子"间允许怎样的转化,不允许有怎样的转化。所以说,基质的要求已不能成立,关系大有取代基质之势;其二,曾经赋予物质实体的第一性质,根据相对论的意见,物体的广延性、持续性等均成为依赖于参考系间相对运动的变量,并非是与测量操作无关的不变属性。进入量子力学,这些属性均成为或然性空间的函数,其取值决定于宏观仪器的选择,种种代表第一性质的力学量只能理解为宏观仪器与微观客体的相互关系,相互作用;其三,相互作用的机制也有了新的理解。或者某种力和力场的实在性随参考系的选择会发生从有到无的变动,或者需要设想某种非观测的虚拟过程。在广义相对论中,加速电梯内的观察者在分析光线弯曲的机制时,认为电梯内有个与加速度方向相反的引力场,而电梯外的观察者却认为不存在什么引力场。为了如实地说明电子间的相互作用,量子电动力学认为两电子交换了"虚光子",这说明与实验吻合得很好,但"虚光子"又是不可观察到的,于是成为一种似有还无的匿者,为物质作用充当媒介。

我们将经典物理学对物质的理解和现代物理学对物质的理解作了简要的对比,旨在说明从科学认识上已不可能确定某些绝对的实在及其不变属性,从这个意义上讲,罗素所说:"物理学一直在使物质的物质性减弱"有其合理之处,只是要把前一个物质理解为与唯心主义相对立的唯物主义物质概念,把后一个物质性理解为形而上学唯物主义曾赋予它的规定。正因为现代物理不可逆地将认识的选择、操作、因果分析等诸环节溶入对物质存在及其运动的理解，要离开物质是"不依赖于我们的感觉而存在"
的客观实在的定义，再去作认识论之外的，本体意义上的规定，是偏离科
学前进的大道的。反过来，贬低人在把握实在的种种物理的、生命的、思
维的以及美学的、社会的复杂属性中的主动作用，追求超越于感性的物质
—自然规定性，就是倒退到形而上学唯物主义，用马克思的话讲，"它是
无意义的，或者只具有应被抛弃的外在性的意义。"① 今天，要使唯物主
义真正战胜神学和唯心主义，必须与古典唯物主义划清界限，从分析现代
科学的哲学涵义出发，把实在理解为人—自然的统一，充分地、具体地阐
发认识的能动作用，使唯物主义成为带着诗意的感性光辉、充满人的激情
的哲学学说。

　　既然"作为自然界的自然界"只是无，只有属人的自然界才是有，
那么，认识又是经历了怎样的程序反映了、构造了认识对象的呢？

## 三　认识是实践——选择——创造过程

　　我们坚持物质第一性，意识第二性的基本观点，在认识论上究竟意味
着什么？前辈哲学家，如洛克已作出了回答。认识离不开感性，但感觉什
么呢？感觉只能是对对象的感觉，理性总结出来的规律不允许是任意的，
幻想的规律，这一规律必须与感觉内容相一致。所以，"相信有一个离开
知觉主体而独立的外在世界，是一切自然科学的基础。"② 但仅仅停留在
这一点上，或提出认识的最终目的是认识这个自在的世界，则没有超脱经
典的形而上学的羁绊，也无力阐述我们对这个世界愈来愈多样化的认识。
列宁指出："人的意识不仅反映客观世界，而且创造客观世界。"关于
"反映"这一层面，以往论说已比较充分，我们前面也坚持了这一论点，
以下我们试图简要分析"创造"的三个环节。

　　1. 感性是实践基础上的感性。门捷列夫曾说："无论探索什么东
西——即使是蘑菇，或者无论寻找什么关系——一定要观察和实验。"也
即是说，自然必须经过人的拷问，它不会作出回答。要了解认识对象的形

---

① J. A. Wheeler, *Gravitation*, San Francisco, 1983, p.1273.
② 罗素：《西方哲学史》下卷，商务印书馆 1981 年版，第 394 页。

态和性质，必须测量它，而在测量过程中，对象已经变成为间接的客体，必然受到主体形态的制约，它包括主体所站的立场、角度（参考系）不同，所得到的测量结果可以有重大差别，如果这只是不影响客体"真实状态"，仅仅将主客体关系这一环节融入感觉的话，那么主体选择的测量仪器则筛选出客体的某些性征并淘汰了它的另一些性征，并干预了客体的行为，又由于实在系统各要素间普遍的非定域相互关联，部分要素的变动将牵连整体的变动，这就直接改造了客体的"真实状态"，我们的感觉现象已经是我们的"实践"衍生的现象。美国学者祖科夫在论及量子力学哲学问题时认为，测不准关系"似乎表明，我们不仅影响着实在，而且在事实上以某种程度创造着实在。"① 玻尔在与爱因斯坦争论量子力学体系的完备性问题时也曾谈到，人在追求对自然规律的认识时，不仅是观众，而且是演员。类似的这类论点应当在马克思主义实践观的基础上达到统一。

自然科学的伟大进步确实从各个层面将实践的作用机制具体化，技术的进步则形象地显示了实践的巨大功能。今天科学认识的对象早已不仅仅是天然自然，由于人类活动出现了人化自然、人工自然、人工智能等几个层次不同的、技术融入其中的自然，所谓生态学、环境科学、计算机科学均是在更高意义上的以人的实践为中心的实证科学。马克思预言的"自然科学往后将包括关于人的科学"已在实现中。

2. 知性是以选择为内容的知性。如果将经过实践改造加工的对象视为信息源，那么主体则可视为信宿。在信息获取、传递、处理的各个环节上，都存在着以主体为轴心的选择过程。首先，人作为认识主体在生理上的特点决定了人的感觉只能是人的器官的感觉，它已经对信源发出的无限丰富的信息作了无可奈何的筛选，只能接收它可以接收的部分，仪器仪表弥补了这种生理的缺陷，大大强化了主体接收信息的能力，但仪器仪表也仅仅是技术的选择。因此，可以认为，在实践—感性阶段，已经发生了选择的问题；其次，在信息传递阶段，由于主体情感及兴奋中心的确立，或是信息强弱程度的悬殊，② 使得有一部分信息被淘汰，被淹没。只有另外

①　马克思：《1844 年经济学哲学手稿》，人民出版社 1985 年版，第 136 页。
②　赵中立、许良英等编《爱因斯坦文集》第一卷，商务印书馆 1976 年版，第 292 页。

一部分信息传输至大脑，接受进一步的分析、综合；最后，在处理信息的过程中，人只热心于与其知识背景相关，试图加以解说的信息，并以此构成关于认识对象的表象，其他信息则被认为是与认识无关的，无意义的噪声，将其滤去。对于任何一个专业工作者，这样一种选择几乎时时都在发生，海森堡写道："要知道一个物体的颜色，只有放弃去知道这物体中原子和电子的运动才有可能。反过来，要知道电子的运动，就不得不放弃去知道物体的颜色。"①

正因如此，同样是面对一座拱形桥，力学家注意的是其结构适于承受压力，艺术家赞赏的是其形态美，运输专家称道它利于运输，史学家则考察它的古迹价值，系统分析专家可能力图作全面的评价，但无论如何不会是全息的，因为他的知识背景毕竟有限，根据从量子物理学诠释中发挥出来的多世界理论的意见，所有这些图景均是真实的。平权的、不可替代的，但又是有局限性的，唯有上帝之眼——神目才可能无遗漏地、全面地把握对象的一切。进一步讲，同是物理学家，研究同一个宏观世界，却可以提炼出经典力学的、狭义相对论的、广义相对论的几种不同的运动模型，如果离开不同知识背景下的选择建构作用，是难以解释清楚的。

3. 理性是以符号创造为目标的理性，在感性，知性阶段的任一环节、均融汇了主体的能动作用，但它仍较多地表现为人作为一类物理物体或生物物体对认识对象的相互作用、信息接受和识别（暂且撇开理性的反馈指导作用不论），如果只到这一层次，恐怕还难以解说人的思维与受过训练的高等动物的意识的本质区别，人之成为人，人的思维的最高体现，还在于他在世代相继的社会活动中，以比自然高出无数倍的速度创造了一个极其庞大的、多维的、不断演进的人工信息系统——符号系统。这个系统包括文字的，几何的，数字的、音乐的……它与外在世界的关系，是一种选择意义上的同构关系，它摒弃了若干偶然性，而把握了事物的本质。对于缺乏某种理解能力的人，这些符号不过是种种莫名其妙的图形的无规则堆积，而对于具备高度理解能力的人，他能够从把握符号与外在世界的联系入手，进而把握符号之间的联系，把它理解为有确实内涵的概念，是一个个抽象世界的语言，是现象世界的升华，它甚至比由以出发的现象世界

---

① 列宁：《哲学笔记》，人民出版社1974年版，第228页。

更真实。

这种符号系统或概念系统的创造，可以通过归纳法、类比法、演绎法等逻辑方法来实现，但也不排除灵感、顿悟的直觉方法起作用，我们不主张鼓吹非理性，但我们也不主张对理性作以今天的认识水平为标志的解释，又有谁曾对理性作出过令人满意的规定呢？凡是现实的都是合理的，理性的自由创造应该给予尚待作出理性分析的"非理性"方法恰当的地位。①

符号系统对于理性的作用还不仅在于它用抽象的形式化的方式把握着世界，而且由于它自身的运动，使它愈远离其出发的原形，反过来成为理性把握外部世界的视角和参考系。恩格斯在论及数学的本质时写道："从现实世界抽象出来的规律，在一定的发展阶段就和现实世界脱离，并且作为某种独立的东西，作为世界必须适应的外来的规律而与现实世界相对立。"② 而规律也只不过是符号——概念之间的有序联系。时代发展到今天，世界愈益成为只能用抽象符号、数学语言来表述，而难以想象直观图景和用日常语言来表述的世界。原子、电子的运动离开动量算符、能量算符、矩阵……能够说明吗？电子计算机的进步能够离开电路图，算法语言的规定吗？最后，各种符号系统还使意识有可能创造出不同于现实客体的理想客体、未来客体，运用它们开展理想实验，预测未来，使思想大幅度地超前于现实；借助于它，人们从笔尖下找到行星，找到基本粒子，在图纸上规划自然界及人类社会。总之，是理性所创造的符号系统最好地表征着人与其他自然物的本质差别。波普尔在论及思维的创造系统——世界 3 时曾说："世界 3 有一个历史。它是我们思想的历史，不仅是表明它们的历史，而且是我们如何发明它们的历史；我们如何制造它们，它们如何反作用于我们，以及我们如何对这些我们自己制造的产物起反应。"③ 的确，符号以及以它为工具的理论体系的发展史就是一部人类自己的历史。由于感性——知性——理性——感性是个人类世代承继的无限循环的过程，实际上感性的基础——实践一定是在理性指导下进行的，它既是认识的起

---

① 转引自《自然科学哲学问题丛刊》1983 年第 4 期，第 64 页。

② Wesley D. Camp, *Roots Of Western Civilizailon* Ⅶ, JohnWiley & Sons, Ncw York 1983, p. 262.

③ 马克思：《1844 年经济学哲学手稿》，人民出版社 1985 年版，第 85 页。

点，又是选择——创造过程的归宿，它不仅执行着引导新一轮认识的功能，而且执行着验证前一轮认识的功能。

综上所述，由于自然科学的进步，现代唯物主义必然将各种唯心主义和形而上学唯物主义从某个抽象本体出发的独断论远远抛在后面，必须以主客体统一的实在观为认识的根据。这里，自在的自然作为潜能丰富的认识对象，人则是潜能丰富的认识主体，两方面的巨大可能性只有通过实践才突变为活生生的实在。反映论只能是以实践为基础，以选择为中介，以创造为核心的反映论。所谓规律也只能是属于人的自然规律。基于这样一种理解，哲学要承担起自己关于智慧的学说的使命，它就应能启迪人、允许人充分发挥认识的种种潜能，在前人发现、发明的基础上，描绘关于实在的更为壮观的图画。

（附言：本文写作中曾与中国社科院哲学所罗嘉昌同志讨论，并得到诸多启发，在此致深挚的谢意。）

发表于《中共浙江省委党校学报》1988 年第二期
复印报刊资料 B₁《哲学原理》1988 年第 8 期转载

# 一个统一科学的模型

## ——D. 雷泽尔教授《创世论》述评

近年来，许多中外学者注意到，在自然科学于 21 世纪实现着自己的现代化的同时，却未能出现与这一革命相呼应的、统一的模型来统摄自立门户的各学科理论。作为弥补这一缺憾的努力，牛津大学出版社 1990 年出版了哈佛大学教授大卫·雷泽尔的新著：《创世论：统一现代物理、生命、思维科学》①。为了使我国读者了解西方自然观研究的近况，本文试作一粗略的评介，以期引起关注。

一

19 世纪是经典自然科学大功告成的世纪，作为这一丰功伟业在哲学自然观方面的反映，出现了一批勾画世界之存在和运动图景的著作，其作者中间，既有如海克尔、赫胥黎这样的自然科学家，也有如康德、谢林，黑格尔这样的哲学家。他们博览群书、呕心沥血，充分地利用了当时的实证科学成就，但是，由于当时观察实验手段的简单粗糙，观察实验对象的狭窄宏观性质以及经典科学之机械观，决定论所固有的巨大局限，尊重实证科学的海克尔不得不留下一个个"宇宙之谜"，而推崇形而上学方法的黑格尔则以其无所不晓的绝对精神的运动来弥补实证科学材料留下的空白。其结果是"哲学家们责怪科学人物眼界狭小，科学人物反责这些哲

① DavidLayzer, Cosmoqenesis: *the Growth of Order in the Universe*. New York Oxford：Oxford University Press1990. 中译本暂定名为《创世论：统一现代物理、生命、思维科学》，刘明译，金吾伦校，河北教育出版社出版。

学家们狂妄。"① 恩格斯对于这一时期的自然观研究作了总结，由于自然科学的巨大进步，"我们就能够依靠经验自然科学本身所提供的事实，以近乎系统的形式描绘出一幅自然界联系的清晰图画。描绘这样一幅总的图画，在以前是所谓自然哲学的任务，……今天，当人们对自然研究的结果只是辩证地即从它们自身的联系进行考察，就可以制成一个在我们这个时代是令人满意的'自然体系'的时候，当这种联系的辩证性质，甚至迫使自然哲学家的受过形而上学训练的头脑违背他们的意志而不得不接受的时候，自然哲学就最终被消除了。任何使它复活的企图不仅是多余的，而且是一种退步。"② 它一方面宣布了旧的自然哲学的终结；另一方面也为科学的自然体系研究提出了要求。

时至今日，距离恩格斯的评论整整过去了一个世纪，现代科学扬弃经典科学实现了划时代的进步，实验和理论的深入提供了一百年前不可比拟的经验材料和理论成果。但是，在这个所谓"知识爆炸"的时代，浩如烟海的学术著作中却极难找到合乎恩格斯理想的论自然体系的著作。某些自然观研究，仍然未能跳出从原则出发，借鉴康德从经典科学中抽象出若干先验范畴的方法，从现代科学中抽取系统——要素，对称——非对称，有序——无序，连续——离散等"新范畴"，其中不乏合理的抽象，有助于人们了解现代科学概念之网与经典科学概念之网在质料与密度上的联系与差别，但毕竟偏重于概念的联系而不是现实的联系，思辨分析多于科学归纳，想象多于事实，以观念的框架束缚了活生生的自然，因此不同程度地带有旧自然哲学的印记和对实验科学的误解。某些通俗性的泛自然科学读物，吸收了丰富的实证材料并力图勾勒自然史，有助于科学文化的普及，但因为其非理论性，缺乏严谨的逻辑结构，回避重大的基础科学疑难，与恩格斯提出的"近乎系统的形式"相距甚远。

为什么当理论和实验自然科学研究取得了长足进步之时，却没有统一的自然观研究的长足进步相伴随呢？爱因斯坦感慨地说："用一个大圆圈代表我所学的知识，但是圆圈之外是那么多的空白，对我来说就意味着无

---

① H. L. F. Von Helmholtz, *On the relation of natural science to general science Popular Lectures*, London1873, p. 7.

② 《马克思恩格斯全集》第 21 卷，第 340 页。

知。而且圆圈越大，它的周长就越长，它与外界空白的接触面也就越大。"[①] 第一，从原则上讲，爱因斯坦关于已知与未知关系的理解是正确的。科学圆圈内部是人们已经理解的此岸世界，圆圈外部是未进入科学视界的彼岸世界，圆周处则是已被感知但尚不能理解的现象世界，科学推进留给人们的是愈来愈多的关于现象世界的疑难。具体自然科学可以一点一滴地攻克这些难点，而自然体系研究则必须以合理的想象来弥补理论的不足；第二，人类知识并不像波斯湾海面的污染油膜，以均匀，渐进的方式呈圆圈向外连续推进，它更像夜空中的繁星，离散地撒布在浩渺的天顶，自然科学总体与各学科，分支学科的关系犹如总星系——星系——恒星系统——行星系统的关系，有亲有疏，有合有分，学科及次级学科，各学派少不了摩擦和冲撞，准确地把握各学科的知识固然不易，用逻辑一致的观点统摄这些知识更是难上加难；第三，建构自然体系，首先必须回答一个最根本的问题，所谓"人类中心的困境"问题：爱因斯坦坚持的实在论，真理观成立与否？是否可以用渗透了人性的理论去把握那个非人性的外部世界？这是一个笛卡儿式的问题，又是相对论，量子力学诞生后关于当代科学的哲学诠释不能回避的问题。

　　如果说，历史上的某些时期，走在前面的哲学曾向落在后面的科学发起挑战；那么，今天则是走在前面的科学向落在后面的哲学发起了挑战，构造一个反映现代科学水平的自然体系就是一份宣战书。首先应战的是一位理论天体物理学家——D. 雷泽尔教授。雷泽尔曾任美国全国科学研究委员会委员，曾任教于加州大学伯克利分校，普林斯顿大学，现任教于哈佛大学，是美国艺术和科学研究院院士，美国天文学会和英国皇家天文学会会员。除本专业外，还以自然科学哲学和科学思想史研究见长。在《创世论》序中，雷泽尔概述了他的宗旨，本书"描绘了构造一个齐一的科学世界观（似应为自然观——译者）的尝试，这个世界观容纳了量子力学、宏观物理学，宇宙学以及生物学（包括知觉生物学和思维生物学），最后一章则初步探索了这一科学世界观与人的自由问题间的联系。"[②] 如

---

① 转引自《自然辩证法通信》1981 年 1 月 25 日第 2 版。

② David Layzer, Cosmoqenesis: *the Growth of Order in the Universe*. New York Oxford: Oxford University Press1990, 中译本暂定名为《创世论：统一现代物理、生命、思维科学》，刘明译，金吾伦校，将于河北教育出版社出版，p. viii.

果说，《创世纪》是以基督教神学的观点描绘上帝开天辟地的宗教经典，那么《创世论》则是试图以现代科学成就勾勒自然界在自身力量推动下存在和演化的统一图景的大胆、有益探索。由于存在着前述科学和哲学方面的众多困难，在天体物理学界颇负盛名的雷泽尔为了使他的理论具备科学准确性和逻辑严谨性，又耗费了 25 年的时间以实现对生命科学，思维科学以及哲学思想史的"脱毛"，并破译了一个又一个科学之谜，才得以实现他在 60 年代就立下的夙愿。

## 二

　　像每一个试图系统地描绘自然图景的科学家或哲学家一样，雷泽尔必须回答科学哲学提出的下述三个相互联系又彼此区别的元问题：

　　（1）自然科学是否反映客观存在？绝大多数科学家坚持自然科学的唯物主义传统，认为科学提供关于世界的客观描述，这个世界是不依赖于人类意识而存在着。但是这一观点并不被当代科学哲学家和科学史家普遍接受。他们当中有些人认为理论只不过是一种为预言经验现象服务的方便却短命的工具，另一些人则固执于康德"人为自然立法"的思想，认为所谓观察实验事实无不渗透着一定的理论观念。雷泽尔对此一方面机智地回答："关于这些问题，也可能科学史家是正确的而科学家是错误的。鸡不一定是鸡蛋的最好鉴赏家。但这并不会使科学家讨论这些问题的方式变得不那么令人关心和不那么重要，因为无论在今天的科学史家看来，开普勒、伽利略和牛顿的哲学态度是多么天真幼稚，这一态度却是与他们的成就无法割断地密切关联着。"① 另一方面他又提出了他的量子物理的宇宙学诠释取代作为反实在论主要论据的正统诠释。雷泽尔还批判了生物起源问题上的泛生论，灵魂与肉体关系上的心物二元论等唯心主义观点，就此奠定了他的体系的第一块实在论基石。

　　（2）科学理论是否逐渐逼近客观真理？在逻辑主义与历史主义的论争中，包括波普尔在内的多数逻辑主义者不同程度地承认后继理论与其前任理论一样，是可检验的，但又比前任理论容纳了超量经验内容，因此有

---

① David Layzer, *Constructing the Universe Scientific American Books Inc*, 1984, p. x.

更高的可信度，但部分逻辑主义者和主流的历史主义者却否认理论的可比性。雷泽尔用科学史实反驳说，在科学进步过程中，"每一理论都比其前辈理论锐明了更多现象，并比其前辈理论更为精确"，科学史"就是一部持续不断地，极为成功地探索更简单、更深刻、更普适，更为抽象统一的原理的故事。"① 雷泽尔信奉归纳与演绎相统一的真理观，为他的体系奠定了第二块理性主义的基石。

（3）自然界是否由一环紧扣一环的因果链条所构成的事件集合，偶然性与几率的出现只是假象和理论不彻底的表现？雷泽尔承认，决定论和非决定论均有其自然科学根据，前者源于自然规律，尤其是物理学规律的普适性；后者源于天文学，尤其是生物学提供的越来越多的经验事实。要描绘合理的自然图景，必须把二者统一起来。为此，雷泽尔提出了自然事件：由规律和初始条件二者共同决定的基本观点，规律规定了时间进程中什么是可能的，初始条件则规定了什么是现实的。而初始条件又是由两个性质不同的成分——规则分量和随机分量组成的，正是随机分量为自然界有序程度的提高和不可预见的新鲜事物层出不穷开辟了道路。这样，雷泽尔就在汲取了决定论与非决定论二者合理内核的基础上确立了他的进化论观点。进化论是他的体系的第三块基石。

在确立了自己的认识论基本观点之后，雷泽尔又全面审视了他建立统一科学的模型所面对的自然科学难点。

如前所述，《创世论》的四大支柱是量子物理，以热力学为代表的宏观物理，宇宙学和生物学。近四五十年来，这四大学科在各自的领域已对秩序的五光十色的表现形式获得了比前人详尽得多、深刻得多的认识，尽管还存在一些"前沿课题"，诸如物理规律的统一，生命的起源，宇宙的起源，每个学科本身基本上还是严谨的、和谐的。雷泽尔发现，对于建造自然体系说来，更严重的挑战来自较少引起注意的地方，即四个学科之间的结合部，这些结合部远远谈不上契合与衔接，而是存在重大摩擦与激烈冲突。主要表现形式是：

---

① David Layzer, *Constructing the Universe Scientific American Books Inc.* New York Oxford：Oxford University Press 1990，中译本暂定名为《创世论：统一现代物理、生命、思维科学》，刘明译，金吾伦校，将于河北教育出版社出版，pp. 13—14.

　　量子物理描述不可直接观测的原子、亚原子世界，宏观物理描述日常经验世界。从数学角度看，量子物理把宏观物理作为自己的极限情况包含在内，也就是说，在宏观物理得到确证的领域，量子物理也同样有效。但从测量角度看，因为量子定律显然指示的是测量结果，而每一次测量必然涉足日常经验世界，这样一来，量子物理反倒必须以宏观物理为先决条件。

　　宏观物理的核心定律——热力学第二定律意味着宇宙热死，即有序退化为混沌。但各派宇宙学家一致认为，我们的宇宙并未衰败，而是富于秩序。曾经有人设想，只要宇宙伊始便存在巨大的有序储备，这些储备随时间流逝而逐渐消耗，就可以解决这个矛盾。但关于极早期宇宙的研究表明，当时的有序程度比现在要低得多。

　　生物学和宇宙学的时间箭头都指向有序而不是混沌，但是宇宙学家们认为，借助物理和化学规律，序产生的过程和结果原则上是可以预见的，而生物学家却认为随机性和创造性是理解生物进化的两个关键范畴。随机性首先是指无论有性还是无性生殖，遗传材料 DNA 的复制都是惊人精确的，但偶尔会出现错误，出错具有随机的特点；其次，在有性生殖的种群中每个个体的遗传材料是其父母各自贡献的遗传材料的随机组合。创造性是指自然选择将有利于生存和生殖的基因变化向种群扩散并阻止生存和生殖功能退化的趋势，于是，它利用了遗传变异提供的原材料，把新的生物物种创造出来。

　　此外，在宏观物理内部，还存在着更为古老的热力学和经典力学之间的冲突。正是为了摸索解决这一冲突的途径，雷泽尔开始了他披荆斩棘的长途跋涉。他回忆道："大约 25 年前，……我想要理解为什么静止房间里无盖香水瓶的香水挥发和扩散一类宏观过程是不可逆的（香水分子绝不会自动返回瓶中），而单个香水分子的运动却是完全可逆的（有对这一问题的标准解释，但和我的许多同事一样，我不满意这种解释）。一如科学之谜有它自己的解决方式，解这个谜又牵扯到别的谜，我一直在致力于解开一长串大难题。为此，我花了如此之久才把症结找到。"①

---

① David Layzer, *Constructing the Universe Scientific American*. New York Oxford：Oxford University Press1990，中译本暂定名为《创世论：统一现代物理、生命、思维科学》，刘明译，金吾伦校，将于河北教育出版社出版。

归结起来，这些佯谬和冲突都发生在有关时间和空间本性这个历史悠久的哲学问题上。微观——宏观——宇观如何相关？过去——现在——将来如何演进？要在现代科学基础之上建立一个自然体系，就必须准备对时空本性作出反映现在认识水平的回答。

在《创世论》一书中，雷泽尔突出阐明了他对时空本性的理解，空间是离散的而非连续的，空间各点、各方向平权，不存在优选位置和优选方向，后者还被抽象成他的"强宇宙学原理"，作为贯穿整个体系的核心。强宇宙学原理加上玻尔兹曼关于热力学熵的微观几率定义则能推演出时间箭头的一系列基本性质。

有了上述哲学方面和科学方面的充分思考酝酿，《创世论》便成型了。如果我们按照拉卡托斯科学研究纲领方法论来剖析雷泽尔的自然体系，可以发现它是由一个核心，三层保护带构成的：

核心：关于科学描述对象的实在论理解，关于科学理论更替的理性主义理解，关于实在表现形式的进化论理解。

第一层保护带：一切自然过程及其产物均由普适的自然规律和初始条件所决定，初始条件由规则分量和随机分量两个部分组成。

第二层保护带：组成宇宙的结构单元的离散性，表现空间各点及各个方向平权的强宇宙学原理是对于宇宙初始条件的完备描述，玻尔兹曼关于熵的微观几率定义是衡量有序性和有序程度的基本尺度。由此定义出发可将有序划分为无时限有序（timeless order）或毕达哥拉斯有序，时空有序（timebound order）或赫拉克利特有序。

第三层保护带：现代物理科学，生命科学、思维科学所获得的理论及实验成果。

结论：自元素和天体诞生到生物进化，直至人类语言、认知和文学艺术创造等高级思维活动，有序程序以不可预见的方式不断提高的自然图景。

## 三

《创世论》一书问世后，很快引起西方报刊的强烈反响。权威的《哈佛杂志》评论道："在对他所通晓的物理科学和生命科学所作的令人眼花缭乱的叙述中，雷泽尔执行着将科学事业的这两大领域结合起来的使命。这是一次塑造一个'单一，自洽的科学世界观的大胆尝试'，自从亚里士多德式的科学成为哥白尼、伽利略和牛顿的牺牲品以来，就缺少这样一个科学的世界观。"① 《洛杉矶时报》评论说："雷泽尔在他的这部探索性的，但值得一读的书中所想要解决的课题是，将从 I. 康德直至 T. 耐格尔的哲学家们所论证的两种不可调和的世界观，主观的世界观和科学的世界观——从里面观察和从外部观察的世界观统一起来。这犹如一场走钢丝表演，钢丝架设在科学和哲学之间，而它的下面则是理智黑洞的无限深渊。"②

西方的评论家们有他们自己的视角，应该受到应有的重视。如果用恩格斯关于"制成一个在我们这个时代是令人满意的'自然体系'"的标准衡量，《创世论》也自有难能可贵的科学和哲学价值。

首先，他充分地利用了丰富、准确的自然科学材料，作为他的科学自然观的论据，即捕捉自然之网的纽结。雷泽尔对宇宙学是精通的，也是微观及宏观物理的行家。在宇宙学领域，他较早地意识到流行的"标准宇宙学"——热大爆炸理论的原则性缺陷，"我和我的学生已经提出了一种宇宙演化模型，在这个模型中，演化开始于零温度下的完全热力学平衡状态。"③ 这一见解在国外学术刊物上已得到呼应，在其他物理领域，他对于量子力学的薛定谔佯谬、EPR 佯谬，熵与信息关系的麦克斯韦佯谬，远离平衡态的开放系统中发生的自组织现象……经典的、现代的、当代的富有哲理性的科学问题均有所涉猎、分析且阐述了自己的独到见解。对于他不熟悉的生物进化及知觉、思维，语言等文化进化领域的问题，雷泽尔曾反复向哈佛内外的专业学者求教和研讨，并以一位局外的物理学家身份对这些领域各执一端的多派学说加以比较和评述，生命科学和思维科学的专家们也承认他对知识的把握是准确的，批评是中肯有益的。

其次，对材料的把握渗透着辩证思维的明慧。雷泽尔不是一位自觉的辩证唯物主义者，他所走的道路恰如恩格斯所说，自然界联系的辩证性

---

① R. Marius, *When in doubt*, *Improvise*, Harvard Magazine Jan /Feb. 1990.

② Lee Dembart, *The tight rope between science*, *philosophy*, Los Angeles Times, Feb. 20 1990.

③ D. Layzer, 《时间的方向性》，《现代物理学参考资料》，科学出版社 1980 年版，第 87 页。

质，迫使"自然哲学家的受过形而上学训练的头脑违背他们的意志不得不接受。"通读《创世论》容易发现，这样一种自发的实在论的辩证思维固然有其不够坚决、彻底一贯的弱点，但也有其真诚、质朴的长处，从而克服了时下不少阐述辩证法的鸿篇巨制矫揉造作、故弄玄虚的弊端。用逻辑一贯的方式勾画一幅时间跨度为混沌初开直至计算机时代，空间广延从基本粒子到总星系，有序程度自原始的自引力天体系统至人类创造性思维这样一个无出其外的历史长卷，涉及物质的粒子性与波动性；天体演化的规律性与随机性；物理现象的可预见性与生命现象的不可预见性、遗传过程的保守性与变异性；人的内在意志自由与外在遵从科学规律……一系列矛盾，雷泽尔始终坚持把已知的观测实验材料放在世界的统一性和演化性这个总的认识框架中加以把握，从而避免了经验主义和唯理主义两种极端，实现了在对立的两极间保持必要的张力。

最后，初步达到了"以近乎系统的形式描绘出一幅自然界联系的清晰图画。"从古至今的自然科学研究，无非是希望把握自然界两个方面的本质联系：自然界现象背后的规律，自然界的演化过程。"以近乎系统的形式"构筑自然体系，就是要以类似几何学或物理学的定义、公理、定理、推论那样的严密逻辑形式来统摄具体自然科学关于各个领域研究现象运动规律性和演化过程的知识。从前述《创世论》的一个核心、三层保护带的结构中，可以看出雷泽尔的体系具备了"近乎系统的形式"的要求。为了有条不紊地展开他的体系，雷泽尔将全书分为上下两篇，上篇阐述无时限有序，它存在于一切自然现象背后的数学定律之中，主要包括宏观热力学序和微观量子力学序；下篇阐述时空有序，它存在于在一定的时空条件下得以存在、进化，最终消亡的结构之中，包括了各种天体结构及化学元素的形成，生物有机体的产生和进化，灵长目的知觉、思维和语言，人类意识直觉下人的意志自由问题。上篇侧重静态的空间分析，下篇侧重动态的时间分析；上篇勾画一般的低级力学运动；下篇描绘特殊的由低级向高级的物现——化学——思维运动；上篇突出实在论，下篇突出进化论。两篇互补形成一个完整结构。英国《新时代杂志》评论说："在近三百页的这部书中，雷泽尔设法准确地覆盖了量子物理、热力学、天体进化、遗传学、生物进化、语言、思维和意识……作为一种在老的、新的达尔文主义框架内，就宇宙和生物进化进行现代科学研究的，视野开阔的总概括,《创世论》是有魅力的。"①

不言而喻,《创世论》绝非白璧无瑕。建造这么一个理论金字塔,在任何时候均会碰到哲学材料和科学材料或是不充分或是难以驾驭的困难。21世纪以前,科学材料不足但易于驾驭,康德、黑格尔式的自然哲学"提出了一些天才的思想,预测到一些后来的发现,但是也说出了十分荒唐的见解"② 现代科学革命造成了材料丰富却仍然不足,思想深刻却难以驾驭的双重困难,专家型的人才剧增与通才型的学者锐减并行不悖,哪怕想象一下设计建造金字塔的工程之艰巨也会使大多数哲学家、科学家望而生畏。雷泽尔能够做到准确运用科学和哲学概念固然难得,如果在某些哲理性问题:有所疏漏或失之偏颇也在属难免。书中对于哲学的宇宙与物理学上的"我们的宇宙"未加区分,对于宇宙"有限"亦或"无限"的提法不尽统一,对于量子力学与测量过程关系的讨论不够深入,对于生物微观进化与宏观进化关系的讨论比较牵强,对于思维过程的分析相当粗糙……都是显见的不足。但是,正如雷泽尔在书末总结的那样,新的科学自然观"要求继续努力以拓广并深化我们对自然界的理解……,它还向我们保证,我们和我们的子孙后代所希望达到的目标和希望实现的自身进步都是永无止境的。"③ 他的开放世界的观点应用于他所创立的模型不是也恰如其分吗?

---

① New Age Journal,May/June1990.

② 《马克思恩格斯全集》第21卷,第340页。

③ David Layzer,*Constructing the Univrse Scientific American Books Inc.* New York Oxford:Oxford University Press1990,中译本暂定名为《创世论:统一现代物理、生命、思维科学》,刘明译,金吾伦校,将于河北教育出版社出版。

# 试论科学主义及科学主义批判

近代自然科学诞生之后，科学作为人类理性的鲜艳花朵日益显得光彩夺目，它的方法，它的精神为一代一代知识精英所推崇，并且上升为一种代表着特定价值取向的观念意识——科学主义。虽然科学主义始终未能建构为一种严密的逻辑形态，科学主义者也从未组织成一个围绕共同的、概念明确的社会共同体，但它的确是一种历史悠久、影响深远的思潮。这种思潮在走向工业化社会的过程中表现得尤其强烈。21 世纪以来，中国学术舞台上多种流派，多种目标指向的人物都曾在科学的大旗下组织自己的队伍，宣传自己的主张。一位著名的科学主义者在 20 年代曾说过："近 20 年来有一个名词在国内几乎做到了无上尊严的地位，无论懂与不懂的人，无论守旧和维新的人，都不敢公然对它表示轻视或戏侮的态度，那个名词就是'科学'。"① 另一方面，虽然科学主义思潮在不同时代、不同地域，有不同的表现形式，但它又一直受到理性怀疑论者和人文主义者的批评，受到来自宗教或政治等方面力量的反对。进入 21 世纪后，科学主义与反对科学主义之间的冲突在西方国家愈演愈烈。50 多年前，贝尔纳就曾忧心忡忡地写道："从文艺复兴以来，科学本身似乎也破天荒第一次陷入危机之中。"70 年代之后，以发达国家方兴未艾的绿色运动为代表，批判科学的声浪此伏彼起，成为高科技时代的鲜明反衬。那么，自然科学怎样导向了科学主义？怀疑论者、人文主义各怎样批判科学主义？究竟应该把科学置于人类文化中怎样的地位？本文试图就这一论争勾勒一条粗略的历史线索？并对科学的合理性与局限性作辩证的分析。

---

① 胡适：《科学与人生观》，上海亚东图书馆 1923 年版，第 2—3 页。

# 一　科学和科学主义

所谓科学主义（scientism），根据权威的韦氏英语大词典的界定，是指"自然科学的方法应该被应用于包括哲学、人文学科和社会科学在内的一切研究领域的理论观点，和只有这样的方法才能富有成果地被用来追求知识的信念。"① 科学主义思潮是随着 17 世纪以来近代自然科学的形成与成功而产生的。自然科学的系统化是它的先决条件，自然科学的方法和态度又因科学主义的出现，从 种具有有限意义的文化和研究模式上升为一种信念和世界观。

科学与其他文化现象的原则区别是什么？自哥白尼——伽利略——牛顿创立了第一个自然科学体系——古典力学体系之后，200 多年时间里，推崇科学的思想家们对科学的涵义大体上取得了如下共识：（1）自然科学诉诸经验：通过对研究者共有的观察、实验现象的搜集、整理，概括才能得到概念和定律；（2）科学理论诉诸分析和综合方法：完整的科学程序由归纳阶段与演绎阶段结合而成；（3）自然科学诉诸机械模型：自然运动都可以用机械模型来模拟，即使非力学现象也可以还原为微观机械形态；（4）自然科学诉诸因果关系：前后相继的现象由确定无疑的因果关系（动力因）联结在一起，没有无原因的结果，也没有无结果的原因；（5）自然科学诉诸拉普拉斯决定论：已知对象在某一时刻的状态，便可以推知该时刻之前和以后的全部确切状态。

以对外在感性经验的概括为特征的科学并非 16、17 世纪突兀而生，古代西方及其他地区的人们通过生活和生产实际已获得了虽然零散却也丰富的自然界抽象知识，但是，这些认识成就或者仅仅被赋予实用功利的目的而不被思想界重视，或者仅仅被作为特定形而上学体系的注脚而处于附庸的地位，这种状况在 17 世纪后发生了根本的改变。

牛顿《自然哲学的数学原理》的问世，标志着一种带有自己鲜明特征的文化——科学上升为世界文化舞台的主角。继此之后，声学、光学、热学、化学、电磁学纷纷形成了类似力学的严密概念体系，不仅说明了，

---

① 贝尔纳：《科学的社会功能》，商务印书馆 1982 年版，第 26 页。

而且预言了层出不穷的经验现象。尤其是，把这样一种经验方法运用于几千年来被认为是"生命力"统治的有机界，达尔文创立了进化论，更显示了科学方法的威力；高尔顿等人运用数理统计方法研究人类优生学，也取得了令人耳目一新的成绩……知识形态的科学成功地蚕食着其他学问的领地。但上述象牙之塔中的桩桩奇事毕竟只能震撼少数受过良好教育的精英，真正使得整个世俗社会共鸣的则是科学通过技术所释放出来的自然力。第一次和第二次技术革命大大改变了世界的面貌，解放着人的双手，改善着人的生活。有什么其他人类文化带给人类这么多实惠吗？没有！在任何其他文化形态中都看不到科学这样的实质性进步，反之倒是体系不断，派别林立，辩论不休，几乎找不到一个普适的尺度来测量其中的高下优劣，这正是科学主义思潮流行的社会心理基础。①

　　伴随着自然科学的凯旋，作为一种方法论和世界观的科学主义哲学应运而生。从培根到霍布斯的英国唯物主义者，从笛卡儿、拉美特里到霍尔巴赫的法国理性主义者和唯物主义者，借助于自然科学，尤其是古典力学取得的成就，创立了一个既区别于古希腊罗马的朴素理性的、又区别于中世纪神学的世界图景。这些思想家都熟悉自然科学，提倡自然科学，推崇自然科，他们从各自不同的角度，主张把自然科学方法和对自然的一般解释发扬光大，推广到意见纷纭的哲学研究。第一，仅仅形式逻辑的演绎不能用来发现新知识，只有归纳法才是获得新知识的新工具，而心灵的功能则是分析概念使之明晰、确凿；第二，一切均按照自然的必然规律进行，不可能有超自然的奇迹和神迹，偶然性都可归结为必然性，宇宙本身只不过是一条由生生不已的原因和结果构成的链条……"我们所看见的一切都是必然的"②；第三，一切实在本质上具有物理性，行为上具有机械性，意识是物质的意识，心灵是肉体的心灵，"人也不过是一架机器"，人与动物的差异仅仅在于人这种机器比动物这种机器"多几个齿轮""多几条弹簧"罢了"思想……和电、运动的能力，不可入性、广延等一样，是有机物质的一种特性。"③ 第四，人的相互关系也只是一种自然关系？所

---

①　Websters third New Interational Dictionary 1976 年版。

②　霍尔巴赫：《自然体系》，《十六世纪法国哲学》，商务印书馆 1979 年版，第 595 页。

③　同上书，第 263、272 页。

谓"自由""平等"、私有财产都是人的"自然权利",应该实行遵守合乎正义的自然法则的贤者治理。

上述哲学家对于自然科学方法、自然秩序信念,自然科学图景的放大由孔德以实证主义的语言作了总结,提出了他的人类精神发展三阶段论:神学阶段,又名虚构阶段;形而上学阶段,又名抽象阶段;科学阶段,又名实证阶段。他认为,实证阶段是人类知识的最高阶段。孔德将自然秩序的概念移植于人类社会,提出了社会秩序概念;将社会学研究划分为社会静力学和社会动力学两大部分,甚至准备将他所确立的社会学命名为"社会物理学";孔德还明确指出,必须将自然科学中的经验调查方法——观察法、实验法、比较法用于社会研究,并排除那些不能解决,既不能证实也不能推翻的问题。孔德的思想对于后来的社会科学研究产生了深远的影响,它是一个标志——19世纪作为"科学的世纪"出现的标志,人民对于自然的宇宙的整个观念改变了,因为我们认识到人类及其周围的世界,一样服从相同的物理定律与过程,不能与世界分开来考虑。而观察、归纳、演绎与实验的科学方法不但可应用于纯科学原来的题材,而且在人类思想与行为的各种不同领域里差不多都可应用。[①]

从上面极其简略的综述中可以看出,这个始于培根,成就于孔德,盛行于19世纪的科学主义思潮,实际上是把一种原来应用于有限的研究范围的,但非常重要的研究方法和哲学诠释被思辨地推广为某种独断性质的教条。第一,经验方法被抽象成经验原则,只有来自经验归纳并追求经验证明的学说才是最有价值,最值得信奉的;第二,机械模型被抽象成机械原则,一切无机的,有机的,物质的,精神的活动都可以还原为某种机械性的运动或性质、不必再考虑其他的宇宙模型,世界秩序无非是力学般的自然秩序。第三,因果关系被抽象为因果原则,各种各样的关系都应该简并为在一定边界条件,初始条件下发生的因果关系,其他目的论、发生论、偶因论……解释都是不足信的,无价值的;第四,拉普拉斯决定论形式被提高为决定论原则,这种决定论被认为是世界运行的最终形式。只要知道了某一研究对象的过去或现在,就能确定无疑地预言它的未来。自然的、社会的;整体的,个体的历史轨迹都是时空中的单值函数曲线。促成

---

① 丹皮尔:《科学史》,商务印书馆1975年版,第283页。

上述思想原则引起科学主义者共鸣的是一个"第一原理"——进步原理。这一原理认为，向往进化、幸福是人类的天性，只有科学把进步带给人类，因此，只有遵循上述若干项科学原则（或曰科学公理），才能达到进步之目的，21世纪初，留学于欧美的中国学者在鼓吹科学主义时就曾论证道："科学公理之发明，革命风潮之膨胀，实乃19、20世纪人类之特色也。此二者相乘相因，以行社会进化之公理……昔之所谓革命，一时表面之更革而已……若新世纪之革命则不然。凡不合于公理者皆革之，且革之不已，愈进愈归正当。故此乃刻刻进化之革命，乃图众人幸福之革命。"①

300多年中，可以归入科学主义这个大口袋的哲学家，除了前面提到的机械唯物主义者外还有这样几个流派：（1）理性主义者。他们认为除了以经验和（演绎的或归纳的）推理为基础的概念，其他概念一律不能接受；（2）多数经验主义者。尤其是实证主义者，他们认为能够表述真知的一切陈述，都必须以经验为自己辩护、实证主义者则提出了理论预言须得到经验证实的要求；（3）功利主义者，他们认为判断行为正确与否的标准应该是受这种行为影响的一个人是否获得了快乐和福利，这几个学派在本体论、方法论、认识论上存在着许多争议，甚至相互敌对，但在推崇严密、精确、可证的自然科学方面却是同盟者。

但是，推崇形式逻辑（包括归纳逻辑和演绎逻辑）的科学主义者不懂得或不尊重辩证法，他们的论证难免片面而独断，加之科学技术的进步并不必然给社会带来公正和友爱，这就激起了人们从不同角度对科学的质疑。②

## 二 科学主义批判

自从近代科学诞生，反科学思潮便与科学如影相随，科学就是在和形形色色的反对科学的思潮斗争过程中发展的。反科学思潮可能出于宗教的、种族的、政治的动机，以专制的方式来扼杀和禁绝科学。历史已经一

---

① 《新世纪之革命》，《新世纪》1907年第一期。
② ［法］卢梭：《论科学与艺术的复兴是否促进了风俗的淳厚》；载《十六世纪法国哲学》，商务印书馆1979年版，第145—150页。

再证明这类反科学的活动是有害甚至反动的。本文讨论的不是上述意义上的反科学，它要讨论的是某些思想家从逻辑的或人文主义的角度，对把科学偶像化的科学主义所进行的批判。怀疑论者采取釜底抽薪的策略对所谓自然科学方法的公认逻辑基础提出质疑。把科学从理性的天堂拉回到世俗的人间。人文主义者也并不一般地反对科学技术的探索和应用，只是当企业家、政治家和大众传播媒介为技术进步而欢呼的时候，他们却从人类良知出发，揭示科学技术的负面效应，要求以直觉性质的人文文化与之互补，即在阳（科学文化）与阴（人文文化）间保持必要的张力。①

对科学主义所倡导的一般原则的非难首先来自两位同时代的思想家，一位是休谟，另一位是卢梭。休谟的唯心主义经验论总体上是错误的，但他对科学主义者把经验原则和因果原则绝对化提出的批评又是深刻的。他指出，借助无论多少个单称陈述，也不能得到以全称陈述出现的理论；因果关系并不表示原因必然产生结果，只不过是说某现象和另一现象经常发生在一起，两现象彼此相继而已；他还指出人类研究对象除了经验事实之外，还有像几何、代数、三角等凭思想的作用就能发现的确凿命题。休谟切中要害的批判动摇于人们关于科学合理性的朴素信念，诱发了 200 多年来关于归纳问题的争论。就在休谟指出，"道德的规则不是理性作出的结论"的时候，卢梭对科学提出了一系列道德诘难。在应法国第戎科学院悬奖征文而撰写的《论科学和艺术的复兴是否促进了风俗的淳厚》中，卢梭指责科学和艺术使专制社会得以巩固，扼杀了人们固有的自由感情；随着科学和艺术近于完善，人们灵魂被腐化了；科学的创立者敌视人类安宁，它们生于游手好闲，反过来又培养游手好闲，卢梭的驳难直指所谓"进步公理"。他认为没有科学的古代社会虽粗犷的，但却是自然的，人们富有安全感。从而避免了罪恶，科学污染了人类道德。所以并没有导向社会进步。卢梭的出发点将人类原始的自然状态理想化。这固然是天真，无根据的，但是他关于科学与民主的对立，科学与道德的对立的质疑地由 200 多年来的历史进程提供了大量佐证。②

---

① 戈兰：《科学与反科学》，王德禄译，中国国际广播出版社 1988 年版，第 28 页。
② 《爱因斯坦谈人生》，世界知识出版社 1984 年版，第 72 页。

继休谟、卢梭之后，又有许多哲人探讨了科学的本质和功能，其中影响最大的是康德。康德哲学综合了怀疑论和人文主义对科学主义的批判，他提出"人是自然界的立法者"的命题，认为科学定律无非是先验知性对经验的统摄；他又论证科学解决不了道德问题，设定了"上帝存在，灵魂不死，意志自由"的律令，为信仰留下地盘。康德对上述问题的唯心论解决是错误的，但他的论证确实触及到科学全能观的要害。他的调和与折衷的方法。包括调和理性与信仰，科学与人文的作法震撼了整个西方思想界。

但是，思辨的力量毕竟没有实践的力量来得强大。无论怀疑科学的人们怎样质疑，科学仍旧在理论和应用的双轨上疾驰。直到 19 世纪末，除了所谓"两朵乌云"外的少数例外，牛顿式的古典科学纲领几乎是横扫千军如卷席，而在传统的人文方法领地，实验心理学，实证主义社会学等代表新兴的科学方法也在采取进攻态势，这一切进一步提高着科学及其前述方法的声誉；西方社会通过欧美的迅速工业化品尝着科学之因结出的商品之果，不顾污染，设备废弃，零星的捣毁机器事件及失业，更高地举起科学的旗帜，进行征服自然和社会的战斗。

在这样的古典科学上升和迈向工业化的历史背景下，直到 19 世纪末，对于科学主义的批判主要还局限于少数思想家的沙龙里，只能被视为外在于科技进步主旋律的低沉噪音。进入 20 世纪之后，随着以相对论、量子力学为代表的现代科学的崛起，围绕现代科学的哲学诠释激起了关于科学本质的激烈争论，这场争论导致对前述近代科学涵义的弱否定或者强否定；知识形态的科学物化为技术极大强化了技术操纵者"拷问"对象的功能，表现在拷问自然时造成了全球范围的生态危机，拷问社会时激发了两次世界大战和无休止的局部战争。包括许多著名科学家，哲学家在内的社会精英通过深入的反思。从逻辑的、心理的、社会的角度，把对科学主义的批判推向了高潮。与 200 年前不同的是。这次批判具有内在于科学革命之中，内在于科学的社会应用之中的性质，甚至可以说是科学家自己发起的。在科学共同体之外、又有声势浩大且旷日持久的和平运动及生态运动与之呼应。

在科学哲学层面，以爱因斯坦、玻尔为中心人物，围绕量子力学哲学诠释问题的论争导致近代科学的因果解释和拉普拉斯决定论理想失效，可以用经典概念表象的世界机械模型不能成立，动摇了自然科学客观实在性的信念。从卡尔纳普、波普尔、拉卡托斯、库恩，直到费耶阿本德，这些科学造诣很深的科学哲学家有关科学合理性的讨论划出了一条实证——否证——不可证明的硬核与可调整的保护带不可通约的范式轨迹，费耶阿本德得出的结论是，逻辑主义者可以给出关于科学合理性的这样或那样的标准，如果理性在于遵循这些标准，那么科学就是非理性的，如果不遵循这些标准同样可以带来科学的"进步"，那么就应该给予以往认为不合乎理性规范的"非科学"的实践活动以平等的地位。上述这些波及理论自然科学和现代西方哲学的争论给传统意义的理性主义、经验主义很大的冲击。我们不否认以海森堡、费耶阿本德为代表的某些科学哲学家可能散布了唯心主义、相对主义、不可知论的迷雾，但上述争论确实推动了观念的进步，使人们认识到科学理论与非科学理论之间只有合理性程度方面的差别，科学创造活动作为人的实践活动，虽然强烈依赖逻辑思维，但也有非逻辑的社会心理因素介入其中。这场迄今仍未结束的论争为克服强科学主义者排它性的沙文主义情绪，实现科学文化与人文文化的整合提供了理论基础。

在科学的社会应用层面，对于科学主义的批判更为广泛而强烈。列夫·托尔斯泰目睹了科学技术给西方上层社会带来纸醉金迷的生活与此并肩而行的是道德的堕落，他在 20 世纪初问道："人们希望科学教给他们如何生活，如何同家人、邻居和外国人相处，如何在感情交战中把握住该相信什么和不该相信什么，以及其他更多的东西。但是科学把这一切告诉人们了吗？"爱因斯坦在第二次世界大战结束后指出："我认为今天人们的伦理道德之所以论丧到如此令人恐惧的地步，主要是因为我们的生活的机械化和非人性化，这是科学技术思想发展的一个灾难性的副产品。"爱因斯坦还一再提出这样的思想，科学技术是一把既能行善也能行恶的双刃宝剑，科学不能提供目标，而只能提供达到目标的手段和方法。罗素也认为科学主义者所设计的普适机械模型是危险的，他论证道："人竟是毫无准备的因果产物，他的起源，他的希望和恐惧、他的爱和他的信仰竟然只是原子偶然搭配的结果；竟没有热情，没有英雄气概，没有深刻的思想和强烈的感情，这怎能不使人的生活不堕入野蛮。"透过科学技术的划时代飞跃，这些泰斗所看到的西方世界伦理危机是对盲目鼓吹技术商品化、科学万能论的功利主义的严正警告，成为习惯于在象牙塔中生活的科学家发起帕格沃什运动的理论宣言。[①]

对科学主义的思想批判是对它的社会批判的先声，这种社会批判则把思想的力量转化成物质的力量。60 年代以来，西方发达国家出现了范围广泛的群众运动，这些群众运动有着不同的目标指向，包括环境保护运动，反核运动，反战运动，女权运动……，但是，要求深刻反思高度工业代的消极后果，要求以人类生存于地球之舟，人是万物的尺度来量度资产阶级政府的科学、经济、社会政策，却使他们汇流到一起。参加这一绿色运动的青年知识分子认为造成资本主义深重危机的正是一系列科学主义基本价值观念和文化思想，其中包括：相信宇宙是由可以分解的基本结构砖块构成的机械系统，相信生存竞争是社会的自然法则，相信科学进步和经济发展可以推动物质文明及精神文明；相信柔弱的女性接受刚毅的男性统治是支配与控制自然界的合理社会延长……作为绿色运动最重要的政治代表德国绿党在它的纲领中提出了包括实现生态平衡，维护社会正义，提倡基层民主，主张非暴力在内的"四项基本原则。"[②] 其矛头所向直指运用先进技术大力开发、消耗资源以牟取暴利的市场经济；使人成为自动机器的奴隶的异化劳动，个人利益、集团利益至上的利己主义；少数专家决策的精英政治；以及拥有高科技的发达国家对发展中国家的剥削和战争……这些具有浓烈人文主义色彩的主张揭示了新技术革命条件下，工具的日新月异与资本主义目标指向的陈腐落后之间存在的矛盾，在一定程度上代表了中下层群众的要求。传统的左右派政治家为了取得公众的支持，或多或少地听取了绿色政见，"所有的政治家都在变'绿'"，从发达国家的政策及立法中，容易看出人文主义冲淡着仍占主导地位的科学主义色彩。

## 三 实现科学文化与人文文化整合

诞生于 19 世纪中期的马克思主义本身就是以自然科学为自己的来源之一，马克思恩格斯一贯高度评价、密切注视科学进步及其对人类历史的

① 戈兰：《科学与反科学》，王德禄译，中国国际广播出版社 1988 年版，第 28 页。
② 弗·卡普拉查·斯普雷纳克：《绿色政治》，东方出版社 1988 年版。

影响。他们既看到了科学作为知识系统的作用，又看到了科学作为信仰系统的作用，前者与实践结合的结果就是英国的社会革命，后者与哲学结合的结果就是唯物主义，启蒙时代和法国的政治革命。① 但是，他们也批判了旧唯物主义把自然科学在一定时期的成就教条化，偶像化的倾向，马克思说："唯物主义在它的第一个创始人培根那里，还在朴素的形式下包含着全面发展的萌芽，物质带着诗意的感性光辉对人的全身心发出微笑。"但是，"唯物主义在以后的发展中变得片面了。"在霍布斯的哲学中，"感性失去了它的鲜明的色彩而变成了几何学家的抽象的感性，物理运动成为机械运动或数学运动的牺牲品。"霍布斯甚至把人的一切情欲都归结为机械运动，马克思就批判道："唯物主义变得敌视人了。"② 马克思恩格斯在肯定旧唯物主义反对基督教神学和唯心主义的功绩的同时，对它科学主义倾向的形而上学方面进行了改造，唯物辩证法要求归纳与演绎、经验和理性在实践基础上的统一；要求把机械运动作为最低级的运动形式，在它上面还有物理的、化学的、生物的、思维的、社会的……运动形式，而具有特殊新质的高级运动不能简单还原为低级运动中，马克思主义更特别审慎地运用自然科学方法，指出拉普拉斯决定论的失败，"愈是接近于纯粹抽象的思想领域，我们在它的发展中看到的偶然性就愈多，它的曲线就愈是曲折"③ 他们不仅推崇人的理性，而且珍重人的感情，包括革命时期的激情，比如"握紧的拳头"和"难看的脸"等等。④

在科学技术的应用层面，针对科学主义思潮产生的社会心理背景，马克思主义在充分肯定科学技术的社会功能的同时，又提醒了人们警惕科学技术的负面效应。马克思在《资本论》等著作中对于技术的资本主义应用造成的劳动异化现象作了分析和批判。恩格斯在《自然辩证法》中针对自然界的报复，强调"我们连同我们的肉、血和头脑都是属于自然界，存在于自然界的"。决不要奢望能像统治异民族一样征服自然界。时至今日，马克思主义的以上论述闪烁着思想光辉。

要辨析现代科学在文化知识系统和信仰系统中的必要性与局限性，首

① 《马克思恩格斯全集》第 1 卷，第 666—667 页。
② 《马克思恩格斯全集》第 2 卷，第 163—164 页。
③ 《马克思恩格斯全集》第 4 卷，第 507 页。
④ 《列宁全集》第 19 卷，第 22 页。

先须将科学与其他人类文化加以理性界定。在科学划界问题上，我们宁可听取理性主义，实在论者关于科学的核心本质的意见，因为它大体上代表了实际科学家区别于非科学家的工作态度，也反映了科学在社会实践方面不断取得成功的外部事实。历史主义者看到了作为人的科学家与其他人，作为观念文化的科学与其他文化的共性，而抹杀了科学家和科学不容否定的特性。在肯定科学理论反映客观实在，迫近客观真理的问题上，国际著名天体物理学家，哈佛大学教授 D. 雷泽尔写道："关于这些问题，也可能科学史家是正确的而科学家是错误的。鸡不一定是鸡蛋的最好鉴赏家。但这并不会使科学家讨论这些问题的方式变得不那么令人关心和不那么重要，因为无论在今天的科学史家看来，开普勒、伽利略和牛顿的哲学态度是多么天真幼稚，这一态度却是与他们的成就无法割断地密切关联的。"除了科学必须以公理、定义、定理、推论这样的严格、自治的逻辑形式出现之外，可以提出以下几点作为划界标准：首先是科学的实证性，科学必须建立在公共经验的事实基础上，科学工作得出的结论必须是他人在同样的实验条件下可重现的；其次是科学的创造性，即新的理论不仅要能够解释先行理论所解释了的现象，而且必须要能解释先行理论所不能解释的某些现象；最后是科学的预言性，即在给定的条件下，它能够定量地预言继后发生的结果，并且在它的预言与实验结果不符的情况下，愿意接受实践的证伪。用这样的标准为依据，可以建立一个满足科学定义的科学连续统；在接近概率 1 的一端是力学、天文、物理……在接近概率 0 的一端是文学、美术、音乐……中间则是经济学、社会学……①

科学生产必须以某种特殊的精神气质为前提，这就是科学精神。美国科学社会学家 R. K. 默顿和 B. 巴伯曾提出了六条行为规范，即：普遍王义、公有主义、无私利性、有条理的怀疑主义、个体主义、情感中立。我国科学界也曾提出包括坚持自由探索精神，凭科学事实立论，视科学发现为人类共同财富，尊重他人的贡献，勇于承认错误等五点科研规范。简而言之，科学提倡无私、求实和批判精神。②

经过科学革命洗礼的科学方法和科学精神。如果被应用于文化知识系

---

① David Layzer, *Constructing the Universe*, Scientific American Boods Ins, 1984, p. X.
② 参见樊洪业《科学业迹的辨伪》，上海人民出版社 1982 年，第 115—116 页。

统和文化信仰系统，显然有它的崇高地位和价值。作为知识，科学具有解惑的功能，把人类有史以来通过神话、宗教、哲学提出的外部世界的问题分析成为实证性的问题，使人的精神得到满足，不断地从动物界提升出来；在当今大科学时代。科学知识是技术进步的根本武器，人类改造自然遭到了自然界的报复，但真正实现人与自然的和谐共处。也必须和只能依靠新的科学概念、科学理论和科学应用。作为信仰，科学体现了真理面前人人平等，使得古代哲人所追求的独立人格有了坚实的根据，并且使人拥有不可剥夺的批判权威和教条的权力；科学提倡理性，主张"君子动口不动手"，在当今纷争不已的时代，这有助于人们走到一起，而不是彼此分离。D. 雷泽尔在为他的《创世论》（中文版）所撰写的序中指出："鉴于宗教原教旨主义和狂热的民族主义——这两种当代世界最具破坏性的力量——将最高价值置于对从权威那里推导出来的不变真理的严格且不容置疑地信奉，科学则以证据、理性争论和对新鲜真理的积极探求为价值尺度。"① 现实意义更是非同小可。

但是，现代科学文化尽管可以称得上整个人类文化的"生命线"，但它绝对没有涵盖人类文化的全部，正如马克思曾指出的："科学这种既是观念的财富同时又是实际的财富的发展，只不过是人的生产力的发展即财富的发展所表现的一个方面，一种形式。"② 为了构成比较完美的全部人类文化，必须要用人文文化对科学文化加以补充和调节，才能使科学发出"诗意的光辉"。科学是实现人类终极关怀的工具，但终极关怀的目标指向并非科学研究的客观实在；科学是批判的，进取的，但社会的运行还需要保守的、稳定的机制，包括伦理、法律规范在内的意识形态则具有强制性，不能仅以科学方法论原则推导；科学研究程序的主旋律是理性的，但个人的内在情感世界必然包含非理性的直觉的内容。所以，科学主义者企图以科学垄断全部文化的沙文主义理想无异于追求可望而不即的海市蜃楼，它对于人的理解太狭隘了，而现代西方持反科学态度的人把科学视为虽然殷勤，但毕竟看腻了的婢女，想把她解雇出门，殊不知，没有她的待

---

① David Layzer, Cosmogenesis: *the Growth of Order in the Univerese*, Oxford, Oxford University Press 1990, 中文版序，中文版将由河北教育出版社出版。

② 《马克思恩格斯全集》第 46 卷（下），第 34—35 页。

候，你们可怎样生活？

　　根据我们对科学和科学主义的考察，对于贝尔纳提出的科学本身"陷入危机之中"问题的回答是，应该辩证地分析反科学思潮的内部构成，对于其中从反理性、反知识的立场敌视科学的宣传应该给予理性的分析，反对科学就是反对人类进步；对于既得利益集团垄断科学技术，应该揭露他们的虚伪和对科学道德的背叛；但对于中下层民众从人文主义立场出发对科学沙文主义的批判，则应汲取其合理性的一面、在马克思的人的全面发展的思想指引下，让科学文化与人文文化同协共进。

发表于《自然辩证法研究》1992 年第 5 期。

复印报刊资料《自然辩证法》1992 年第 6 期转载

# 量子世界与古典世界差异之辨析

## ——兼论道家思想的相关意义

20 世纪末叶，恩格斯在论及由于能量转化及守恒定律、细胞学说和达尔文进化论等科学，成就导致人类自然观和自然观研究方法的巨大进步时，曾提出了关于方法论的根本性指导意见：由于理论科学的巨大进步，"我们就能够依靠经验自然科学本身所提供的事实，以近乎系统的形式描绘出一幅自然界联系的清晰图画。描绘这样一幅总的图画，在以前是所谓自然哲学的任务。"近一个世纪以来，以量子力学为代表的物理科学和以遗传学为代表的生命科学，实现了对于以牛顿力学为代表的古典力学和以达尔文进化论为代表的生物学的革命和飞跃。放在西方文化的坐标系内考察，这是自牛顿—笛卡儿自然学说从兴盛走向衰落之后，重新建构自然图景的又一次启动。但是，放在中国文化的背景下，人们却惊异地发现，先秦时代的道家借助直觉，早已天才地意会到一种类似于奠定在现代科学基础上的自然结构。这又从一个方面表现出现代文明与古代文明、西方科学文化与东方人文文化的汇流。为了繁荣现代自然观的学术研究，本文拟在这方面作一些初步的探讨。

## 一  古典自然观向现代自然观的飞跃

科学史家一般认为，现代科学对于古典科学的革命，主要表现为描述宏观高速运动的相对论和描述微观世界运动的量子力学的创立。的确，爱因斯坦在光速绝对化的基础上创立的狭义相对论，否定了古典科学的时间和空间分别绝对化的概念，建立了不可分割的四维时空结构；放弃了质量绝对化概念和质量、能量分别守恒的定律，确立了新的"质能守恒"定律，并导致了尺缩钟慢、质能转换等一系列崭新的结论。爱因斯坦的广义相对论则引进了引力场和加速系的等效原理，揭示了时空弯曲与物质分布和运动的关系，突出了力学的几何性。但是就自然结构的更深层次理解及其所运用的基本数学概念而论，相对论的自然观则接近于古典自然观。正如量子力学创立者之一德布罗意所云："相对论力学只打乱了人们对于时间和空间的传统概念，它在某种意义上，却完成并给经典力学加上了皇冠；量子和波动力学则给我们带来了更为激进的新概念，并迫使我们放弃基本现象的连续性和绝对决定性。"

的确，量子理论从它萌芽那一天起就是彻底革命的。为了解释黑体辐射佯谬，物理学家们运用了从质点力学、热力学、电动力学数库中能够提取的一切古典武器，结果均是无功而返。1900 年，为了建立能同实验数据相一致的辐射公式，普朗克不得不引进常数 h。虽然佯谬迎刃而解，但普郎克自己却无比困惑。在涉及关于自然实在结构的哲学信念面前，他与常人一样，难以挣脱传统观念的羁绊。

自 17 世纪古典力学经开普勒—伽利略—牛顿的工作创立以来，生命科学一直处于比较落后的状态，这主要是因为生物学研究更多地立足于观察，其理论是描述性的，不像物理学那样运用数学工具进行定量的分析和预测。但是，生命科学研究一旦运用了受控实验方法，它就具有了现代科学非连续性和非绝对决定论的形态，成为这一飞跃的划时代标志的是孟德尔在 1866 年完成的豌豆杂交实验。从这个意义上讲，生命科学似乎比物理科学率先一步跨入了现代自然观的大门。应当说，今天，以量子概念为基础的物理科学和以分子遗传学为先导的生命科学，在对自然实在图景的理解方面达成了共识。

现代科学与古典科学的世界图景有哪些基本差异呢？可以概括为以下四点：

1. 量子世界是分立的，古典世界是连续的

在集合论中，分立集合的各个要素（例如有理数）彼此是互相分离的，每个要素周围均有一些真正的空间或表征意义上的空间，而连续集合的各个要素（例如实数）彼此是互相粘连的，没有任何空隙和间断。

划分现代物理和古典物理的根本标志就是在其理论结构中是否出现普朗克常数 h。人们常以原子系统与行星系统的差异来阐说两类世界的分

野，其原因就在于，在述说原子运动时，h 是不容忽略的；而在述说行星运动时，h 是可以忽略的。有 h 在其中起作用，任何一种元素的一个原子就只有一个可允许物理状态的分立集合，它仅仅发射和吸收具有特定波长的光；按照质量或电荷排列的化学元素本身也形成了以门捷列夫周期表表现的分立系列，不存在这样一种元素，其质量处于氢的质量（1 个单位）与氘的质量（2 个单位）之间，或者其核电荷处于氢的核电荷（1 个单位）与氦的核电荷（2 个单位）之间。但是，一颗人造卫星却允许在周期及轨道直径的一个广泛连续变化范围内选择其周期和轨道直径，不存在任何禁戒与限制。同样地，一个牛顿质点允许携带任何大小的质量，一个法拉第带电体允许携带任意数值的电荷。

在生命科学领域，正是量子物理学家的崭新概念对生物科学家解放思想立下了不朽的功绩。薛定谔于 1944 年发表了《生命是什么》一书，他在书中引进了"密码传递""量子跃迁式的突变"等概念，并且坚定地认为，基因就是分子，"除了遗传物质的分子解释外，不再有别的解释"。分子遗传学指出，生物遗传的本质就在于不同物种携带着各不相同的遗传密码，遗传变异中的突变和重组都是"基因"这一遗传基本单位的属性，而基因则是 DNA 大分子上一段多核苷酸序列。所有已知的，从病毒、细菌直到高等植物和动物的生命形式都由两类生物大分子——核酸和蛋白质构成，其中核酸由四种核苷酸组成，蛋白质由二十种氨基酸组成。由克里克提议绘制的遗传密码表在生物学上的意义类似于元素周期表在化学上的意义。古典进化学说主张"自然界没有飞跃"，进化过程中起主要作用的是细微变异和连续变异，与此相反，现代生物学已经接受了机体通过基因突变和重组与自然选择的相互作用而进化的理论，实现了与物理科学宇宙结构观的殊途同归。

2. 微观量子世界是永恒的，它的秩序性与时间无关；宏观古典世界则是流动的，它的秩序性随时间而走向混沌

宏观现象的时间流向特征举目可见，最典型的例子是，热的物体与冷的物体相接触，一段时间之后，热物体降温，冷物体升温，最后达到同样温度。这一现象由热力学第二定律给予总结，一切自然过程均趋向熵增加。

但是原子的运动却表现出超时间的稳定性。就以氢原子为例，无论是

地球上的，太阳上的，银河系中的，还是距离我们几十亿光年的宇宙深处所存在的氢原子样本，它们所发射的明线图样是彼此完全一样的。自从所谓"开天辟地"以来，每种原子和分子都原封不动地保持着自己专有的明线图样，就如同一个人一生中都保持着自己的指纹特征一样。

上述两种世界之间的差异早在 20 世纪末就被发现了，古典电动力学的奠基人麦克斯韦在预感到古典科学内涵的时序性面临绝境时就尖锐地指出："尽管在历史的长河中，天穹内发生过并且还将发生灾变，尽管古老的体系可能已被解体了，而新的体系从它们的废墟中演化出来，但是这些体系所赖以建立于其上的分子（现在应称为原子）——物质宇宙的基础砖石——却仍然一如既往，完好无损。"现代量子理论已经完美地解释了宇宙砖石——基本粒子和原子的结构方式是怎样和为什么不随时间而更新的。

在生命世界，"种瓜得瓜，种豆得豆"是古代人类对于遗传保守性的经验概括，上述经验事实的物质基础究竟是什么？对于古代学者始终是个谜。近代生物学者，如拉马克、达尔文，虽然也看到了这一点，但他们的研究更多地致力于探讨生物变异和进化的机制。分子遗传学揭示，自从几十亿年前最原始的生命形态——病毒出现以来，携带遗传信息的 DNA 分子在细胞中是最为稳定的，尽管在漫长的进化过程中生物表现型已极为多样化了，结构、功能高度分化而复杂了，但 DNA 分子却以不变应万变，携带人类遗传密码的和病毒遗传密码的都是 DNA 分子。著名分子生物学家 J. 莫诺认为："生命的本质就在于分子不变性的根本机制。"他立论的根据就是上述经验事实，尽管许多人认为莫诺的观点过于极端和片面，但都不能否认莫诺捕捉到了现代生物学的特点和新质。

3. 在量子世界中，事物变化是非连续的，在原则上是不可能完全预言的；在古典世界中，变化则是连续的，而且在原则上也是完全可以预言的

根据量子力学，任何一个受激发的原子都将放出辐射而回到基态，但是不可能预言它在何时回到基态，这样一种跃迁是在瞬间完成的，不需要时间过程。当然我们可以预言由大量粒子组成的受激发原子云在给定的时间间隔内将要衰变的原子的几率，但我们没有任何依据指出哪些原子将衰变，哪些原子将不衰变。

古典力学中，对于任何一个物理系统，只要已知组成该系统的各个粒

子的初始状态和边界条件，原则上就能预言系统在未来任一时刻每个粒子的确切状态。这就是所谓拉普拉斯决定论思想的由来。

在生命世界，进化的不可预见性比之量子世界更有过之而无不及，设想我们已知原则上所能知道的关于一个物种的初始状态的一切情况，其中包括属于该物种的所有生物体的基因型，又设想我们能够在一台超级计算机上模拟进化过程的所有细节，我们仍然不能预言一段时间的，该物种中将会发生的基因型。因为进化产物对于由突变和基因重组所造成的某些随机遗传变异是非常敏感的。假设我们可以列举每一次变异和重组的所有可能产物，并且能够指定每一个产物所发生的几率，从原则上讲，这时我们能够对这个正在进化的物种给予完备的统计描述。但是，这一描述应该包括极其大量的、不同质的次级进化结构，而每个这样的次级结构又仅仅具有微不足道的且几乎相等的实现概率。所以，即使作出这样的预言，也是既不能证实，也不能证伪，即没有理论价值的。

4. 量子世界是由无差异个体形成的种群组成的，而古典世界的每个个体之间均有差异且相互区别

根据量子理论，所有电子（或质子、中子等）都是全同粒子，它们不仅实际上，而且原则上都是不可区分的，所有氢原子，所有水分子，所有食盐晶体（除大小之外）均是如此。这并非只是一个信条，而是一个可检验的、已被有力确证的基本概念。反之，假若电子并非绝对不可区分，两个氢原子就会形成一个比实际氢分子内在束缚力脆弱得多的分子，正是电子的全同性产生了二者间的一个超引力。周期表上同一列中的元素具有相似的化学性质，低温超导现象和超流现象等等，均缘自基本粒子的全同性。

但是古典世界里的物体都是个性十足的，古典科学原则上不承认有什么完全不可区分的东西，这也正好对应于我们在宏观世界里找不到两颗完全一样的行星、两块完全一样的石头或两只完全一样的蝴蝶。

由同种原子的全同性、同种分子的全同性就容易推论出携带同一信息的 DNA 片断——基因的全同性。虽然我们看不到完全一样的动物体或植物体，但分子遗传学认为，原则上可以由携带完全相同的基因的生殖细胞通过减数分裂而发育形成遗传特征完全一致的生物个体。

在量子世界与古典世界的上述四个差别中，最根本差别是分立性与连

续性的差别，可以证明，空间、时间、质量、能量的分立性导致了量子世界的永恒性、不可区分性和不可预见性。

没有经受过现代科学，尤其是现代物理科学熏陶的人是很难理解，很难接受量子理论对世界的理解的，原因之一是，人的先天宏观存在决定了我们易于条件反射似地用宏观经验概念去统摄任何层面的实在，包括理论实在，而忘记了宏观经验概念生效范围的有限性：任何一种宏观图景都不能表象量子实在。但更重要的原因是，人们总是自觉不自觉地接受某种思想的灌输，他又用这种思想模式去解释感觉经验。几千年来，天然自然界运动的方式并没有变化，但是在欧洲，人们心目中的自然形象已经面目全非了。先是希腊人认为自然界不仅是运动不息的而且是有理智的；不仅是有生命的而且是有心灵的。文艺复兴以后，欧洲人不再认为自然界是一个富于创造力的有机体，认为它既没有生命也没有理智，是一部机器，一部被外力（上帝，绝对精神，自然神等等）设计和驱动的机器。随着实证科学的不断进步，人们眼中的自然图景也不断在变换。在某种意义上讲，"情人眼里出西施"，人所受的教育状况决定他的自然观。一个接受了现代科学训练并且做了某些相应哲学准备的人最有可能借助实践与想象的互补迅速领悟前述量子世界图景。

量子理论的创立引起了多种哲学诠释之间自 20 年代延续至今的争论。为了阐说新思想的深厚文化背景，以玻尔、海森堡为代表的新潮派力图从古老的智慧中寻找帮助解读量子之谜的密码，玻尔注意到了东方哲学，并且用中国古代的"太极图"来形象地表示他的互补原理。汤川秀树、李约瑟、卡普拉等人则大力推崇"物理学之道"的研究。的确，先秦道家思想是今人意会量子世界的通幽捷径。

## 二　道家自然观和知识论的现代意义

道家学说作为与儒家学说相对立的哲学学说，包含着丰富的华夏式纯粹理性的智慧，这本身就已经难能可贵了。更有现实意义的是，道家直觉实在论的自然观已经在朦胧中猜测到量子世界的某些特质；而它"词不达意"的知识观则精辟又简捷地点出了宏观的人类在把握微观实在时面临的困境。当然，掌握了现代精确科学的人们回首去品评老庄等先人的遗墨时，也不难发现其中或者粗糙，或者幼稚甚至谬误之处。

首先，道家眼中的世界是一个分立的世界。"道生一，一生二，二生三，三生万物"（《道德经·第四十二章》）。在老庄时代，人们还没有无理数的概念，道家因而用整数来表述自然界由简单向复杂的发展过程和宇宙的多样性，于是道家的宇宙结构观念就迥异于经典科学而与量子理论更契合。在这方面，东西方文化有相通之处。公元前6世纪左右，毕达哥拉斯提出"数即万物"的命题时，他心目中宇宙的本源也是整数。$\sqrt{2}$的发现向这种观点发起了挑战。古典物理学的宇宙恰恰具有把$\sqrt{2}$这种无理数包含在内的实数结构。经过一次否定之否定，量子世界在崭新的层次上呈现出非连续的、分立的结构模式。

其次，道家眼中的世界是一个有机的世界。源自古典力学的机械观认为宇宙秩序是一种机械秩序，复杂的东西无非是简单基元的一再重复。"人也不过是一架机器"，比起动物这种机器，不过"多几个齿轮""多几条弹簧"而已。道家恰恰相反，认为自然界养育万物就像母亲哺育新生命一样，是新质不断创生的过程。"谷神不死，是谓玄牝；玄牝之门，是谓天地之根。"（《道德经·第六章》）。可见，道家认为，有机性先于无机性，高于无机性，宇宙的新颖性就在于"天下万物生于有，有生于无"，即万物创生不是可以依据某种法则推定的，而是依托于某种基质从无中突变生成的。现代科学告诉我们，宇宙创生之后，诸种天体、诸多元素从混沌中产生，原始生物从无机物中产生，原始生物经过亿万年形成万千物种，都是新质突现的过程，它们或者是不能完全预见的，或者是完全不能预见的。

最后，道家强调自然界运动的自主性，即对于规律的超越性。道作为内在于自然界中的创造力量，催化着新生事物的成长，但是道并非作为一种强制性的法则禁锢万物的运动。道"万物恃之而生而不辞，功成而不有，衣养万物而不为主"（《道德经·第三十四章》）讲的就是这个意思。说得更透彻一些，是"道法自然"，而不是"自然法道"。这是对由古典力学派生出的绝对决定论思想的一种反对。在拉普拉斯那里，象征规律的精灵主宰着宇宙间万物的过去和未来，规律就是自然界的上帝。但是道家否认有这样一个上帝。无论运用函数论、概率论的方法，还是运用突变论的方法，或者未来的什么更高级的方法，科学规律都只能把握自然界的一部分机理，自然界则超越这些规律，以常在常新的姿态出现于人类认识面前。量子力学创立之后，一方面，它很好地解释并预言了许多微观现象；另一方面，量子世界又呈现出谜一样的色彩，诸如波包编缩，EPR 非定域关联，……人们曾寄托于找到导致波齿数统计解释的隐变量来破译这些自然之谜，但理论和实验又倾向于否认隐变量的存在。这一切似乎为道家的神秘主义作了很好的注脚。

如前所述，现代量子理论的空前的精确性解释并预言了原子和亚原子层次的实验现象，它在数学上的成功是没有疑义的。问题在于不能给出量子世界一个直观图景，于是给从逻辑理性上理解这个世界造成了困难。这种语言文字符号的局限性是道家早就警告过的。"世之所贵道者书也，书不过语，语有贵也。语之所贵者意也，意有所随。意之所随者，不可以言传也，而世因贵言传书。世虽贵之，我犹不足贵也，为其贵非其贵也。"（《庄子·天道》）在这里，道家明确地将作为手段的语言文字和作为目的的心灵意境区别亦来，并提出"词不达意"的命题，在认识论上意味深长。这一观点与道家一贯推崇自然的创造性和认识的直觉性是逻辑统一的，顺理成章，语言符号知识就只能被置于较为次要的地位，"可以言传者，物之粗也，可以意致者，物之精也。"（《庄子·秋水》）即言传之知是初级知识，意会之知才是高级知识，要想把握万物之精华，必须完成从文字知识到直觉的飞跃。之所以如此，仍要回到自然与人为的高下之分，分析性的概念知识仅只是洞察混沌一体的宇宙运行之不完备的工具，只知言传之知，不进入意会之知，便舍本求末了。"知天之所为，知人之所为，至矣。知天之所为者，天而生也；知人之所为者，以其知之所知，以养其知之所不知"（《庄子·大宗师》）上述这些见解对于我们领悟量子理论的数学形式和量子世界的哲学诠释二者间的联系与区别具有深刻的启发性。前者作为统摄大量微观经验事实的形式体系，其正确性、唯一性是无可争议的，但它没有，也不能表述那些造成量子运动的动力。后者涉及到对物质、能量、时间、空间等哲学范畴本质的理解，至今还是一个争论不休的王国。这里有哲学的问题，也有语言学的问题。而语言哲学已经证明，大量的哲学问题，由于其范畴的流动，也是语言问题。这正如道家所云：辞不尽意，不知之知无以言表。海森堡当年针对两个不可对易的力学量算符提出了 uncertainty relation，一些中国学者依据海森堡对量子理论的理解，翻译成"测不准关系"；而另一些学者不满意于上述译法的操作主义涵义，翻译成"不确定关系"；两种译法文字上相通，但哲学思想大相径庭。玻尔作为哥本哈根学派的领袖，以 princple of complementarity 作为他理解量子运动的元哲学，正如玻尔自己后来表白的那样，他的宇宙观与中国古代太极一元论思想是灵犀相通的，即认为世界（物质的、精神的、概念的）是个整体，具有许多不同的"方面"。但在研究过程中，人们又只能运用语言和逻辑分析把握某些方面，于是就放弃了其他方面，二者在这个意义上是"互斥的"。但是这两方面又不可分割，只有从相互渗透的角度才能真正理解每一方面，所以二者"互补"。我们可以将它译为"并协原理"，也可以译为"互补原理"，但从其宗旨来说，译为"互斥互补原理"则更贴切些，因为玻尔在被授予丹麦大象勋章时，自己所挑选的纹章设计图样上，醒目的铭文恰恰是"互斥互补"，并配置了阴阳符号以示形象化。几十年来围绕互补原理的争论既是哲学的，也是语言的。爱因斯坦在与玻尔、海森堡论争时，曾激烈地批评他们的实证主义、绥靖哲学倾向，但他也坦诚地表白自己在基本概念选择上的困惑：从一个有体系的认识论者看来，他必定是一个肆无忌惮的机会主义者：他时而像一个实在论者，时而像一个唯心论者，时而像一个实证论者，甚至还可以像一个柏拉图主义者或者毕达哥拉斯主义者。其实，道家早已点出了爱因斯坦式的追求终极真理的人们的两难悖理："道可道，非常道；名可名，非常名"（《道德经·第一章》）。现代量子理论的发展和论争大大丰富并深化了文辞之知与意会之知这两类知识的思想，但同时又证明了人类符号知识在自然科学创立之后所取得的一个个划时代进步，从而否证了道家贬低文辞之知，认为"古之人与其不可传也死矣，然则君之所读者，古人之糟魄己夫"（《庄子·天道》），"绝圣弃智"可爱，却过于偏激了。正确的态度是，我们一定要学习继承前人、今人所创造的，一切见诸书本的科学文化和人文文化知识，正如波普尔所云，图书馆所代表的世界 3 是人类文明再生的基因。但同时也须认识到，文字符号没有，也不可能囊括宇宙的全部智慧，尤其是大自然及其最高产物——人类——最神秘、最有价值的力量：无穷无尽的创造性。创造性——道孕育了世界 3，并且孕育着世界的未来。开发主观创造性需要我们静心体悟，对客观创造性的直觉将引导我们奔向真理。

　　本文从经验事实的角度概括了量子世界与古典世界的差别，这几点差别本身并非就是现代自然观与古典自然观的差别，但是，一切试图建立现代自然观的努力都不能规避今日自然图景与以往自然图景（"图景"二字在这里已不准确）的这些差别。从根本上讲，现代科学背后的自然已不能构成语言学上的某种图景，为了克服这一障碍，挖掘道家思想的精粹将有助于在中国哲人独到的直觉能力与现代科学符号互补的基础上理解现代意义上的自然。西方学者已经在开掘物理学之道，我们作为老庄的后代理应做出更大的贡献。

发表于《浙江大学学报：社科版》1993 年第 2 期
复印报刊资料《自然辩证法》1993 年第 8 期转载

# 庄子技术论思想评析

关于道家在中国科学技术发展史上的作用，存在着几乎截然对立的观点。李约瑟认为："事实上，在中国，确实一切科学技术的成长都和道家是分不开的"[1]。而包括郭沫若、冯友兰在内的众多著名学者则把道家视为"蔑视文化的价值，强调生活的质朴，反对民智的开发，采取复古的步骤"[2]的没落思想代表。取调和立场者则认为存在着"道家科学作用的二重性；操作层次的实际贡献与思想层次的消极影响"。[3]在笔者看来，过往的论者对道家思想中的若干概念未能作更为细微的分析，例如将技巧与机械视为一体，将技巧与技术混为一谈；高扬了道家思想的美学价值，贬抑了它的实践价值。本文试图从最为论者偏爱的《庄子》切入，从分析《庄子》中刻画的多项技术及其人格化——工匠出发，解读庄子贬斥语文却推崇意会，赞美技艺却否定机械，崇尚自由却鼓吹历史倒退，这一《庄子》技术观之谜，阐明庄子对提炼古代技术特征，揭示技术的社会本质所作的独特贡献，及其技术异化思想的人文价值。

## 一 古代技术的诀窍性质

先秦经典中，《墨经》和《考工记》是记述当时中国科技成就最集中的文献。《庄子》中，虽然也提出或反映了天文学的昼夜说，声学的共振现象，液体的浮力性质等等，但就其在科技史上的贡献说来，比起前两者则是小巫见大巫了。《庄子》的独到之处，在于它刻画了众多栩栩如生的工匠劳作形象，如庖丁解牛，轮扁斫轮，痀偻承蜩，津人操舟，梓庆削鐻，匠石斫垩，东野御车……透过《庄子》对这些古代"技术员"的描绘，我们可以发现古代技术与近现代技术的实质区别，从而认识言传已知与意会已知二分法在历史上的合理性。

庄子笔下的古代技术有这样几个特征：（1）无论是屠夫、木匠、石匠、船工，还是斗鸡者、捕蝉者、游水者等都是个体劳动者。当然，建筑、铺路、造船、治水等肯定是协作的产物，但是它与工业化的高度分工前提下系统性的有机合作显然是两码事；（2）民之能否称其为匠，划界标准在于手中有没有"绝活"。庖丁贵在"手之所触，肩之所倚，足之所履，膝之所踦，砉然向然，奏刀騞然，莫不中音，合于桑林之舞，乃中经首之会"。（《庄子·养生主》以下出自《庄子》只注篇名）。轮扁贵在"斫轮，徐则甘而不固，疾则苦而不入"，他却能做到"不徐不疾，得之于手而应于心"（《天道》）。痀偻承蜩，贵在"犹掇之也"（《达生》），东野御车贵在"进退中绳，左右旋中规。（《达生》）……他们的技术表演出来，"见者惊犹鬼神"。当然，匠人不能离开各自的工具去操作，但是彼时的工具无非构造简单，制造容易的刀、斧、杆、鞭之类，功能无人不晓，使用无人不会，但是不同的人使用同样的工具所达到的效果却有天壤之别，工具与操作相比不能不处于从属的地位。在近现代技术体系中，工具系统精密复杂，操作方法简便易学，生产效果更多地取决于硬件的先进程度，恰与古代匠人的手艺占主导地位截然相反；（3）各路匠人的绝活"只可意会，不可言传"。庖丁之"以神遇而不以目视，官知止而神欲行。"痀偻之"虽天地之大，万物之多，而唯蜩翼之知。吾不反不侧，不以万物易蜩之翼。"梓庆之"无公朝，其巧专而外骨消"。（《达生》）等均是某种专注、静思以至坐忘等意念功夫的表现，而这一技术之又魂又是难以诉诸文字的，庄子于是在轮扁斫轮的寓言中提出了意会之知高于言传之知的论断，其论据是，斫轮之术"口不能言，有数存焉于其间。臣不能以喻臣之知，臣之子亦不能受之于臣，是以行年七十而老斫轮。古之人与其不可传也死矣，然则君之所读者，古人之槽魄已夫！"（《天道》）。

诸多论者从《庄子》关于工匠技艺的描绘中，得出了庄子"反对向外求索知识，主张向内体悟'知识'""竭力推崇'口不能言'的神秘主义个体技能体验""反书本知识，反理性分析""违背科学发展规律"的否定结论[4]，笔者认为有失偏颇。庄子以及道家的确具有高扬直觉，贬低理性的神秘主义倾向，但这一倾向主要来自他的人生观，社会历史观。《庄子》对古代技艺是一种"绝活"，"只可意会，不可言传"的概括，显然有某种诗人的夸张，然而这是以真实为核心的夸张，不是背谬真实的虚构，《庄子》被人们长期忽视的重要思想价值之一正在于他抽象出了古代技术（尤其是中国古代技术）与近现代技术相区别的特征。

关于中国古代技术与近现代技术的区别，已有许多讨论。梁从诫先生通过深入细致的比较研究后指出，以明代《天工开物》为代表中国古代技术的特征是，"第一，没有理论基础，第二，没有准确的定量描述，什么'高约丈余''水微温'等，按照它的讲法你没法重复做。所以中国古代技术有个失传的问题。因为都是老师傅把着手教，完全靠经验，师傅很难以通用的语言讲清楚，因为中国缺乏一整套科技语……"。关于古代典籍中的插图，"明朝末年中国有名的插图本类书《三才图会》，其插图之原始，之不准确，实在惊人，连示意图的水平都不够……中国古代因为几何学不发展，没有画法几何，没有透视，所以《天工开物》里画出来的人和物都是扭曲的……中国古代插图中也有伦理中心主义的表现，主观认为重要的就夸大，不管实际的比例大小。"[5]梁先生这里所说的看重经验而缺乏理论，缺乏精确的语言和绘图，只可意会而无法重复，师徒相承导致失传等等，可以视为《庄子》对技术的寓言式概括的现代诠释和引申。

作为一种与人类共存共荣以应对自然的实用文化，技术经历了漫长的演变过程。当今辞书和专业论著，大多沿用狄德罗在他主编的《百科全书》中提出的技术定义："技术是为某一目的共同协作组成的各种工具和规则体系。"并且赞赏该定义强调了技术的目的性、协作性、工具主导性、知识系统性[6]。但从远古直到17、18世纪的漫长岁月里，手工劳动一直占主导地位，狄德罗的定义并不适用。反倒是《庄子》将它描述为一种合目的性、个体性、手艺主导性，经验与灵感——体悟相辉映的活动，抓住了古代技术的实质。《庄子》的描绘与《考工记》也是一致的。《考工记》说："天有时，地有气，材有美，工有巧，合此四者然后可以为良""知者造物，巧者述之，守之，也谓之工"。强调工和巧——巧妙、技巧的对应，工匠的责任是应用创造发明，并把经验、技巧传给后人。在西方，与庄子同时代的亚里士多德将技术与艺术归为一类，称之为"创制的科学"，以示与理论的科学——物理学、数学、哲学，实践的科学——伦理学、政治学、经济学相区别，亚氏强调技术具有与必然相对立的生成性和巧遇性的特点，而高层次的科学，特别是物理学，则是讨论必然性的学问，他说"凡是由于必然而存在的东西都不是生成的并与技术无关""技术依恋着巧偶，巧遇依恋着技术[7]"。可以说，亚氏虽然认为技术中有理性活动，但这是一种低层次的理性，它与理论理性是文野悬殊的两码事，灵巧、巧合是技术不可或缺的要素。总之，与庄子同时代的中西学者都把技术视为technique——技巧、技艺，而只是到了近代，技术才成其为狄德罗的technology——艺学说。

　　如前所述，庄子以"能有所艺者，技也"（《天地》）刻意夸张了工匠技巧的直觉方面，贬低了其理性方面，这将有助于个人在经验中艰苦地体悟和锤炼某种绝技，但却不利于对这些诀窍的理性整理与文字传播。透过大量的史书和文物考古，关于万千鲁班、华佗、李春、黄道婆式的人物及其精湛技艺，我们只能闻其声，见其影，却不知其名，不晓其能，从因果关系而论，是中国的技术传统造成了庄子的艺术提炼，还是庄子的美学倾向造成了技艺的失传，这是一个鸡生蛋，蛋孵鸡的问题。从根本上讲，是中国的社会政治形态孕育了老庄之学，而老庄之学又强化了中国技术文化的特定形相。那么，是否希腊的理性传统对于技术的进步就大吉大利了呢？且不论"最博学的人物"亚里士多德也认为技术与艺术的亲缘关系比自然科学的亲缘关系要近得多，就他以理性的方式提出的地心说和运动学原理而言，不是因为托庇于他的绝对权威，成为中世纪之后阻挡近代科学革命的最大障碍吗？正如究竟东方技术高于西方，还是西方技术高于东方一样，高扬直觉的东方传统，崇尚理性的西方传统，孰短孰长，其功过是非，也只好仁者见仁，智者见智了。

## 二　二元论的技术观

　　如上文所述，庄子对于技艺及其人格化——工匠极尽溢美之词，但是在丈人圃畦的故事中，《庄子》却又明白无误地宣示："有机械者必有机事，有机事者必有机心。机心存于胸中，则纯白不备；纯白不备，则神生不定；神生不定者，道之所不载也。"（《天地》）一个"必"字表述了一个必然判断：机械——机事——机心——心灵不纯洁——心神不定——不能转道。这段话成为几乎所有批评庄子反技术倾向的论者锋芒所指。

　　那么，为什么庄子坚定地反对机械呢？在庄子看来，使用机械就意味着怀有机巧之心，其结果，一是破坏精神之宁静；二是"用力少，见功多"同样的劳作却获得了更多的收益。从道家的自然主义人生观看来，"圣人不从事于务，不就利"（《齐物论》）。"功利机巧，必忘夫人之心"（《天地》）。否定功利就必须反对达至功利之源——机械，这里机械的本质是自我规定了的，其目标指向是唯一的。我们不妨称之为关于机械的功利主义立场。

　　但是，对机械的本质是必然恶的判断，不能作为庄子关于我们今天所称的技术观的全部。在狄德罗的被取得共识的定义中，"机"无非是硬件，"技"无非是软件，二者相互依存，相互制约，是从属于技术大系统的两个子系统。在庄子那里，"机"和"技"（本文中，"技"专指剥离出工具，机械之后手工操作的，以示与技术相区别）却是被明确归于不同范畴的两码事。道家的全部学说如果可以简单归结为崇尚自然，反对人为的话，那么"机"由于是人创造发明出来的，所以它和语言文字，印章玉玺、仁义道德一样，属于人为的范畴，应予否定。"技"则是造化赐予人类五官，四肢的天生功能，就好像骐骥骅骝之一日千里，狸狌之捕鼠，鸱鸺夜撮蚤一样，是自然"殊技"，庄子总结梓庆削鐻的经验为"以天合天"，即剔除私欲私智，遵循自然的创作过程，工倕之巧在于"指与物化而不以心稽"，善泅者之能来自"从水之道而不为私焉"（均见《达生》）讲的都是巧夺天工之"技"是自然之道，是"去知与故"修炼而成的人之"殊技"。

　　但是，技术的社会本质绝不是简单的二分法所能判定的。假设"技"在原始人那里还可以归为人的自然秉赋，那么，智人之"技"就已经是文化的重要环节，从属于人的目的性和价值观，包括庄子的所谓"知"与"放"。其一，动物之"殊技"来自基因的遗传突变，"技"的进步本质上都是基因极缓慢进化背景下文化迅速进化的表现；其二，人的感官和肢体功能之可能性一定要受到社会经济结构的控制和导向，才能转化为现实性；其三，"机"无非是"技"的物化，斥责"机"却赞赏"技"不合逻辑。

　　庄子意识到对技术作"技"与"机"的二分法陷入的困境，他要弥合自己造成的逻辑矛盾。所以他一方面肯定"技"的美学价值，另一方面又对"技"加以批判。伯乐治马，陶者治埴，匠人治木，"此亦治天下者之过也""'残朴'以为器，工匠之罪也"（《马蹄》）他甚至咀咒说："擢乱方律，铄绝竽瑟，塞瞽旷之耳，而天下始人含其聪矣，灭文章，散五采，胶离朱之目，而天下始人含其明矣；毁绝钩绳而弃规矩，擳工倕之指，而天下始人有其巧矣。"（《胠箧》）就是说，要堵住音乐家的耳朵，封住美术家的眼睛，弄断能工巧匠的手指，以维持民众的质朴和纯真。庄子完全走向了"技""艺"的反面。

为了将庄子对"技"的两种对立态度统一起来，必须考察庄子对技作社会价值判断的起点。"技兼于事，事兼于义，义兼于德，德兼于道，道兼于天"。（《天地》）此处"兼"；为兼并、归属或服从、指向之意，即以目的—工具范畴而论，技能—事物，事物—义理，义理—德，德—道，道—自然，这五对关系中，庄子认为后者都是第一性的，前者都是第二性的，前者与后者的关系是工具—目的的关系。技能只是完成某件事物的工具，而事物本身则有正义与邪恶之分，技能之从善从恶只能通过它指向的目标的性质加以判断。

庄子是一位多形相的哲学家。作为诗人哲学家，美的判断是他的最高判断，对"技"的赞美是他对"技"的无指向形态的第一判断，即肯定判断；作为社会哲学家，善的判断是他的基本判断，对"技"的批判是他对"技"的有指向形态的第二判断，即否定判断。为什么会是这样？因为"技"只是使用"技"的主体的工具，它的有指向形态要随主体状况而转移。主体无非上人与下人，或官员与百姓两大类。关于前者，庄子说："上诚好知而无道，则天下大乱矣！何以知其然邪！夫弓、弩、毕、戈、机变之知多，则鸟乱于上矣，钩饵、罔罟、罾笱之知多，则鱼乱于水矣，削格、罗落、罝罘之知多，则兽乱于泽矣"，（《胠箧》）关于后者，庄子说："天下之善人少，而不善人多，则圣人之利天下也少，而害天下也多"（《胠箧》）人为什么学坏了？要害在于一个社会占统治地位的价值观总是统治阶级的价值观，而历来的政治统治无不是少数人对多数人的统治。庄子对此痛心疾首，发出了旷古绝伦的呐喊："圣人不死，大盗不止。虽重圣人而治天下，则是重利盗跖也。为之斗斛以量之，则并与斗斛而窃之；为之权衡以称之，则并与权衡而窃之；为之符玺以信之，则并与符玺而窃之，为之仁义以矫之，则并与仁义而窃之。何以知其然邪？彼窃钩者诛，窃国者为诸侯，诸侯之门而仁义存焉。"（《胠箧》）总之，美的潜在的"技"之所以转化为恶的显在的，"技"，根源在于"技"的所有者——自然人他并不能主宰"技"，使"技"实现价值的价值观是由人伦规范确定的，文明史上的人伦规范则为诸侯贵族所垄断，它使"技"成为飞去来器，成为压制、剥夺人类自由、平等、快乐的工具，"技"异化了。

庄子关于"机"之功利性和"技"之工具性的二元论观点，从一个侧面表现了他的自然主义人生追求和仁义—功利泛滥天下的社会现实之间的紧张，为了克服这一紧张，庄子设计了独特的乌托邦，一个虽痛遭批判但有其合理内核的乌托邦。

## 三　悲剧技术史观

既然工具性的"技"异化了，功利性的"机"为道所不载，而随着历史的推演，"技"是愈益杂且巧了，"机"是愈益繁且妙了，那么社会便益发不得安宁，道德也每况愈下，这是庄氏逻辑的必然结论。"道德下衰，及燧人、伏羲始为天下，是故顺而不一。德又下衰，及神农、黄帝始为天下，是故安而不顺。德又下衰，及唐、虞始为天下，兴治化之流，澆淳散朴，离道以善，险德以行，然后去性而从于心。心与心识知，而不足以定天下，然后附之以文，益之以博。文灭质，博溺心，然后民始惑乱，无以反其性情而复其初。"（《缮性》）这幅图景恰恰是钻木取火，结网渔猎——发明耒耜，从事农耕；发明舟车文字，实现物资信息交流——制定历法，掌管时令，选拔贤能，治理水利……即从渔猎时代——农业时代，从被自然所制——制自然以用之，技术革命节节胜利之下，人心不古，世风日下的画面，总之是"世丧道矣，道丧世矣"。作为体道之人，庄子只好上溯到蛮荒时代以寻觅他的理想了："至德之世，其行填填，其视颠颠。当是时也，山无蹊隧，泽无舟梁，万物群生，连属其乡，禽兽成群，草木遂长。是故禽兽可系羁而游，鸟鹊可攀援而窥"。（《马蹄》）与庄子同时，儒家、墨家也提出了各自理想社会的蓝图，在孟子，是"方里而井，井九百亩，其中为公田，八家皆私百亩，同养公田。"（《孟子·滕文公》上）即以井田制为基础，家庭为单位，平均占有土地的宗法社会；在墨子，是"以德就列，以官服事，以劳殷赏。量功而分禄，故宫无常贵，而民无终贱。"（《墨子·尚贤》上）即举贤任能，兼相爱交相利的交流等级制社会。庄子之后，还有大同理想、太平世理想，桃花源理想等，但几乎所有的乌托邦都是以某种社会文明为基础——技术的采用，合理的分工，公平的治理，富裕的生活，道德的公民……都是某种人类社会，唯独庄子的"理想"是要取消燧人氏发明钻木取火以后的全部文明成就，建设一个"同与禽兽居，族与万物并"的非人类社会。

无论从《庄子》所具有的科学技术和人文知识，还是从《庄子》丰富的想象力而言，"至德之世"——这一庄子的"理想社会"都不是通常意义上实现了某种终极关怀的值得孜孜以求的理想模型（专此加引号以示区别），它的思想价值在于：其一，表明文明人类的存在自古迄今始终伴随着无所不在，无时不有的异化现象，这是人类之外的其他物种不曾经受的悲哀和苦难：其二，理性和直觉都不能在人类生存方式之内找到克服异化的方案，或者说，克服文明的异化无解！

庄子不过是以炎黄子孙特有的方式表达了他对人类命运的感慨。放眼世界，与庄子心灵相通，从不同角度批判技术文化者不乏其人。和庄子同时代的希腊哲学家狄欧若思（B. C. 413—B. C. 323）崇拜自然，厌恶社会，传说他白昼打着灯笼走路，声称"我在找人"，卢梭认为："出自造物主之手的东西，都是好的，而一到了人的手里，就全变坏了""随着科学和艺术的光芒在我们的地平线上升起，德行也就消逝了；并且这一现象是在各个时代和各个地方都可以观察到的……"依序，我们可以列出一长串著名批判家的名单：斯谛纳尔、尼采、托尔斯泰、圣雄甘地，直至爱因斯坦、罗素、弗洛姆、法兰克福学派、罗马俱乐部……以至于著名的马克思主义者，科学学奠基人 J. D. 贝尔纳概括说："科学（指包括技术在内的自然科学）所带来的新生产方式引起失业和生产过剩，丝毫不能帮助解救贫困……把科学应用于实际所创造出来的武器使战争变得更为迫近而可怕，使个人的安全几乎降低到毫无保障的程度，而这种安全却是文明的主要成就之一。当然我们不可以把所有这些祸害和不协调现象全部归咎于科学，但是不可否认，假如不是由于科学，这些祸害就不致于像现在这个样子。正是由于这个原因，科学对文明的价值一直受到了怀疑，至今仍然如此……这一切令人震惊的事实所造成的结果自然是，科学家自己的思想陷入巨大混乱，人们对科学的估价也人生巨大混乱，有人提出……要禁止科学研究，或者至少要禁止把科学的新发现加以应用"。

事实上，自从文明来到人间，世上的恶事便几乎均与某种或新奇或古旧的技术相关，正如世上的善事几乎均与某种技术相关一样。代表人类良知的思想家们，有些以喜剧作者的面貌出现颂扬技术之善；有些以悲剧作者的面貌出现鞭笞技术之恶（姑且不论对善恶各有各人尺度和评价）。恩格斯认为，"悲剧意在表现历史的必然要求和这个要求的实际上不可能实现之间"的冲突。[9]庄子及其思想的不朽价值，正在于他作为先知先觉者，最早发现了人类赋予技术以及各种文化的为人类谋求自由、平等、快乐的必然要求和这一要求从未实现之间的冲突，两千多年来，伴随着技术突飞猛进的，是这一冲突在人与人之间，人与自然之间愈发激烈，悲剧式的呐喊此伏彼起。庄子回归自然的呼唤日益引起东西方各界有识之士的共鸣。

逝者如斯，时间既证明了庄子的敏锐直觉，也证明了庄子的局限性和非科学性。近现代考古学、人类学的成就一再表明，那冬穴夏巢、茹毛饮血的蛮荒时代是一个名副其实的狼奔豕突、弱肉强食的时代，与庄子所谓"甘其食，美其服，乐其俗，安其居"实有天壤之别。人类不会后退，人类不能后退，人类也不应后退，它应该勇敢地担当起天之骄子的责任，认识宇宙，认识自己，疏理过往，开辟未来。庄子的悲剧意识是深刻的，但他的悲观主义必须扬弃，他关于人类自由、平等、快乐的终极关怀只能在人文文化和科学文化的并协共进中辩证地实现。自洛克、卢梭以来，无数哲人志士前赴后继设计了层出不穷的社会改造方案并付诸实践，诸如洛克的信仰自由，君主立宪，卢梭的社会契约，孟德斯鸠的三权分立，亚当·斯密的自由市场……尤其是马克思恩格斯提出了他们的共产主义理想："代替那存在着阶级和阶级对立的资产阶级旧社会的，将是这样一个联合体，在那里，每个人的自由发展是一切人的自由发展的条件。"[10]正是在先进思想家理论的鼓舞下，人类不断地克服着包括技术异化在内的种种异化现象，虽然异化会以新的变种再现，但新的社会改造方案又会诞生以战胜它。这是"潘多拉盒子"释放的祸患与仅存的希望之战。异化—克服—再异化—再克服……直至人类自由的实现，这就是道赋予人类最伟大的使命。庄子未体悟到这一层，是他的最大遗憾。

## 简短的小结

庄子是中国最早的技术论学者之一，《庄子》是一部独具特色的技术论文献。庄子以形象思维的形式刻画了中国古代技术的类艺术特征即其个体劳动的，主体体悟的，经验诀窍的性质。表现了能工巧匠技艺之美，练技之苦，传技之难，他拔高了其中经验、直觉的一面而贬低了可理性分析的一面。庄子的技术概念反映并促进了古代手工技巧的繁荣和发展，但又不利于它的总结与继承。庄子把技术解析为"技"和"机"两个独立要素，分别给予工具性和功利性的评价，反映了他存自然去人为的基本立场。在绝技去机反文化的表象背后，潜藏着庄子对专制时代文化异化必然性的深刻洞察和对黎民百姓的真挚同情。后世科学主义者和人文主义者对技术本质加以考察时均曾面对价值观困惑，庄子是他们的先知先觉者。庄子的悲剧技术现在逻辑上导致了"至德之世"的所谓"理想社会"其实质是他对异化在人类现今出存方式中得到解决感到绝望的借喻。科学技术异化和克服异化是两千多年来哲学家喋喋不休争论的话题，庄子揭开了在东方条件下讨论它的序幕。庄子消极地回避伪善，蜕化的现实生活，"傍徨于尘垢之外，逍遥于无为之业"，这种极端的悲观主义固然不足取，并对千百年来中国人安于清贫，乐天知命，移情山水，不求进取的人生态度产生了极其深远的影响。但也不能忘记，"庄子思想在中国历史上，在整个社会范围内，从来不是独立地、唯一地发挥作用的，而是在儒家思想的制约下，作为儒家思想的对立和补充来发挥作用的。所以在中国的封建社会里，在儒家思想一般是处于统治地位的情况下，庄子社会批判思想中对现实的政治统治和思想统治的批判性的积极方面是经常被援用和得到表现的，而它的否定人类文明的消极方面并没有发展起来"[11]

**参考文献**

[1] 李约瑟：《四海之内》，生活·读书·新知三联书店 1987 年版，第 90 页。

[2] 郭沫若：《十批判书》，人民出版社 1954 年版，第 180 页

[3] [4] 袁立道："庄子与科学"，《求索》1993 年第 2 期，第 77 页。

［5］梁从诫："从百科全书看中西文化比较"，载浙江省青协编《东西文化与中国现代化讲演集》（内部发行），第 101—102 页。

［6］宋健主编：《现代科学技术基础知识》，科学出版社 1994 年版，第 5 页。

［7］《亚里士多德全集》中国人民大学出版社，1140a。

［8］J. D. 贝尔纳：《科学的社会功能》，商务印书馆 1992 年版，第 33—35 页。

［9］《马克思恩格斯选集》第 1 卷，人民出版社 1972 年版，第 346 页。

［10］同上书，第 273 页。

［11］崔大华：《庄学研究》，人民出版社 1992 年版，第 249 页。

［12］褚绍唐：《徐霞客在岩溶地貌学上的卓越贡献》，《地理知识》1984 年 3 期。

［13］谭其骧：《论丁文江所谓徐霞客地理上之重要发现》，《地理学家徐霞客》，商务印书馆 1948 年版。

［14］李晓崧：《徐霞客与长江正源的发现》，会议论文。

［15］于希贤：《徐霞客游记在历史地理研究中的科学价值》，《社会科学战线》1980 年 1 期。

［16］阿尔夫雷德·赫特纳：《地理学》，商务印书馆 1983 年版，第 79 页。

［17］《滇游日记八》，载于《游记》卷八上，第 938 页。

［18］《中国古代地理学史》，科学出版社 1984 年版，第 59—62 页。

［19］云科企业形象设计所编著：《CCI 战略》，云南美术出版社 1994 年版。

［20］普雷斯顿·詹姆斯：《地理学思想史》，商务印书馆 1982 年版，第 465 页。

发表于《自然辩证法通讯》1995 年第 3 期
复印报刊资料《自然辩证法》1995 年第 8 期转载

# 科学巨匠的人生苦旅：普朗克其人其事

普适常数 h 的发现成为 20 世纪所有物理学研究的基础，并从那时起几乎完全决定了物理学的发展。没有这一发现，就不可能建立分子与原子理论以及决定二者能量转化过程的有用的理论。不仅如此，它还粉碎了古典力学与电动力学的整个框架。[1]——爱因斯坦

20 世纪已经悄然逝去，但是，这百年之中所发生的重大事件：前所未有的两次世界大战，社会主义与资本主义的两大阵营的对抗，以信息化为核心的第三次浪潮，超国家机构—联合国的出现……从根本上改变了世界格局，在人类历史上留下了浓重的一笔。而在导致这些事变及其走向的诸多动因中，以物理学革命为先导的科学技术革命又是决定性的力量。物理学革命的标志则是量子理论和相对论的创立。但两者的学理意义又有所不同，诺贝尔奖获得者、法国物理学家德布罗意明晰地界定说："相对论力学只打乱了人们对于时间和空间的传统概念，它在某种意义上，却完成并给古典力学加上了皇冠；量子和波动力学则给我们带来了更为激进的新概念，并迫使我们放弃基层现象的连续性和绝对决定性。今天相对论和量子力学，形成了我们对整个力学现象领域认识途中的两个最高峰。"[2] 如果说，在 20 世纪的前 25 年，率领科学大军在未知领域攻城拔寨的主帅是爱因斯坦，那么，这支大军的开路先锋则非普朗克莫属。因为正是普朗克在 19 世纪与 20 世纪之交，破天荒地提出了作用量子概念，对于困惑于"两朵乌云"[3]之中的物理学界，实在是"山重水复疑无路，柳暗花明又一村"，从此整个以观察实验和数学语言为基础的科学迈入了有史以来的第三个时代。而今天，人们也正是以理论中是否出现了普朗克常数 h 作为划分现代科学与古典科学的试金石。因为有了量子理论，我们才能揭示亚

原子世界以至整个物质世界与生命世界的深层奥秘；有了量子理论，我们才能开拓出微电子技术、纳米材料、基因工程等等洋洋大观的人造世界。

如果我们建造一间科学史画廊，其拐角处表示科学革命的发生，那么画廊的第一部分将悬挂欧几里得、亚里士多德、阿基米德、张衡、刘徽、祖冲之……古代科学家的画像；第二部分将悬挂开普勒、伽利略、牛顿、法拉第、麦克斯韦、达尔文、孟德尔……近代科学家的画像；第三部分将悬挂爱因斯坦、玻尔、海森堡、薛定谔、香农……现代科学家的画像。而在第一部分与第二部分交界的拐角处，我们看到的一定是哥白尼的立体雕像；在第一部分与第三部分交界的拐角处，我们看到的则一定会是普朗克的立体雕像了。因为开辟了科学的崭新时代，普朗克势必跻身最杰出的科学大师的行列；作为教育家、科学组织家、科学哲学家，他留下的遗产也具有永不泯灭的思想价值；他和他的家庭经历了 20 世纪前半叶以德国为中心的世界动荡，遭受了超常的人间悲剧，但其献身科学的理想却矢志不渝，令人敬仰。面对他自己所启动的科学革命，普朗克拘泥于传统观念，迟迟不得理解；面对突如其来的政治变动和针锋相对的立场选择，他作为德国科学的发言人，时时感到进退维谷，他的一生讲过错话，做过错事，身前死后受到诸多的批评和责难，这其中的是是非非，颇发人深省。

## 一　书香世家求真理想

普朗克出身于一个牧师、学者和法学博士辈出的家族。曾祖父是莱布尼兹的嫡传弟子，曾任哥廷根大学神学教授，祖父也是一位德国著名的神学家，父亲威廉·普朗克是法学教授，在基尔大学和慕尼黑大学任教数十年。母亲出身于一个牧师家庭，是威廉的第二个妻子。1858 年生于基尔的普朗克有三个哥哥，两个姐姐和一个弟弟。浓重的文化氛围使小普朗克自幼就受到人文精神的熏陶，在哲学、神学、美学诸方面均奠定了很好的基础，养成了严格的道德观念和循规蹈矩的生活态度。在他毕生的追求与事业中，童年时代形成的价值观一直发挥着极其深刻的影响。

普朗克在基尔开始了学校生活，1867 年春天，因举家迁往慕尼黑，他随之转学。学生时代，普朗克并非是出类拔萃的天才。在慕尼黑皇家马克西米连文科中学的班级里，他总是排在第 4—8 名的位置，教师们没有看到他任何特殊的天赋，他备受尊敬的是个性中文静的力量，腼腆中透露出的坚强，正直诚实的为人，因而理所当然地受到教师和同学们的爱戴。

进入大学以后，普朗克自认在理科学习方面也没有什么过人的聪慧，"在进入一个课题之后，要想迅速地离开它，并在适宜的时机迅速地（再次）拾起来"是非常困难的事。但他确有其长处，那就是对于新奇的事物，在理解之前从不盲目追随，也不马上做出反应。多年以后，他曾对他最喜爱的学生劳厄介绍自己的方法论："我的座右铭总是：审慎地考虑前进的每一步，然后，如果你相信你能承担对之所负的责任的话，就不让任何东西阻挡你前进。"[4]

普朗克之所以选择物理学作为自己毕生为主奋斗的事业，一方面来自家族传统所追求的法定的秩序；另一方面来自高中老师赫尔曼·缪勒的启发，要"探索在数学的严格性和自然规律的多样性之间起支配作用的和谐"。这样一种对秩序与和谐的向往在普朗克那里升华成为献身的激情。尽管当时德国的社会风气是重视人文艺术，轻视自然科学，普朗克又具备相当的音乐禀赋，而他在慕尼黑大学时的老师乔利教授还告诫说："物理学是一门高度发展的、几乎是尽善尽美的科学。现在，在能量守恒定律的发现给物理学戴上桂冠之后，这门科学看来很接近于采取最终稳定的形式。也许，在某个角落还有一粒尘屑或一个小气泡，对它们可以去进行研究和分类，但是，作为一个完整的体系，那是建立得足够牢固的；而理论物理学正在明显地接近于如几何学在数百年中所已具有的那样完善的程度。"因此忠告他不要以物理学为职业，因为那是一个没有前途、没有出息的选择。所有这一切都没有改变普朗克的人生选择，普朗克自有他的人生价值的考虑，他告诉乔利说，他不想作出发现，只想理解已经确立了的基础，或许还想深化它们。如果说普朗克献身于理论物理并开辟了科学新时代，对于他个人只是像一个嬉戏者碰巧在海岸边捡拾到一粒纯净的珍珠，那么对于文明人类则是历史的赐福。

当普朗克1874年高中毕业时，他没有想好从事什么专业领域的学习。作为一个16岁的少年，他已经在音乐方面显示出相当的才能。这被认为是当时德国家庭与学校教育传统的结果，这种教育（"bildung"，兼有教育、文化、修养等多层涵义）给予青少年以多方面的激励。出于这样的文化背景，可以说，无论普朗克以后是从事理科还是从事音乐或者文法学的深造，他已经做好了修养上和方法上的准备。人们始终不知道普朗克为什么没有选择他所钟爱的、给他以和谐与秩序感的古典文学；至于他最终没有选择音乐，据说是他在征求一位家庭至交的意见时，这位专业音乐家说："假如你一定要问我的看法，我认为你最好去朝向其他方面发展。"否则，文明人类有可能增多一个音乐大师，而减少一个科学泰斗。

　　这里有必要讲两句普朗克与音乐的关系。普朗克与爱因斯坦的一大共同点，就是都具有精湛的音乐造诣却都没有选择音乐为职业，又都认为对和谐美的追求是音乐与科学的共性，音乐对于陶冶他们的性情，进入精神自由的境界起到不可替代的作用。他们的科学成就与美学修养之间存在深刻的内在关联。成年以后的普朗克，具有专业水平的钢琴和风琴演奏技能。普朗克的花园住宅就是一个音乐俱乐部，"在他家里的表演中，他或者为好朋友约瑟夫·阿希姆这位伟大的小提琴家伴奏，或是在一个包括爱因斯坦在内的三重奏小组中演奏，或是指挥他的朋友、邻居的孩子们，以及他的一对孪生女儿一起合唱……在战争（指第一次世界大战）之前，这个成分混杂的合唱团每两周聚会一次。在那些日子里，他对音高的感觉是如此之完美，使他都几乎无法去欣赏一场音乐会。"[6]

　　普朗克于 1874 年进入慕尼黑大学，1875 年因病休学，1877 年转入柏林大学。虽然基尔霍夫和亥姆霍兹等当时的一流物理学家在柏林大学任教，但这些人的讲学并不令人满意。"亥姆霍兹向来对教学不作必要的准备，他讲起话来吞吞吐吐，并会中断讲课在他的小笔记本上寻找必要的资料，而且在黑板演算的时候，会一再发生错误；基尔霍夫正好相反。他的讲课总是做了仔细的准备，每个语句都搭配得非常恰当并且用在适当的地方。用词恰到好处，不少一个，也不多一个。但是他的课听起来就像是背诵一篇课文，枯燥且单调。我们钦佩他，但不钦佩他的讲学方式。"[7] 在这种情况下，普朗克就只好主要依靠自学来获得学术营养了。R. 克劳修斯的论文，其明晰的文体和清澈的推理给他留下极其深刻的印象。特别是他对热力学两个定律的严谨而又系统的阐述，及他首创的在两个定律之间确立的严格区分，使普朗克终身受益。

　　普朗克的博士论文是讨论古典热力学两个定律的，贯穿了他对熵增加原理的深刻与独到的理解，而大学教授们几乎都不承认其论文的学术价值。只因他在理论与实验其他方面的工作而在 1879 年通过了论文答辩。
下一年他成为慕尼黑大学无薪讲师，1885 年受聘为基尔大学物理学副教
授，自此开始有了固定收入，他结婚建立了家庭，同时在当时作为世界科
学中心的德国逐渐崭露头角。

1888 年底，普朗克接替故去的基尔霍夫被聘为柏林大学副教授，并
担任了新组建的理论物理学研究所所长。1892 年升任正教授，1894 年入
选普鲁士皇家科学院。

在接下来的几年时间里，普朗克集中精力研究当时物理学的最大难题
之一，即黑体辐射问题。1906 年末，他在德国物理学会两次报告了自己
的研究成果，突出介绍了不得不引进的"作用量子"概念。他提出的辐
射公式与实验结果十分吻合，短时间便得到了公认，这意味着标志现代科
学革命的量子理论的诞生。但由于在传统观念看来，"量子论的不合理
性"，十多年里，人们总是对它将信将疑，直至 1919 年，普朗克才在多次
被提名之后获得延期的 1918 年诺贝尔物理学奖。

从 1880 年普朗克迈入科学殿堂到 1947 年去世的近 70 年时间里，普
朗克一直是德国科学界最为活跃的成员。首先，他作为战斗在第一线的物
理学家孜孜不倦地致力于解决最棘手的理论难题，他创立的以作用量 h
（以他发现经后人命名的"普朗克常数"为基本单位）为核心的量子理论
相当于哥白尼提出的日心说，他大力支持、推荐和拓广是狭义相对论很
快面世并受到特殊关注的重要因素，他对热力学第二定律阐明了自然过程
根本属性的深刻理解和批判奥斯特瓦尔德所主张的"能量学"奠定了热
运动的独特地位；其次，他作为一个不满足于对现象仅作表象和形式解
释，以客观真理为终极追求的实在论者，探索科学革命背后的哲学涵义，
解析科学、哲学、宗教之间的和谐共进关系，贯穿于普朗克成名以后职业
内外活动的始终；最后，他作为 20 世纪上半叶整个德国以至整个世界最
为知名、最为德高望重的学者，在德国的大学、研究院所与科学学会中，
一直担任着多种多样的行政职务，被誉为"德国科学的发言人"。在数十
年最为险恶的政治社会环境下和科学界的严重思想对立分歧中，肩负着维
护德国科学界的团结统一的重任，上下周旋，奔走呼号，委曲求全，功绩
不可谓不高，而批评亦不可谓不多，其中的是是非非，永远值得科学界与
知识界沉思。

## 二　德高望重　运筹社团

自 1890 年代始，普朗克就在德国的大学、研究院所、学术团体中担任一系列公职，肩负了重大的管理责任。其中包括：柏林大学校长、普鲁士科学院四名常务秘书之一、主持威廉皇家物理学研究所、德国科学家与医生协会执行委员和轮执主席、威廉皇家学会主席……普朗克在学术管理中坚持普遍主义原则，努力实现在科学面前人人平等。早在 1894 年，围绕是否任命犹太人 A. 瓦尔堡为实验物理学教授的问题，他与普鲁士教育部长进行较量，并取得了胜利；在著名的阿伦斯案件中，因为阿伦斯是社会民主党党员，并以言论和金钱支持该党，普鲁士政府要求对他施以处罚。而普朗克领导的调查委员会发现，阿伦斯是一位出色的教师和合格的科学家，且没有把他的政治观点引进到课堂上来，代表具有自主权的大学抵制了以政治见解为由褒贬教研人员的做法；在歧视女性入学仍然风行于欧洲的 19 世纪末，普朗克就提出了"在原则上不应否认妇女在大学中学习的权利"的主张。在他任柏林大学校长（1913—1914）期间，该校的女生已有 770 人，占到整个德国女大学生的 20% 以上。当年著名的奥地利女物理学家 L. 迈特纳尤其得到普朗克的赏识和栽培，经过各种努力将她要到柏林担任自己的助教。普朗克培养出来的著名学者有：两位诺贝尔奖获得者——劳厄与玻特；一位著名哲学家——石里克；多位重要物理学家——阿伯拉罕、迈斯纳、赖歇、肖脱基等等。

第一次世界大战结束以后，德国的各种科学机构均面临经济危机，普朗克等人发起成立了德国科学紧急委员会，负责筹集发展科学所需的全部基金。在普朗克和他的同事们的运筹下，国家的捐助大幅上升，从工业界、从美国和日本等国赢得了大量资助，使科学活动的物质条件得到根本性的改善，保证了 20 世纪二三十年代德国科学的继续发展，几乎所有为创立量子力学作出了贡献的科学家们，包括玻恩、爱因斯坦、索末菲、海森堡、薛定谔，都曾得到过这项资助。在这一过程中，普朗克还数度排除坚持反犹立场的斯塔克的干扰，坚持资助的唯一标准只能是申请人的研究能力和研究项目，对于犹太科学家也要一视同仁。

1919 年，英国科学家爱丁顿以天文观测证实了广义相对论，爱因斯坦一夜之间成为世界英雄。但也就是从 1920 年开始，德国出现了所谓捍卫"德意志物理学"，反对"犹太物理学"的"社会运动"，参加者涉及右翼的政治家、企业家、科学家（最突出的是诺贝尔奖获得者斯塔克和勒纳德），攻击的矛头直指爱因斯坦。在这一政治对立中，虽然普朗克固执于科学不介入政治的一贯立场，不与极右派同事发生正面的政治冲突，但他非常担心那些政治流氓最终将赶走为国增光的人，曾以自己所主持的科学院和科学家与医生协会的名义，声明"象相对论这样如此困难而且具有如此重要性的问题，是不能在……政治出版物中来投票表决的；相反，真正的专家……会得到一种客观的评价，这种评价可以公正地判断天才的创立者的重要性。"普朗克还不公开地谴责右派首领们"卑劣到令人几乎无法相信"的程度。他和他的朋友们的抗争保护了爱因斯坦，反犹主义者们未能得逞，爱因斯坦仍能正常地生活和工作直至希特勒上台。

有人曾经提出这样的疑问：普朗克是不是一个优秀的行政官员？诺贝尔奖获得者 J. 弗朗克指出，问题的答案取决于所持的观点。如果作为优秀的行政官员并不在于唯命是从，照章办事；而意味着激励同事，发展事业，把对上级之服从和遵奉置于次要地位，那么毫无疑问普朗克是位优秀行政官员。在不与其官方职责相联系的条件下，往往需要寻求的正是普朗克的意见和判断。

当然，普朗克也决非完人，其一生的作为并非白璧无瑕，他的政治敏锐性和超国家的人类情怀也与爱因斯坦不可同日而语。普朗克在"一战"期间，曾参与到鼓噪德意志军国主义及狭隘民族主义的狂潮中，在纳粹统治时期，他也曾对政权抱有幻想，违心办了一些错事、坏事，但这一切都须放在特定的背景下来如实的分析与评价。

1914 年 6 月，第一次世界大战爆发，8 月德国参战，当年秋天爱国主义浪潮席卷全国。他有两个儿子参军，家庭的完整和财产损失巨大，但普朗克却心甘情愿承受这些自我牺牲。尤其令人遗憾的是，他在当时一份具有世界影响的文件"向全世界文化人士的呼吁书"，即世人共知的"九十三位知识分子的呼吁书"上签了名，该文件以十种语言发表，登载于 1914 年 10 月 4 日德国各大报。该声明宣称，德国艺术与科学的一流学者将与德国军方保持一致，否认协约国对德国军队在比利时所犯下暴行的指控。在此期间普朗克签名的其他一些文件中，在他的公开讲演和与友人交换的信件中，普朗克也表现出类似的主流情绪："我们大学的成员……将团结得像一个人那样，并坚持到整个世界开始承认真理和德国的荣耀，尽管有来自敌人的诽谤。"但从 1915 年春天起，普朗克就开始自觉地与知识界中的狭隘爱国主义划清界线，并且力促协约国与同盟国科学家之间的信息交流，在私下对于参与臭名昭著的"九十三位知识分子的呼吁书"感到抱歉，而且愈来愈多地与反对"呼吁书"的爱因斯坦等交换意见，发表共同宣言。普朗克在战争后期及战后的奔走呼号，对于恢复和发展知识界两大敌对集团的交流发挥了重要作用。

　　1933 年 1 月 30 日，希特勒上台成为德国元首，急风暴雨即将降临这个世界。作为科学院秘书和威廉皇家学会主席，作为一个恪守职责的行政官员，普朗克必须考虑与新政权合作共事的问题，而统治者也需要他这位具有清白人格和国际声望的爱国者。最初，普朗克对于希特勒之流曾抱有幻想，认为"他成功地把我们从一个糟糕的党派政治的世纪中拯救出来，成功地把我们锻造成一个整体的民族"。希望国家社会主义对于德国国家文化的复兴、统一和鼎盛的承诺能够兑现。他一方面尽可能帮助那些被纳粹免职的科学家，包括犹太科学家，隐晦地批评种族主义和极权主义；另一方面又希望借助于少说多做、幕后活动来实现科学与教育机构的正常运转。其最为引人注目的幕后活动是 1933 年 5 月与希特勒的一次会面。普朗克希望使希特勒相信，强迫犹太人移民会扼杀德国科学，犹太人可以是出色的德国人。可希特勒却辩称他一点也不反对犹太人，只是反对共产主义，然后就勃然大怒。普朗克对此感到极为失望。[9]

　　在以后的几年里，普朗克曾多次被允许到被占领土宣讲科学、宗教、文化问题，说明他与有关当局存在一定的相互信任，也反映了他要在动乱中维系文化传承的愿望；对于斯塔克、勒纳德之流亲纳粹科学家觊觎学术机构权力的明抢暗夺，他对这些小人耿耿于怀，运用自己的声望并团结正直同行进行反击，使其奢望始终未能得逞；对于爱因斯坦一再抨击纳粹政权，他和他所代表的学术机构曾经加以批评，并且作为德国科学院负责人签署文件将爱因斯坦开除出该机构，[10]但又常常从主张政治与科学分离出发，公开颂赞爱因斯坦的才华；他试图挽留和保护 M. 玻恩和 J. 弗朗克等杰出的犹太裔科学家，但多数情况是功败垂成；在其 80 诞辰的庆典上，他将普朗克奖章授予被占领的非法西斯国家的科学家代表——法国人德布罗意，并且有意选择维也纳学派的首领石里克和劳厄作为自己得意学生的标志——而石里克所信奉的是普朗克无法容忍的实证主义哲学，并且一再质疑普朗克的科学哲学诠释；其中的原因只能用这两个世界知名学者都是纳粹观点不留情面的批评者来解释；对于 30 年代苏联大清洗运动中，许多科学家遭到迫害，普朗克牵头发表批评斯大林政策的声明，但他又悖逆西方国家的意志，坚持与苏联科学界的学术交流……他的所作所为令很多纳粹掌权者不满，有人为了加害于他，竟计算出普朗克有 1/16 的犹太血统，宣传教育部长戈培尔认为，普朗克在最好的情况下也是对帝国态度冷淡，并且禁止在他 80 诞辰时向他授予歌德奖。

贯穿于这些既有妥协又有抗争，反复多变的矛盾表现后面的，是一条不变的思想线索：国家利益高于个人和家庭利益，应当为国家作出牺牲；普遍性的科学事业高于具体性的私人与种族民族特征，国家有责任保护和激励科学进步；科学与宗教是并行不悖的追求真理的事业，具有超越时空的至上价值。简而言之，普朗克毕生心系爱国情结、守法情结、唯美情结。但是面对上半世纪席卷全球的极权主义恐怖，政治斗争和意识形态冲突，普朗克的这套价值观到处碰壁，受到左右翼人士、民族主义者、自由主义者的诟病，其三大情结无法平衡共存，普朗克个人也为此付出了惨重的代价。

## 三 凄苦身世 悲剧英雄

系于家族传统，普朗克非常重视家庭生活。1886 年初婚，娶的是银行家的女儿玛丽·默克，夫妻感情甚笃，育有两子两女。1909 年，妻子不幸因病去世，他深感伤悲。但他不能没有家庭生活，不久便续了弦，他的第二位妻子玛尔加·冯·赫斯林是前妻的侄女。

在第一次世界大战中，普朗克的两个儿子都上了战场，次子埃尔文被俘，被监禁在法国监狱中，得以幸免于枪林弹雨；长子卡尔则于 1916 年在前线负伤身亡。卡尔的去世令普朗克对这个他曾认为不思进取、放任自流的儿子产生了全新的理解，他说："没有战争，我将永远不会知道他的价值，现在我知道了他的价值，但我必须失去他。"他为卡尔像许多德国人那样"能够为整体去牺牲某些东西而高兴和骄傲"。

普朗克有一双孪生女儿，姐姐格蕾特嫁给了海德堡的教授 F. 费林。1917 年，即卡尔阵亡的第二年格蕾特在分娩一周后突然去世。孪生妹妹埃玛在 1919 年 1 月又嫁给了费林，当年年末，埃玛也以与姐姐完全相同的方式死去。巨大的家庭灾难几乎摧垮了普朗克，他写信说："现在我极其悲痛地哀悼我两个可爱的孩子，感到被劫得一贫如洗。有些时间，我甚至怀疑生命自身的价值。"但普朗克最终还是通过亲自实践他在讲演中曾谆谆劝导听众的，"一而再、再而三地回到他们的职责上，去工作，去向最亲爱的人表明他们的爱"，从打击中恢复过来。他帮助养育外孙子女，在孩子们身上找到了慰藉。

如果说第一次世界大战带给普朗克的是家庭破碎，那么，第二次世界大战则令普朗克倾家荡产家破人亡。1942 年春天，为了逃避对柏林的轰炸，他一度搬到易北河西岸的罗盖兹，但他坐落在森林中的住宅仍被空袭掀翻了屋顶。他试图找人修好房子后返回柏林以继续手中的各项工作，但苦于无人可用只好滞留在乡下，从而中断了大学和科学院的所有学术活动。1943 年秋天，同盟国的轰炸数次打断了他的演讲，后来他简直不能出门了。尤其是在卡塞尔，他目睹了"来自地狱的景象"——整座城市被毁，困于一处防空洞达数小时之久，这处防空洞也在一次打击中坍塌了。更可怕的灾难发生在 1944 年 2 月夜间，对柏林的一场前所未有的空袭炸平了普朗克所居住的格林瓦尔德高级住宅区，他的精美住宅，包括藏书、日记和通信及全部个人用品，均毁于一旦，没能救出一件东西。这次惨重的资料和实物损失给出版和研究普朗克及其思想造成了极大的困难。

在朋友的帮助下，他在罗盖兹附近的一个大农场里找到一处临时住所，重新开始准备他关于科学哲学的新讲稿。这时又传来了有关他的孙女埃玛想要自杀的消息。当他的妻子玛尔加赶去照料孙女时，普朗克却染上了重病，不能写字，更不能旅行。好在不久又基本恢复了健康。

对普朗克致命的一击源自他幸存的最后一个儿子——次子埃尔文的杀身之祸。埃尔文作为一名高级官员，在 1944 年末，纳粹政权风雨飘摇的时候，被控参与了试图杀害希特勒的密谋。普朗克知悉后，调动了"天堂和地狱中的一切力量"争取减轻对他的死刑判决并且自认为能够成功。但埃尔文最后还是在根本没有通知家人的情况下被处决了，未能留下一句话和一件信物。消息传来，普朗克悲痛欲绝，他写信说，埃尔文"是我生命中宝贵的一部分。他是我的阳光，我的骄傲，我的希望。没有言语能够描述我因他而蒙受的损失。"从此普朗克的生活中失去了最后一点欢乐。

战争后期，精神上的打击进一步加剧了普朗克的伤病。他患上了脊椎综合征，痛苦难耐。当战火燃烧到罗盖兹地区时，他和他的妻子只好离开他最后的避难所，躲到树林里，睡在草堆上。最后，一些作为科学代表团团员访问德国的美国同行援救了他，这些美国同行发现他重病在身，于是将他送进了哥廷根的一家医院。普朗克非凡的生命力克服了许多这一类精神与肉体的苦难。

第二次世界大战结束以后，为了挽救山穷水尽的威廉皇家学会，在科学界同仁的一再请求下，已逾87高龄的普朗克再次出任学会主席。但各盟国之间在是否允许学会继续活动的问题上出现了分歧。为了避免产生军国主义的联想，1946年9月，"英国占领区科学促进马克斯·普朗克学会"挂牌亮相。普朗克的健康状况稍稍有所好转之后，仍然认为接受邀请发表讲演是他的责任。1947年1月，为了履行最后一次讲演，普朗克甚至是坐着没有暖气的火车上路的。但死神终于降临到精神力量超常的普朗克身上，当年10月，这位再过半年将满九旬华诞的老人在哥廷根病逝于中风。

1949年，在普朗克逝世两年之后，战前的威廉皇家学会—德国的最高学术机构正式改名以"马克斯·普朗克学会，"（以下简称马普学会）在联邦德国正式恢复活动。这一崇高荣誉表明了德国公众与国际社会对于普朗克学术成就与个人品格的共识与尊崇；在清除法西斯政治和思想影响的高潮中，用普朗克的名字代表未来的德国科学，也表达了人类良知呼唤知识阶层应当以普朗克所付出的巨大努力和牺牲那样，拒绝邪恶，与命运抗争。两德统一后，今天的马普学会已经成为整个德意志民族科学事业的象征。

普朗克将继续活在我们中间，他是一位在古典与现代之间架设桥梁的伟大科学家，也是一个在政治社会激流中尽力维系独立人格的人。他的业绩流芳百世，他的生平发人深省。

**注释：**

（1）爱因斯坦："悼念马克斯·普朗克"，《爱因斯坦晚年文集》，海南出版社2000年版，第221—222页。

（2）转引自谈镐生："力学和它的发展"，《现代科学技术简介》，科学出版社 1978 年版，第 254 页。

（3）两朵乌云系指因黑体辐射问题而引起的能量分布随温度变化的困惑和因迈克尔逊—莫雷实验而引起的以太困惑。古典科学已不能为解决这两个疑难提供概念与方法，对它们的探索最后分别导致量子力学和相对论的创立。

（4）（6）（8）［德］J. L 海耳布朗著：《正直者的困境》，刘兵译，东方出版中心 1998 年版，第 5 页，第 30 页，第 31—33 页。

（5）转引自《原子时代的先驱者》，徐新民等译，科学技术文献出版社 1981 年版，第 113 页。

（7）Planck M.，A Scientific Autobiography；*Scientific Autobi—ography and Other Papers*；NewYork，Philos phical Library，1949；p. 15.

（9）［德］马克斯·玻恩：《我的一生》，陆浩等译，东方出版中心 1998 年版，第 369 页。

（10）同上。

# 《宇宙发生论》中文版序

　　大约在孔子去世一个世纪以后，两位希腊哲学家——留基波和他的学生德谟克利特，建构了关于实在的第一个现代的科学的图景。他们设定，无生物，植物，动物，太阳和星星——事实上一切有生命的和无生命的客体都是由原子组成的，而原子的运动和相互作用是受盲目的必然性支配的。他们推导说，客体的可感觉的性质，诸如颜色、质地、密度和嗅味，都是由客体的构成成分原子的大小和形状引起的。他们说，生命本身是包含一种特殊类型原子之客体的性质。

　　这种彻底的唯物主义的实在观为苏格拉底所反对，他生活于差不多与德谟克利特相同的年代。对苏格拉底说来，生命和意识是一种非物质的且较高类型的实在，灵魂或精神的显现。无生物除非被推或被拉，否则始终保持静止，而灵魂则与无生物不同，它具有启动的能力；它们是非受动的原动者。按照苏格拉底的意见，灵魂还有意志和目的，它们自由而有目的地指引着它们所占据的躯体的行动。

　　按照苏格拉底的观点，生命和意识超出自然科学的范围。这种二元论的实在观为苏格拉底最著名的学生——柏拉图，和柏拉图最著名的学生——亚里士多德所接受。后来，这种实在观被结合进基督教神学之中，基督教神学的哲学要素几乎完全取自柏拉图和亚里士多德。

　　希腊科学在 16 世纪和 17 世纪的复兴，重新唤起了对留基波和德谟克利特原子论假说的兴趣。惠更斯和牛顿接受了物质由原子构成，原子的大小和形状决定宏观客体可感觉性质的观念。他们也接受了希腊原子论者关于星星就是均匀地散布在整个无限空间中的太阳的宇宙学假说。伽利略、惠更斯和牛顿在一个重要方面前进得超过了希腊自然科学：他们明确地表述了运动的第一个数学定律，因而揭示出"盲目的必然性"的真正本质。

　　可是 17 世纪的科学家执着地坚持苏格拉底（和基督教）关于生命和意识是一种非物质实在之显现的教义。牛顿也指派了一个智慧的，非物质的代理人，让他扮演这一角色，即把行星安置在它们的轨道上，并且不时轻轻推拉行星使它们的轨道保持圆形和共面。在以后的世纪里，康德论证了行星的圆形和共面轨道可能来自自然的（即物质的）原因。但是康德煞费苦心地在他的宇宙起源学说中给上帝安排一个角色，由此使他的学说与希腊原子论者无神论的宇宙起源说区别开来了。

　　对于苏格拉底——犹太教——基督教二元论的首次现代科学的挑战出现在一个世纪之后的 1859 年。它并非来自一位物理学家，而是来自一位博物学家——达尔文。在《物种起源》中，他论证了所有存在着的生命形式均由一个或少数几个祖先种群通过自然过程而产生。他还曾推测生命本身是由非生命物质进化而来的。

　　20 世纪已经看到了希腊原子论者世界观的胜利。科学解释的领域已经扩展到包括极小的——原子及亚原子粒子，和极大的——天文学宇宙。而且科学已经最终回答了古老的问题，生命是什么？现在我们知道，生命物质和非生命物质由同样的原子所组成，服从同样的自然定律。对自然科学家说来，像"生命力"，"灵魂"中和"精神"这样的词语时下仅具有隐喻的意义了。在描述的分子水平上，生命便是化学。生命物质的独特性成分并非非物质的精神或灵魂，而是一种特殊类型的组织（organization），这种组织是由达尔文预想到的那种自然过程产生的。

　　不过，如果说 20 世纪科学维护了希腊原子论者的微观，那么它同时也改造了这种世界观。对留基波和德谟克利特说来，只有原子和虚空是存在的；对现代科学说来，实在并非仅由基本粒子（原子论者原子直系后裔）构成，而且还由能量和信息构成。因此，与它的希腊先驱不同，现代科学不是唯物主义的。能量和信息，即物理实在的非物质成分，恰如物质粒子一样是实在的和重要的。

　　信息是某类自然序的定量的方面。自然序有两类。第一类是自然定律的一个推论。原子、分子和晶体可作为这类序的例证，它们的有序结构是量子物理定律的一个推论。类似地，以太阳为一个焦点的近似椭圆的行星轨道乃是牛顿万引力定律和牛顿运动定律的一个推论。由于这类自然序隐含在定律本身之内，所以它与我在下面界定的信息无关。

第二类自然序可以用行星的近似圆形，近似共面的轨道作为例证。牛顿定律中没有要求行星轨道是圆形的或共面的，也没有要求不同的行星沿同样的方向围绕太阳运转。同康德和拉普拉斯一样，现代天文学家把这些规则性归因于一个演化过程。为了了解行星为什么具有近似圆形且共面的轨道，我们必须了解太阳系的历史。同样地，生物序的无穷多样的形式始终是由进化和发育过程创造的。因此生物序和天文序一样，是历史的或与时间密切关联的。当然产生天文序和生物序的过程服从自然定律，但如果我们想要理解这些过程以及它们产生的有序，我们必须知道比定律更多的东西。我们还需要知道相关的初始条件。例如对行星的近似圆形，近似共面的轨道的解释，就必须从说明原始行星系入手。类似地，对人类血红蛋白结构的解释就应对它的从一种更原始的先驱分子的进化加以说明。

以太阳系为例证的时序类型与以人类血红蛋白为例证的时序类型显然是完全不同的，并且形成它们的过程也是完全不同的。但是，这两种有序类型都经受衰退，而且它们的衰退是受一条单一定律，即热力学第二定律支配的。这条定律是由 R. 克劳修斯大约于 19 世纪中叶明确表述的。该定律指出，一切自然过程都产生熵（entropy）。最初，熵是在古典热力学的意义上定义的（也是由克劳修斯定义的），稍后，L. 玻尔兹曼提出一个更加一般的定义。玻尔兹曼的熵是关于任何统计描述的一种性质，统计描述是这样一种描述，其中，一个系统的每一种可能状态（或一次测量的每一种可能结果）都被指定一个确定的几率。玻尔兹曼的熵是在这样一种统计描述中所固有的不确定性的量度。

玻尔兹曼关于熵的定义构成我在以下各章所阐发的时序的统一理论之出发点。玻尔兹曼的熵是统计描述中所固有的随机性的量度，我把有序定义为无随机性。因此，信息，即历史序或时序的量度，乃是一种统计描述（在一定约束条件下）的最大熵与实际熵之差。这一定义适用于时序，物理序以及生物序的一切形式。所以，性质上不同类型的有序同性质。不同类型的能量一样是通用了。

我在下面几页中所描述的理论向物理学家流行的信念，即有两种不同随机性的信念，提出挑战。在一次量子测量中出现的随机性被认为是客观的和不可还原的。例如，要预言一个放射性核将要衰变的精确时刻在原则上是不可能的。另外，古典气体中分手运动的随机性被认为是主观的且可以还原的。原则上，每个分子具有一个确定的速度。只是在我们不知道（或不关心）单个分子的速度的意义上，而不是在它们是客观地不可知的意义上，分子运动才被认为是随机的。与上述被广泛接受的信念相反，我在本书中论证在一种自然地发生的气体样本中单个分子的运动客观上是不可知的。更一般地说，我论证了古典随机性（即由玻尔兹曼的熵所量度的那一类随机性），是客观的和不可还原的。

我的论证建立在我称之为强宇宙学原理的假定之上。这是个关于整体宇宙的初始状态的假定：这一状态的完备描述不包含可以用来确定空间中一个优选位置或一个优选方向的信息。我证明，只要被限定物理系统的可能状态属于离散阵列，而不是连续阵列，上述假定便是一个站得住脚的假定。这正是量子物理中的情况，但不是声典物理中的情况。因此强宇宙学原理与古典物理是不相容的。

以强宇宙学原理作为我的出发点，我致力于解决量子物理中两个著名且历时已久的悖论。其中的第一个是 E. 薛定谔给了通俗解释的，他设想了一种情境，在该情境中，一只猫的命运是由单一量子事件，即一个放射性核的衰变所决定的。如果衰变发生，它就引发一连串致猫于死的事件。在 1 小时过后，衰变已发生的几串是 1/2。按照量子物理通常的解释是，猫的物理状态当时既不是"死"，也不是"活"，而是处于某种不可描述的，既死不活，既不死又不活的状态之中。但是我们知道（出于类似的，更为人道的实验），事实上猫应该或是死了或是活着。所以，要么量子物理不适用于像猫这样的宏观系统，要么解释量子物理的通常方式是错误的。

第二个悖论在爱因斯坦，B. 波多尔斯和 N. 罗森 1935 年所发表的一篇著名论文中讨论过。他们指出，根据量子物理的通常解释，对于一个物理系统进行的测量能够影响对另一个远离的物理系统所做的同时测量的结果，而前一个系统过去曾与后一个系统相互作用，但此后就不再相互作用了。

这两个悖论不是对量子物理做出关于测量结果的预言表示怀疑，而只是对该理论的形式化数学结构的标准解释表示怀疑。强宇宙学原理提出一种新的解释，该解释使量子物理的预言保持不变，又解决了上述两个悖论。

强宇宙学原理以一种新的眼光看待宇宙演化。根据本书所描述的理论，宇宙演化有两个方面。第一个方面是序的突现，这是一个等级结构式的过程，在该过程中，每种序的突现均为一种新序的出现铺平道路；第二个方面是序的毁灭：熵产生，依据的是热力学第二定律。这一图景显而易见在哲学上有其先驱物。在西方哲学中，它使人回想起恩培多克里的作为爱（吸引）和恨（排斥）两种对立的力相互作用的宇宙演化图景。在中国哲学中，它使人回想起阴阳学说：阳，整合性的力量，对应于序的增长；阴，破坏性的力量，对应于熵增造成的序衰。

序产生过程的时间等级体系包括个体发育过程，尤其包括各个人的生命经历。人的经历是序的产生过程，该过程的有形记录主要存在于脑内神经元之间突触连接的模式之中。本书最后一章，我论证上述结论对自由意志和决定论这一古老问题具有重大意义。哲学家已用许多不同方法刻画了意志自由的特征，但所有这些特征都有一个共同要素，它们都包含或依赖于一个假定，即未来不仅人眼看不到，而且在客观意义上是完全不可预言的，否则就像某些哲学家或宗教神秘主义者所相信的那样，自由就会是一种幻觉。且看，我们每次做出一种选择，我们就创造一个单位——比特的信息。并且产生的信息是实在的和客观的。再者，因为这一信息事先并不存在，所以该结果是不可预言的。像一件艺术品的生产或一个生物生存经历的那些过程一样，更复杂的分明造性过程产生更大量的信息，并且甚至是更为显然的自由创造；这些思考使人们能够将一种彻底的科学世界观同未来在某种程度上是由我们自己塑造的主观信念协调起来。

在对本书美国版的一篇富有洞察力的评论中，刘明教授曾提出关于自然科学和哲学的关系问题。正如前面一段所指出的，对于理解某些传统上被认为是哲学的问题；我相信，自然科学是大有作为的。就以自由意志和决定论的问题而论，所有曾述及该问题的西方哲学家，把我认为是一种不完备的，而且由于这种原因，令人误解的科学宇宙演化观的描述，作为他们的出发点。如果本书中我阐发的科学世界观可以证明是正确的话，这个哲学问题大体上就该解决了。再者，我相信知识论，自柏拉图时代以来它一直是西方哲学的中心问题，在自然科学的框架内能够得到极富成效的讨论。我相信上述判断对于形而上学或本体论，即研究"存在着什么"这一问题的西方哲学分枝来说，也是正确的。当然自然科学并不述及伦理哲学和政治哲学问题，但即使在这里，我认为它也并非不无关连，虽然在本书中我并未为这一见解提供证据。在当代西方哲学中讨论得很多的另一主题是心—身问题，本书最后一部分，我论证了，自然科学对解决这一问题大有裨益。当今科学知识支持"两面观"假说，按照这一假说，自觉的经验是一种物理实在"观"。

我相信，自然科学可以成为一种真正普适的哲学，即为超越民族和文化界线的哲学奠定基础。数学和自然科学在所有文化事业中其地域局限性极小，关于数，线和圆的语言是所有民族、种族、宗教和语言共同体的人们都可以理解的，核酸和蛋白质的也是如此。自然科学讲述人类有史以来一切文化中乐于思考的人们曾经提出的问题：物质是由什么组成？光和热是什么？恒星是什么？宇宙有限还是无限？有边还是无边？宇宙如何起源？生命是什么？人类怎样降生于地球上，意识是什么？灵魂是什么？（最后这个问题是以非科学语言构造科学问题的一个实例）上述有些问题已经得到解答，其他问题则处于当代科学研究的前沿。对那些愿意把自己的心灵倾注于这些问题的每一个人来说，探求的答案是向他们开放的。

虽然科学不是关于阶值的研究，但是它确以某些价值为先决条件。象科学事业本身一样，这些价值有助于使人们走到一起，而不是使他们彼此分离。尽管现代世界上两种最具破坏性的力量，即宗教原教旨主义和狂热的民族主义，把严格而不加怀疑地遵奉来自权威的不变真理视为最高价值，而科学却珍视证据、合理争论和对新的真理的积极探求。

发表于《哲学译丛》1992 年第 6 期

复印报刊资料《自然辩证法》1992 年第 12 期转载

# 质疑时下盛行的一类学术评价制度

当前学术失范的主要原因来自两个方面，一个是学术人的自身道德；另一个是学术工作机制。与亿万中下层民众相比，学术人总是接受了更多的教育，生存状况总是要稍好一些，而且民族在他们身上寄托着立德、立言的希望，学术人理应具备高于普通民众的道德操守。我们暂且不论学术人是否有责任攀登"铁肩担道义，妙手著文章""横眉冷对千夫指，俯首甘为孺子牛"这样的至上境界，但学术人总应当有起码的自尊、自爱、自律，不作伪、不剽窃、不损人利己等，可以在当前迷信权力、迷信金钱的世风下坚守道德底线。遗憾的是，当前要做到这一点，也已经相当困难。情况之所以如此艰险，学术工作制度乃重要原因之一。邓小平当年曾经说过："组织制度、工作制度方面的问题更重要，这些方面的制度好可以使坏人无法任意横行，制度不好可以使好人无法充分做好事，甚至会走向反面。"

学术工作制度范围太大，笔者阅历有限，故仅局限在哲学社会科学领域内，就涉及学术论著、学术成果、研究课题的评价制度，发表一点意见。正好笔者手头有一份某重点高校的"高级专业技术职务任职资格评审条件"（以下简称"条件"）和"职称评审科研工作实绩量化统计办法"（以下简称"办法"）的资料。为了避免大而无当漫无边际的议论，在下拟采用"窥一斑知全豹"的方法，针对该"条例"和"办法"作一次以定性为主、定量为辅的探究。据了解，东西南北已有许多高校，而且有越来越多的高校采取了与上述"条件""办法"大同小异的做法。对此，许多朋友和我同样不解，但又感到无可奈何。不过本人仍感到有抛砖引玉之必要，把问题摆出来，企望能引起关注。蔡元培、竺可桢、梅贻琦、陈序经等前辈教育家曾经积累了诸多管理学术的成功经验，尽管时过境迁，不能完全照搬，但我辈毕竟有责任继承这份宝贵遗产，在荆棘中摸索出一条生路。

## 一　关于学术论文的评定

当前各高校和社会科学院在制定学术职称晋升条例和考核教研人员年度业绩时，普遍采取根据论著得以发表出版的机构的级别来确定论著质量的办法。该"条件"的"评审教授职务必备条件"中就规定："任现职以来，在省级以上刊物发表本专业学术论文 8 篇以上，其中有 4 篇在国内中文核心期刊上发表；或者在省级以上刊物发表本专业学术论文 6 篇以上，其中有 2 篇在国内中文核心期刊上发表，并独立出版学术专著 1 部以上。"为了体现公平、公正、公开，与此对应，"办法"就公开发表的论文作出了如下量化赋值（见表1）。

表 1

| 类别 | 报　刊　范　围 | 得分 |
|---|---|---|
| 一 | 社会科学综合性学术期刊 | 10 |
| 二 | 一级学科权威期刊 | 6 |
| 三 | 国内重要期刊 | 3 |
| 四 | 随他列入《中文核心期刊要目总览》的刊物 | 2 |
| 五 | 一般省级刊物 | 1 |

注："中文核心期刊"主要指中国社会科学院（含中国科学院）及其研究所、中央和国务院各部委办、中央党校、全国性学会主办的学术性刊物；全国重点文科院校主办的及社会科学各学科公认的学术性刊物，并被收入《中文核心期刊要目总览》。

这样的量化规定，应该说也是在现行体制下出于无奈、用心良苦的一种产物。在当下的职称评审机构缺乏足够的权威性、对论著质量自己也给不出个"说法"的情况下，无视量化，必然会使一些"高产作家"和有幸常在高档次刊物上发表论文的学术人认为吃亏了，于是纷纷在"管理科学化"的口号下制定了大同小异的量化方案。但是新问题又来了：学术论文的灵魂是它的思想学术水准；肉体可以量化，灵魂如何量化？笔者无意否认时下著名学术机构的大牌刊物上发表的论文在概率的意义上水准较高这一现实，但是，用创新争鸣、繁荣学术的目标指向稍加推敲，还是会发现这类规定中存在某些根本性的欠缺。

首先，这种规定的潜台词是衙门与学术成正比：衙门越大，所办刊物的水平便越高，论文得分也就越多。按这样的标准，五四时代叱咤风云的《新青年》《每周评论》《独立评论》《湘江评论》等民办刊物，甚至地方民办刊物，就没有资格入类，于是它所发表的论文也便"一分不值"；近些年来在学术界、知识界很受欢迎，口碑甚佳的诸多定期、不定期的刊物，例如《读书》《战略与管理》《三思评论》《公共论丛》《随笔》等似就应该被打入另册。

其次，如今的刊物都实行主编负责制，主编的学术、思想水平和宽容性对于刊物的定向、风格、文章的取舍起着决定性的作用。高类别的刊物主编官职高，但不等于办刊水平高，而且还可能有负面作用。因为刊用具有真知灼见但是反主流的文章风险也大，主编做官的要求与读者对其办刊的要求就常有冲突。当官的职能是要"维护稳定"，而治学的职能是要"批判、创新、前进"，于是出现了角色的尴尬：立志当官的主编刊物办得四平八稳，老气横秋，行政当局满意，但学者不一定满意；立志治学的主编刊物办得尖锐泼辣，生龙活虎，学者满意，但行政当局不一定满意。所以说，优秀的学问型主编也常常是坐不稳的主编，而优秀的学官型主编则往往是能坐稳的主编。反过来，倒是一些低类别、无类别的小刊物，因其不显眼，因其主编仅是七品芝麻官或者平头学者一个，不那么谨小慎微，小人物的高质量的论文往往在这些刊物上问世也就容易理解了。

再次，还有一个"陈寅恪问题"。当年党外人士陈寅恪遵照"对党忠诚老实，表里如一"的要求，公开申明他不信仰马克思主义，但学部委员却不能没有陈寅恪，于是毛泽东亲自表态："要选上。"如今我们上至中央、下至地市的各级官办机构都（恕我没有可能一一核实，全称之为"都"，是否准确暂且存疑）申明本刊办刊宗旨是"以马克思主义为指导"（姑且不论其对马克思主义的理解相距有多远），那么陈寅恪在今天就没有可能在人类的刊物上发表论文了。好在陈老已经作古，主编们也就省去了是用政治标准，还是用学术标准来抉择是否刊用他老先生大作的烦恼。但是，"陈寅恪问题"仍然存在。宪法上没有要求学术人均须以马克思主义为指导，学术人中也确实有许多不是，或不够马克思主义者的（最起码现实中就有五大宗教信徒），难道这些学者的学术论文中就没有上品？！我们要警惕的到底是襟怀坦荡的非马克思主义者，还是挂羊头卖狗肉的伪马克思主义者？如果我们的顶级刊物对于这样一个学术基本问题都不能给予有说服力的回答，那么它的权威性是很难保证的。这些刊物明确排斥"陈寅恪们"，而我们今天却恰恰又太需要陈寅恪这样的"忠诚老实，表里如一"的国宝级学者了。

此外，从技术层面来看，怎样在刊物编辑部所确定的栏目、选题范围内，真正实行匿名审稿制度、杜绝关系稿，并有效防范剽窃、抄袭，在当前条件下，也是不易解决的问题。这就在不能实现学术面前人人平等的同时，又平添了难以实现纪律面前人人平等，这无疑给高类别刊物的高质量打上了双重疑问。

## 二　关于学术著作的评定

显然，以编辑部的等级来确定学术成果等级是不合理的，而且这种评定方法如果从论文延伸到著作，其不合理性将进一步扩大。我想，"条件"和"办法"的制定者大概已经看到论著实在不能以出版社的牌子大小来判定其水平，于是，在认定著作的价值时，又走到了另一个极端——干脆对著作的出版社的级别不予考虑，仅以著作的部数和总文字量来确定价值。在上述"条件"中，实际上就等于规定一部学术专著相当于在中文核心期刊上发表两篇论文；将这种思维方式运用到赋值上，于是顺理成章就在"办法"中表现为对著作部头的专一关照（见表2）。

表2

| 专著 | 执笔部分 | 合著第一作者 | |
|---|---|---|---|
| | 1 分/万字 | 另加非执笔部分分值20% | |
| 编著教材 | 执笔部分 | 主编非执笔部分 | 副主编非执笔部分 |
| | 0—6 分/万字 | 0.2 分/万字 | 0.1 分/万字 |

注：专著指在版权页上注明"著"字的论著。

如此赋值方法，其中的"莫明其妙"，恐怕也无须笔者再浪费笔墨了。不要说《老子》的 5 000 言仅值 0.5 分，就是马克思呕心沥血 40 年撰著的 200 万字的《资本论》（按中文译字数）也就有 200 分，平均每年 5 分。比起当下那些刚过不惑之年，便已著作等身，年产数十万字甚至上百万字的现代高产作家们，这些老前辈只好自愧弗如了。当然也有另一方面的"大不同"，那就是，《老子》得以流传 2 000 年，累计发行大概已有上亿册；《资本论》得以流传 1300 多年，至少也译成了几十种文字，并且养活了数以万计的传播者、研究者；而我们的某些高产作家，据说其大作只有 3 个读者：作者、责任编辑，外加排字工（或打字员）。不是吗？我们不时可以见到废品回收人员从高校、从书库以 0.5 元/公斤的价格收购几百册以至上千册同一著者甚至同一书名的"鸿篇巨制"，经过运输——化浆——造纸——排字的再循环过程又变成白纸黑字的专著，并由此评聘出一批批教授、研究员，年复一年地完成着"印刷术的历史使命"。

当然，学术人自己去爬格子，毕竟还要起早贪黑，直到手麻头痛。俗话说，没有功劳还有苦劳，没有苦劳还有疲劳嘛。如果你理解了"条例""办法"的真谛，那最好还是去编书。因为编著 2 万字比专著 1 万字得分还高，只须剪刀糨糊，外加二三个助教、研究生，就足以编写出一部像模像样的教材，而且绝不会有抄袭、剽窃，乃至被告上法庭之虑。其间的"优越之处"只须一般智商就能领悟。为什么坊间会有一二百种的《哲学原理》《社会主义市场经济纲要》《中国革命史教程》等等林林总总的教材？不能不说这正是一大缘由。学术人年著作量（指真写，不是假写的）20 万实属不易，但年编"著"量 200 万则是"牛刀小试"（当"主编"的一字不写，甚至一字不看、不改，如今已绝非稀罕）；如是，便有 40 分/年进账了。

放眼望去，时下的教授、研究员中确有那么一些专以关系/金钱开路，以"专著""专编"垫脚，却又绝不会不识时务而"乱"撰文的"专家"，且此种"治学之道"正呈时兴之势。不过，鄙人的这些"老朽"之谈显然已经远离流行价值观的视野了。

## 三　关于学术成果奖励的评定

在"条件"中，规定申报教授职称者，须"作为主要作者获省部级哲学社会科学科研优秀成果三等奖 1 项以上；或省社联科研成果二等奖 1 项以上；或校科研成果一等奖 1 项（或二等奖 2 项）以上"。"办法"还相应地给出了各种奖励的量化分值（见表 3）：

**表 3**

| 等级 ＼ 类别 | 国家级 | 省部级 | 省社联 | 校级 |
|---|---|---|---|---|
| 一等 | 40 | 30 | 16 | 8 |
| 二等 | 30 | 20 | 8 | 4 |
| 三等 | 20 | 10 | 4 | 2 |
| 优秀奖 | 12 | 4 | 1 | 0.5 |

评奖活动除去同样存在前面所提到的意识形态定向等方面的困扰之外，在体现公正公平方面有待解决的问题恐怕更多更复杂。

第一，首先是学术界和民间自己组织的评奖（例如知识界近来颇为关注，且议论纷纷的"长江读书奖"）基本不予承认，而官方的评奖就免不了行政官员的主导，这样评出的学术水准到底如何，很难不让人质疑。除了行政官员之外，越是高级别的评奖，有发言权和投票权的，其学官的级别也越高，两类官员都难以避免人性的弱点——"惺惺惜惺惺"，申报人头衔越大，其可能获得的"同情分"也就越多。如果对获奖人与申请人名单作一点简单的对比统计，我们不难发现，官员在前者中所占比例往往均远高于在后者中所占比例。有人就此推论，"官大就学问大"，但若从古今中外学术史看，这很可能倒是当代中国特有的"学术特色"吧！

第二，评奖活动基本上缺乏独立性，在很大程度上受学术刊物的左右，使论文著作得以问世的刊物和出版社的牌子成为申报项目能否得到认可的权重。这固然不能说没有一定合理性，但是，这里涉及的不是对刊物的高低上下评奖，而是对具体的论文评奖，高级别刊物的论文在概率的意义上水准较高用在这里就显然不适用了。就个案而论，我们不能因概率高就推论出每篇论文水平也高，这是数学常识。超越一点看，如果前面我们所分析的高类别刊物的隐患的确存在的话，那么上述这种缺乏具体分析的"认同"也就会把"病毒"传染到评奖活动中。往好一点讲，这是一种马太效应在起作用。马太效应固然难以完全避免，但在我们周围，这一切是否太过分了？

第三、评奖过程中，本位主义、地方主义是不言而喻的；同时也少不了会上会下的游说公关，利用亲友关系、同事关系、上下级关系，打打招呼；另外，公费旅游"咨询费""讲课费""评审费"等种种形式的高额酬金等已经成为公开的秘密，而且有愈演愈烈之势。这些事有时也会闹到去纪检监察等执法部门打官司的地步。但结果仍无非是由纪检部门出面打打并无实效的"预防针"而已。

在这样一种背景下，评奖结果中学术的分量到底有多重，就是让高明的数学家用模糊数学来计算，也是难其所能的。

## 四　关于纵向研究课题成果的评定

如今，能否获得基金资助和课题赞助，也已成为学术人能力强弱、是否具备晋升资格的重要依据。还是在这份"条件"中，首先规定了申请晋升教授职称者必须取得一定等级和数量的纵向课题："主持或主要承担国家或省级重点课题项目 1 项以上，或者部级一般课题 2 项以上。""办法"所规定的中标课题档次和相应分值如下（见表 4）。

表4

| 国家级 | 重大课题 | | 重点课题 | 一般课题 |
|---|---|---|---|---|
| | 25 分/项 | | 20 分/项 | 15 分/项 |
| | 省规划课题 | 重大课题 | 重点课题 | 一般课题 |
| | | 18 分/项 | 12 分/项 | 6 分/项 |
| | 省委、省政府下达课题 | | | 10 分/项 |
| | "五个一"工程，省级联课题 | | | 4 分/项 |
| 校级 | | | 2 分/项 | |

注：课题立项未完成的按 70% 得分，已完成的按 100% 得分

这样一种规定，除了让人存在与前面论著和获奖评定时同样会遇到的意识形态主导、本位主义、学官主持、公关介入等等困惑外，还有令人更为纳闷的新问题，现仅择其要以讨教识者。

　　哲学社会科学和自然科学技术不同，其研究活动基本上不需要大型贵重的仪器设备，相当一部分研究工作也不需要四处奔忙、调查寻访，只要有相当的图书资料，或时兴一点，有台几千元的电脑，就可以动工了。关键是要有一个敢于思考、善于思考的头脑。如果不花钱，或者花很少一点钱，作出了和别人一样的，甚至更好的工作，节省了纳税人的血汗钱，用鲁迅的话讲："吃进去的是草，吐出来的是牛奶"，岂不是更好，更大功大德吗！为什么反倒是花钱越多就业绩越大，甚至搞钱花钱的本事比研究本身的本事更重要呢！此其一。

　　各校各单位的规定中往往看中的是你拿到课题没有，至于你课题做了没有，做得怎么样，则是次要的，所以就有未完成的课题也能够获得70%分值的规定。这相当于课题设计和运气具有70%的价值，而实际研究工作只有30%的价值。也就是说，做课题研究者，应当拿出70%的努力去搞课题设计和与中标有关的种种努力，而只须拿出30%的努力去完成有幸中标的题目。极而言之，假设某甲中得国家一般课题，一个字也没有写，在此期间，他申报晋升教授，应能拿到10.5分，相当于在省级刊物上发表10篇半文章，这岂非咄咄怪事！此其二。

　　在评审课题过程中，专家们往往着眼于申请人的课题设计是否对其口味，然后再参考一点以前的成果就来决定谁是中标的幸运儿了。但谁都明白，课题设计的好坏是一回事，研究质量则是另一回事，二者之间不能画等号，有些情况下还会相距甚远。如今评议课题申报可以说是郑重其事的，有关国家、省部级机构召集各路专家，匿名评审再加具名评审，说是过五关斩六将，并不过分；但到了课题的结题评审却只要通讯评审，或正式一点，请少数几位专家（在很多情况下，总有或多或少的"亲朋好友"参与其内）搞个评审程序就算蛮认真了。几乎没有听说有哪几位倒霉到课题不通过的。这种纵向课题研究"通过易，中标难"，岂非本末倒置！此其三。

## 五　结语

　　总之，以"条件""办法"为代表的学术业绩评价实在是硬伤多多。其根本谬误就是陷入了因果倒置的误区，具体表现为论著水平与编辑部级别的倒置、论著质量与论著数量的倒置、研究设计与研究成就的倒置、学者与学官的倒置，等等。其道德后果如何呢？爱因斯坦在《探索的动机》中曾经将学术人分为两类4种：第一类包括智力快感型和追逐功利型；第二类包括逃避粗俗型和向往唯美型。第一类中第2种学术人如果足够聪明，便如鱼得水，他们善于揣摩高类别刊物编辑部的取向；善于打探各类各种评审机构的人员组成；善于拉关系、走后门以及五花八门的交易；善于搞写作班子，捉刀代笔。总之是精于"多快好省"实现"大跃进"。一旦路子熟了，便能成果累累，脱颖而出；第二类学者则显得"迂阔"，他们宁可独善其身、我行我素、走自己的路，"躲进小楼成一统，管它冬夏与春秋"，到头来很可能总是输给前一类人，但久而久之其中的意志不十二分坚定者也会向前者看齐。然而，在学术的庙堂中，如果只有第一类人，"那么这座庙堂就决不会存在，正如只有蔓草就不成其为森林一样。"后一类人才真正是学术的脊梁。所谓公正合理的学术竞赛规范，应当能够达到两个目标：第一，肯定并鼓励诚实劳动，批评且惩罚弄虚作假；第二，筛选并支持优秀成果，激励且提携求是学人。即通过建立好的学术工作制度，在公开、公正、公平的智力竞赛中，生产更好更多的学术成果，造就更好更多的学术脊梁。我们时下的学术奖励及学术工作制度，是会令脊梁和立志做脊梁的后生们寒心的。

　　欲建立一个能有效促进学术繁荣的学术评价制度，必须通过制度创新，把被颠倒的因果关系再颠倒过来。应构造一种由学术界和广大学人来裁判学术成果价值的机制，以论文的水平来评定刊物的级别，以论著的质量来确定论著的意义，以课题目标的最终实现来决定资助的多寡，以学者的公推来选拔学官。要做到这些，应该仿效已经初见成效的经济体制改革，将政企分开的实践推广为政学分开的试验。

发表于《科技导报》2001年第4期

复印报刊资料《科技管理》2001年第7期转载

# 同行评议刍议

　　学术活动是一项古老的关系到知识生产的社会活动，个人之间的学术批评也是源远流长。但对于学术产品进行分类分等分级的质量评估，并且与学术资源分配相联系则是近代社会的事物，此前并无今人所谓学术评价一说。笔者认为，其原因在于，进行规范性的学术评价首先需要回答两个问题：能不能评估和要不要评估。就古代学术而论，对上述两个问题的回答都是否定的。古代的学术以人文学术为主流，在中国，即以文史哲为核心（按经史子集分类），在西方，按照孔德的说法，则先是以神学，后是以哲学为核心。而人文学术的特点就是具有很强的主观性，"老王卖瓜，自卖自夸"，学者们没有不认为自己的东西好的，学术产品之间找不到公认的判据来评定高低上下，所以无从下手评定，此其一，不能评估；再者，古代的学术活动基本上是私人性的，学者们或者有一份殷实的家产供养自己，或者有钱人愿意掏钱赞助他从事智力游戏，别人及社会用不着干预，此其二，不要评估。以古典力学为代表的自然科学的兴起则完全改变了学术活动的格局。近代学术转向以自然科学学术为主流，而自然科学成果的特点是其客观性，各家各派发现的自然法则到底成立与否，成立到何种程度，只能且必须接受观察实验的检验。或者用库恩学派的话说，伽利略—牛顿的工作成就为科学确立了最初的范式，此后，自然科学研究一直是遵循"常规科学—科学革命—常规科学"的阶梯型方式进化的。自然科学的发生发展又导致了学术研究和教育尤其是高等教育的转型，大学和各种研究机构在全球遍地开花，需要的资金指数式上升，哪些机构教学和科研搞得好，值得投资赞助，对于投资方——无论是国家还是私人，都是必须考察而含糊不得的事情。正是基于这样的质变，前面所说的两个必要条件得到满足，学术评价才在近代日益为学术界自身以及整个社会所关注。从这个意义上讲，学术评价本来只是自然科学的专利，人文哲学社会科学由于从来未能确立其主流范式，关于它们的学术评价只能说是搭便车，正因如此，关于后者评价的公正合理性的纷争更加热闹而复杂。也是出于上述原因，要讨论学术评价问题必须溯源到自然科学。

## 一　专家系统自主权的必要性

从 17 世纪在英国诞生早期的知识团体——皇家学会，发展到今天，在世界各地已经存在着不计其数的学术机构和学术团体，既有地方性的，也有全国性的。20 世纪以来，还涌现出越来越多国际性的学术团体。所有现代国家，都认同在形形色色的学术活动中，专家系统的自主权是对知识认定进行制度安排的先决条件。几百年来，也有多次破除这一"不成文法"的尝试，但差不多均以失败告终。反过来，正是总结了其中的教训，才使我们更有信心坚持这一先决条件。

无疑，政治、经济活动也是专业性很强的活动，但其成员的地位获得与成就高下并不特别要求系统的内部评价，为什么学术活动就需要系统内部评价？原因在于：

第一，只能借助内部评价建立专家系统。在一个由流动和变化的人、事所组成的社会中，要从事社会交往，建立某种信任关系对于任何人降低交易成本是十分重要的。而在信任结构中，除了由亲戚朋友、同学同乡等所构成的人格信任之外，还必须存在超越人格化的对于制度系统的信任。比较其他的系统信任，专家系统尤其显得重要。因为专家负载着这个社会经历久远的年代所积累的知识，人们通过这些知识知晓生命的意义；围绕这些知识能够形成一个个相对稳定的社区和组织；运用这些知识可以有效地进行人口生产和物质生产。而要建立值得信任的专家系统，就需要赋予该系统相当的自主权。"人们既赋予自主权很高的价值，同时又认为，主要在知识性专业中才能实行自主权（尽管不是完全的）。知识性专业愈有自主权，就愈能充分地实现知识专业化。由于只有与职业专家有关的人，受到全面和连续的培训，具备了丰富的经验后，才能熟悉和掌握一般化和系统化的知识。因此，对那些专门研究知识工作的人来说，应用和发展这样的知识就需要相当程度的自我控制。"[1] 换句话说，就是学者们的事外行人不懂，所以就不具有发言权。

对于美国社会学家巴伯的上述观点，中国社会学家郑也夫[2]认为不够全面，他指出，现代政治、现代国家管理和现代商业都是专业化很强的事务，但其成员的地位获得与成就高下却并不依赖系统自主权，所以还必须强调另外两点理由：

第二，政治和经济都包含其他要素。商品的畅销不仅仅取决于其功能，更取决于时尚和顾客的偏好。在选民的眼中，竞选者的主要差异不是解决同一问题的理性能力的高下，而是优先解决哪些问题的价值观上的区别。商品与竞选者的这些特征，刚好适合于用钞票和选票来衡量，而不便作商家或政客的系统内评定。而专家系统则不同，多数专家系统是以科学为基础的团体。近代科学已成为高度组织化的活动，科学机构是以追求可验证的知识为目的的组织，可验证的知识为专家系统提供唯一的理性尺度，外部几乎无法评价，只得依赖同行的自治。

第三，政治与经济活动与大众的切身利益直接相关。利益决定了顾客要以掏钱的方式对商品做出比较，选民要以投票的方式对竞选人做出比较。而科学则如默顿所说，具有公开性（一切科学成果，不同于技术成果，是向全人类开放的），无私性（把真理放在个人利益之上）的特征，这种性质决定了没有某种利益驱使普通人去过问科学界的评价问题。

笔者基本同意巴伯和郑也夫关于学术活动要求系统内部评价的论证。但郑也夫所提出的第三点论据则部分地不成立。科学的公开性，一般说来，由于科学本身的非实用性，又有争取优先权的刺激，今天仍然是不大成问题的；而科学的无私利性，在科学尚处在少数闲暇人士探索奥秘的阶段，是问题不大的，但在科学业已高度职业化的今天，它只能是默顿给出的理想化期望，现实中则面临严峻的挑战，即使在学术活动比较规范的美国，"在过去几十年中，高等教育声誉不断下降，其原因是多方面的。而实际上，特别是在自然科学领域，最重要的原因之一就是'不正当研究行为'的影响。"[3]正如爱因斯坦所说，科学殿堂中，追逐功利型和智力快感型的人总是多数，通过科学职业，谋求职衔晋升，博取社会声望，科学的"有私利性"更为学人所认同。科学是这样，难以实现"价值中立"的其他学术更是如此。科学、学术是花了纳税人的钱运行起来的，但确实有些学界中人"君子爱财，取之无道"，这正是导致学术评价需要一定程度的对于系统外部开放的原因。

学术专家系统的内部评价有两种方式：紧密型的同行评议，松散型的定量化方法。从资格上讲，同行评议是自从近代科学诞生以来一直沿用的方法，有几百年历史；而源自科学计量学的定量化方法则出现在20世纪20年代，至今不满百岁。现代的定量化方法没有也不能取代传统的同行评议方法，不是偶然的，我们有必要对关于同行评议的基本问题作一交代。

## 二 同行评议的理论溯源

同行评议作为对学术活动的一种评价方式，为当代主要国家所普遍采纳，对于开展科学决策和分配学术资源起到了举足轻重的作用。为此，有必要讨论同行评议的理论依据。

### （一） 同行评议的起源

最早的同行评议源于对专利申请的审查。1416年，威尼斯共和国在世界上率先实行专利制度，它在对发明者提出的新发明、新工艺等进行审查，以确定是否授予发明者对其发明的垄断权时，就采用了邀请同一行业或最接近行业的有一定影响的从业者帮助判断的做法。17世纪，英国皇家学会在评议学者的入会申请和会员的学术论文时，采取了与今天同行评议类似的做法。20世纪30年代以后，美国率先把同行评议引进到科研项目经费申请的评审工作中，此后这一做法为欧美国家广泛采用，成为国际学术界通行的学术水准评价手段。

### （二） 同行评议的定义

国际上的科学管理工作者出于强调不同的要点，对于同行评议给出了多种多样的定义，但还没有一个定义得到普遍认同。[4]

考虑到同行评议是一种既需要应用于自然科学和社会科学研究，又需要应用于哲学人文学科的评议方法，是一种区别于行政评价和公众评价的方法，是一种对于研究工作的学术水准加以判定的方法，在借鉴前人给出的各种定义的基础上，可以将同行评议定义为："针对涉及研究工作的某项事物，聘请在该领域或相近领域工作的专家，运用其专业修养，就对象的学术水准及相关价值作出评价的活动，其评价结果是决策的重要依据。"

上述定义中，所谓"涉及研究工作的某项事物"，包括以下几个方面：①学术论著的发表与出版；②研究工作的基金课题申请；③学术成果的评价；④学位与职称的评定；⑤学术研究机构的运作；⑥学术活动的组织与运筹。"在该领域和相近领域工作的专家"（有人分别称之为狭义的和广义的同行专家），我们通常把学科划分为一级学科、二级学科和三级学科，针对评审对象的不同，"该领域"一般意指对象所属的三级学科，少数情况下可以是二级学科；"相近领域"一般意指对象所属的二级学科，少数情况下可以是一级学科。切忌某些全能专家以同行评议的名义得以参与跨多个一级学科的评议。"专业修养"要求专家以并且仅以自己的专业眼光来评价对象的价值，而不能掺杂专业之外的因素。"学术水准及相关价值"，"学术水准"指对象的学业积淀、学术规范、创造性；"相关价值"指可开发性、可应用性、可完成性等。同行评议是"决策的重要依据"，强调了决策者应当尊重同行评议的结论，不能脱离同行评议自行随意决策，否则该次同行评议就变成了画蛇添足或代人受过，失去了其应有的功能。

### （三）　同行评议的根据

在笔者看来，要阐述同行评议的根据，与其正面说明同行评议对于学术评价具有如何如何的优越性，它怎样怎样合理，不如反过来问：我们可以列举下述一系列理由说明学术成果的高下确实难以评价，即使学术界自身、学术权威也常常出错，为什么还要实行同行评议？

理由之一：衡量学术成果的价值，最终的标准只能是历史的实践，自然科学、社会科学和人文学科中的大量案例说明，相当一些学术成果刚刚问世的时候，并不被人们看好，但经过时间的筛选，大浪淘沙，却被证明具有崇高的价值。哥白尼的日心说、孟德尔的遗传学、马寅初的新人口论，都是耳熟能详的重大例证。

理由之二：学术界经常犯错误，学术权威以至权威的学术机构也不时犯错误，甚至重大错误，有时是有眼无珠、不识天才；有时是良莠不分，误将野草作鲜花。即使在逻辑上最为严谨的数学领域和最具实证色彩的自然科学领域、被认为最不大可能带偏见的权威科学家也屡屡失误。

理由之三，1920 年代，科学社会学家 R. K. 默顿提出了科学的四种精神气质，如今它们已经成为整个学术界所推崇的行为规范和价值观。而其中的第三条就是"有条理的怀疑主义"。这一要求所意味的，就是要用严格的推理和实验验证一切科学假说，要用怀疑和否证的态度对待一切科学及学术的理论。这一要求还意味着学者的根本任务并不在于总要去证明什么，而是在于总是企图去怀疑什么，否定什么。只有在怀疑、批判和否定的基础上才能产生新的东西。事实上，一切科学的进步，也就是在怀疑和批判主流观点的基础上取得的，像达尔文的进化论、普朗克的量子论、爱因斯坦的相对论，更是对传统思想、传统理论的革命性否定。因此，在这个意义上说，科学价值观本身就对同行评议提出了怀疑。

我们不得不承认，上述对同行评议的质疑的确是强有力的。要回答这一质疑，需要在两个层面上展开：第一，学术界为何要建构一个相对独立的评价系统？第二，学术评价有没有令人更为满意的方式？

对于第一个问题，我们在前面关于"专家系统自主权的必要性"中已经做了部分的回答，即专家系统是社会所不可或缺的，而发展专业的知识就需要相当程度的自我控制。这里需要增补的是，必须确立一定的有效尺度（或称职业门槛），只允许符合这一尺度要求的学人进入专家系统。答案的另一要点还在于，学术评价是社会资源配置的必要手段。在当下的社会活动中，主要以教学与研究为形式的学术活动日益成为精神生产与物质生产中不可或缺的重要环节，社会也必须倾注相当的资源来维系和支持这种活动，而相对来说比较稀缺的资源总会面临"僧多粥少"的分配难题，如何实现资源的有效配置，可以在成果最终得到实践的证实/证伪或者社会接受/拒绝之后，而在许多情况下，研究还必须在得到相当的资源之后才能开展，所以事前的评估也有其存在的合理性。

对于第二个问题，可以这样回答：历史上曾经发生过多次运用神学的、哲学的、种族的、阶级的尺度评价学术活动的事件，以求达到某种宗教的或政治的目的，但是它们统统归于失败，其中的若干典型案例已被收入教科书，作为后人应当汲取的教训。绝大多数曾经尝试过的评价尺度被淘汰以后，今天还在运行的评价机制只有两个：同行评议和定量化评价。

源于西方的各种定量方法的确有其特殊的价值，受到学术界的尊重。现在的问题是，它能否取代同行评议而上升为最终的权威方法？答案是否定的。即便在发表出版、资助、奖励实施得比较规范的欧美国家，定量化也存在根本性的缺陷，主要表现在：

第一，每个学术机构都可以围绕论文、专利、著作、课题项目、奖励甚至经济效益等，建立自己的得分——量化指标体系，这种指标体系的随意性，加权方式的人为性很难准确而有说服力。

第二，即使随意性较少，以在 SCI 或 SSCI 上的引用率为参照衡量论文质量方面，也存在值得重视的问题。不同学科的巨大差异，导致与文化背景无关、又以发表论文为主要成果形式的自然科学基础理论方面的研究，可能实现超越国界的高的引证率；应用研究和技术开发方面的成果因为与人文、地理背景，经济及社会发展水平多多少少发生关联，又不适于以论著的形式发表，其引证率要低得多。现行影响较大的索引系统主要是英语国家创设的，英语国家易于认同，非英语国家则不同程度存在语言文化障碍。

第三，量化评估可能改变科学行为。它将导致研究人员去追求获得最大的计量学得分上，而不去努力实现研究目标。即使不论违规行为，也会激发大量诸如回避重大艰难的研究，追求短期行为；把一项成果拆解成多份发表，重复发表；增加自我引证等等对于研究本身没有多大意义的行为。

欧美学术界已经注意到量化评估所带来的问题，并且委托权威部门开展了深入的调查研究，得出了令人信服的结论。美国科学研究委员会指出："尽管文献量方法对所有的引证一视同仁，但并非所有的引证都同等重要。许多引证是引用常规方法、统计设计、技术修改或标准数据；有些引文则是用来提醒防止错误的。最重要的引证是承认相关的工作或暗示可能的扩张和应用。这样，一篇论文受到多次引用的事实并不是其自身科学质量的充分证据。另外，科学家若具有非常专门化的研究兴趣，由于出版物很少，引用率通常就会比其他领域低……只有当评价的团体较大而且相互可比时，或用这种定量方法作为强化同行判定说服力的辅助手段时，才是最佳的使用。"[5] 英国研究理事会的咨询委员会（ABRC）经过专门调查后认为："根据我们获得的证据，可以断言，尚没有可行的办法能替代同行评议对基础研究进行评审。我们仔细研究了定量分析方法，但也没有从中找到一种替代方案。"[6]

我国近年来学术评价的定量化取向所诱发的负面后果则表现得日益显著和严重，越来越多的学人对此表示忧虑。笔者作为其中的一员，曾多次发表文章提出批评和质疑。[7][8]

我国学者也曾就同行评议的公正性进行过问卷调查，其结果是，绝大多数专家认为同行评议是公正或较公正的。[9]

当然，像天底下的任何事物一样，同行评议也存在着一些值得重视，需要不断改进的不足。概括起来，表现在下述几个方面：

（1）同行评议可能会形成一个"熟人关系网"，在一些难以隐名的评议范围可能造成"熟人好办事"。1986 年美国西格马克西学会做过一次调查，接受调查的近 4100 名科学家中有 63% 的人同意如下看法："要获得政府资助的研究项目将取决于'你是什么人'。许多申请项目获得资助，主要是因为这些申请者已为资助机构所熟知和已受过其资助。"[4]中国的情况就不必说了。

（2）在适应新的研究领域，支持大胆而崭新的研究方面会存在困难。专家，尤其是权威专家都是在已经得到承认的研究工作中作出了一定的甚至重大成就的人，按照库恩的说法，他们是些运用常规的或者自己熟悉的方法在解难题方面获得成功的人，他们与常人一样，存在难以摆脱的思维定式。在一个刚刚开辟的领域，他们的学识和经验则还不足以判断对象的优劣；面对崭新的思路，他们以比较有把握的主流评价尺度去衡量，固然有利于淘汰大量无助于科学进化的恶性突变，保证学术的渐进积累，但也可能淘汰少数标新立异的真知灼见，阻碍了学术的良性突变与革命。

（3）同行评议难免马太效应。毫无疑问，越是在学术界名气大的人，本人便越有资格参与同行评议，而且越有资格推荐他人参与同行评议。同样地，无论是出于崇信名人的声望，还是顾忌名人的小气，当有名人参与的项目在被评审的时候，名人们往往要多多少少占些便宜。"社会学家们在调查中发现，有的不出名的科学家的论文用知名科学家的名字发表，以便得到发表的机会和引起科学界的注意。"[10]

朱克曼关于诺贝尔奖获得者的社会学经典性研究《科学界的精英》[11]业已有力地说明同行评议存在上述这些不足。她具体分析了诺贝尔奖的"第四十一席位"（法国科学院院士名额只设置四十席，因而限制了一批天才人物进入法国科学院。默顿曾用"第四十一席位"的人物指称他们）的科学家的成就与其未能获奖的原因，指出：许多未获奖的科学家，其成就不但达到了诺贝尔奖的水平，甚至还远远超过了有的获奖者，如元素周期律的发现者门捷列夫、研究 DNA 的阿弗里、发现维生素 E 的伊文斯，等等。但是他们都未能得到这项殊荣。这说明，得到举世尊重的诺贝尔奖的遴选程序与任何奖励的评选程序一样，也不可能没有缺陷，诺贝尔奖评选委员会自己也坦率地承认这一点：他们不可能发现谁是最好的，因为谁也不能给最好的下定义；即使尽最大努力，疏忽和不公正也不可能杜绝。

将量化评价办法引申到人文社会学科，形势可能更加严峻，从而产生更多的争论。[12]

笔者认为关于同行评议之所以优胜于定量化评价，还必须做一点必不可少的补充，即同行评议具有自我纠错的机制。我们容易列举大量实例，说明最权威的学者和学术机构也会犯错误，甚至是极其严重的错误。但是我们一定要注意到，学术界所犯的错误最后都是由同行评议所发现、所纠正的，而其他方法，包括定量化评价所发生的问题和错误也只能通过同行评议来为其纠正。自我纠错机制，可以说是同行评议最可取、最不可替代的优势所在。

我们论证了同行评议之唯一可取，同时也承认迄今为止的同行评议有许多不足，所以不妨套用丘吉尔关于低调民主的言论，也给予同行评议谨慎而低调的评价："在这个学者和学术屡遭磨难的世界上，各色各样的学术评价形式都试过了，而且还要再试下去。没有人以为同行评议是完美无疵的。说实在的，倒是有人说同行评议是最坏的学术评价形式，只不过要除掉不断试验过的所有其他一切的评价形式。"我们的意图就是在义无反顾地坚持认真的同行评议的同时，坚持不懈地改进相关的方法和程序。国际学术界也的确创造了许多好的做法，值得我们虚心地拿来借鉴吸收。值得警惕的是一种从绝对主义滑向虚无主义的总结：同行评议一样存在弊端，比量化评价或者别的什么评价也好不到哪儿去，怎么做都行！这种数千年专制体系中因思想定于一尊而形成的非白即黑的绝对化心态是学术建设的大敌。

## 三 同行评议的一般机制

同行评议的质量取决于评议委员会的组成，所以选择委员会成员是至关重要的。成员的首要标准是其在专业领域公认的权威。其次，选择成员的范围应当尽可能拓宽，可能的话，甚至需要提倡使用国外的同行评议人。最后，应当在专家系统或学术团体内公布选择评议委员的方法。

为了保证评议人的学术水准和提高评议的透明度，需要建立有关学者研究专长的数据库，向各学术机构和学者公开；主管部门还要向这些学术机构和学者提供哪些人参与了评议工作，以及每个人已经评议次数的信息。

在评议方式上，曾经施行并且目前仍然流行的是匿名制，而且要求双向匿名，即一方面，在评议学术成果或项目时，隐去被评议者的姓名，以避免私人关系的进入；另一方面，只公布委员会的评议结果，对评议中每个评议人的态度或投票不予透露，或采取无记名投票的方式，以避免评议人顾虑种种利害关系而不能放手运用自己的权利。双向匿名自然有其理由和正面效果，但负面作用也不能不计：评议人无所顾忌地利用投票权谋取个人或圈子利益，置学术公正于不顾，于是匿名制蜕化成行为低下不敢承担责任者的避风港。为了把公开性运用为一种压力机制，有人主张改取"单向匿名"办法，即对被评议者实行匿名，而公开评议人的投票或态度。这当然可能伤及专家系统内部关系，很多评议人也不赞成。折衷的办法有三：其一，理事会根据被评议事务的性质决定公开与否，若宜于公开，则可以选择同意公开的人担任评议人；其二，由委员会公议是否公开，若同意则公开；其三，对评议的详细过程制定一个保密期限，解密期后有兴趣的人有权利了解当时的评议过程及投票情况。欧美学术管理机构也提议，作为一种试验，在事先征得本人同意的前提下，评议委员会可以把评议人的意见连同姓名一起送给申请人。

为了保证评议的公正性，国外还实行了回避和推荐制度，允许被评议人在说明理由的前提下，提出不希望介入的评议人，或者推荐评议人。在评议后，评议委员会需要主动向所有申请人提供反馈意见。

## 四　我国当前同行评议所存在的问题

任何一个国家的同行评议都不完美，如何改进同行评议是一个世界性的课题，但这绝不意味着我们可以忽视自己在这方面的落后。在改革的进程中，学术界亟待规范学术评价程序，提高评价质量，让学术评价对净化学术空气，提升学术品质，尽到它应尽的责任。

### （一）　评价人与被评人一身二任

在任何利益分配事物中，如果某一个人既要参与分配，又要主持分配，即使他主观上力求做到公正公平，也很难让其他参与者和旁观者心悦诚服，更不要说凡人难挡私利的诱惑了。正如西方谚语所云："任何人均不可为自己事务的法官"，也就是俗话所说，运动员不能兼任裁判员，这说起来似乎是常识。但在我们的学术评奖和立项（争取研究课题立项）等活动中候选人兼任评选人的情况却时有发生，常常导致评价的不公。媒体就此已经披露过一些典型案例。

学术评议要贯彻回避原则，近来为较多的机构所注意，这是个进步。但其中还有大中小之分。本人是候选人，是完全退出评议活动，还是仅仅在评议自己时退出；是仅仅本人退出，还是直系亲属和直接相关人士都退出，等等，均有研究改进的余地。

### （二）　非同行比重过大

同行评议本身，追求的就是能够掌握有关专业的语言、方法和动态，并且熟悉相关的资料文献，有能力对评价对象的价值作出公允的判断。如果在学术评价中，外行或半外行占的比重过大，同行评议中的南辕北辙就不可避免了。但在近年来的评价活动中，这种情况却并不鲜见，有人曾对某省的科技进步奖评审专家库的专家展开过抽样调查，在专家对自己是不是所评对象的真正同行作出判断时，统计结果是有约85%的专家或者认为自己的专业与所评项目完全不同，或者对其研究领域不大熟悉甚至完全不熟悉。[13]

同一次调查中，在要求专家们对"同行专家少，非同行专家多"这一现象进行评估时，有 88.5% 的专家认为，上述现象经常发生或时有发生。

上述两组数据表明，在科学技术领域的评价活动中，外行或准外行占的比例是颇为可观的，其评价结果的效度须大打折扣。

## （三）　评价人的学术水准

参与学术评价的专家，最好能是同行，与这个条件同样重要，甚至更加重要的是学术水平和研究能力。但研究发现，有关研究能力的指标与参加评议活动次数的相关系数较低，年龄与参加评议活动的相关系数较高，[13] 观察和统计还表明，比较学者的学衔而言，行政职务与参与评议活动的次数更为强相关。

总之，现行的"同行评议"运行过程中问题甚多，难怪有人感叹道：在我们身边每日每时进行的成果评审、职称评定、科研项目审批等等活动中存在的种种问题：如分配指标、利益分配、说情打招呼、弄虚作假、搞平衡作交易，等等，真是难以尽说……在种种评审活动中（包括对自己对他人、对学生对同行）所见所闻所参与的事中有多少违规、避规、或随意变通规则的行为，有多少令读书知礼之人自觉惭愧又勉为其难，不得已而为之的事情？真是说也说不清！解决这些问题的唯一办法，只能是正视问题，实行政事分开，发扬学术民主，借鉴前人和外域经验，建立健全与国际接轨的评价体制。

**参考文献**

［1］B. 巴伯：《信任，信任的逻辑和局限》，贵州人民出版社 1989 年版，第 131 页。

［2］郑也夫：《信任论》，中国广播电视出版社 2001 年版，第 211—213 版。

［3］唐纳德·肯尼迪：《学术责任》，新华出版社 2002 年版，第 262 页。

［4］吴述尧：《同行评议方法论》，科学出版社 1996 年版，第 2—3、第 21—22 页。

［5］美国国家科学委员会：《科学质量的评估》，国家自然科学基金委员会政策局译 1994 年版，第 22—23 页。

［6］《同行评议调查组给英国研究理事会咨询委员会的报告》，国家自然科学基金委员会政策局译，1992 年。

［7］刘明：《现行学术评价定量化取向的九大弊端》，《自然辩证法通讯》2003年，第 25 期，第 90—93 页。

［8］刘明：《质疑时下盛行的一类学术评价制度》，《科技导报》2001 年，第 4 期，第 23—26 页。

［9］王志田：《科研立项同行专家评议的公正性及其影响因素》，《研究与发展管理》1992 年第 4 期，第 64 页。

［10］Robert K. Merton., The sociology of science ［A］. NormanStorer. Theoretical and Empirical Irvestigationsl ［C］. Chicago：Unrversity of Chicago Press，1973. 443.

［11］朱克曼：《科学界的精英》，商务印书馆 1982 年版，第 23—25 页。

［12］张五常：《衡量学术的困难》，社会科学文献出版社 2001 年版，第 37—41 页。

［13］刘爱玲：《科技奖励评审过程的研究》，胡显章，杜祖贻，曾国屏：《国家创新系统与学术评价》，山东教育出版社 2000 年版，第 147—152 页。

［14］陈幽泓：《评判的评判》，《学术权力与民主》，鹭江出版社 2000 年版，第 304—305 页。

发表于《科学学研究》2003 年第 6 期

# 科学计量学与当前的学术评价量化问题

自从 1990 年代以来，许多学术机构为了便于对学术研究从事管理和激励，引入了对学术成果的定量化评价办法，通过规定研究成果的等级，计算研究成果的数量，赋予教学与科研人员的劳动以不同的分值，加以计酬和奖励。这种做法源自西方的科学计量学，有一定的理性根据和历史渊源，却在其母国一直受到质疑和限制，唯独在我国却大受青睐，对学术研究发生了导向性的作用。为此笔者感到有必要勘察学术评价量化办法的本源，并对其产生的负面后果做出认真的反省。

## 一 引文分析的出现及其应用

### 1. 从文献计量学到科学计量学

长期以来，学术界习惯于对学者能力和论著价值做定性评价，而随着数学的应用从自然科学领域拓展到社会科学领域，尝试将文献情报的价值加以数量分析的努力也就应运而生了。从 1920 年开始，西方就有一些文献分析专家注意到不同的文献作者、不同的文献、不同的期刊，对学术的贡献存在很大的差异，通过他们的研究和计算，得出了一些准定量的定律，到 1960 年，人们把这种运用计量的方法来评价文献价值的工作统称为文献计量学，并归纳了几条作为后来研究基础的重要定律：布拉德福定律、洛特卡定律、齐普夫定律、普赖斯指数等等。

文献计量学的诞生和将它用于分析学者与论文之学术贡献的方法开创了对学术研究加以量化评价的先河。自 1950 年以来，科学研究一步步地从个人和机构自主管理和探索的小科学时代转型为社会与国家愈来愈多地主导和参与的大科学时代，社会和国家也更加关注学者和学术机构的能力，关注研究经费所创造的价值，于是，这种将学者及学术活动量化的研究大大深化了。在这一过程中，文献计量学进而发展成为科学计量学，而美国著名情报学家加菲尔德以引文分析为重心的工作产生了最为引人注目的影响。

### 2. 三大论文索引系统

加菲尔德注意到，当人们阅读文献时，往往会从文末所附的参考文献中选择他们认为最重要、最感兴趣的文献，然后再从这些文献中获得新文献，这种方式如此继续下去，犹如"滚雪球"，使本学科领域的文献积累越来越多，既方便快捷，又具有很强的针对性。于是，加菲尔德便开始构思一种新颖的、挑战传统的主题法和分类法的文献信息检索法——引文索引法。从50年代初开始，他就不断探索，系统地提出了以引文索引来检索文献的方案。1963年，涉及各门类自然科学基础理论的《科学引文索引》（SCI）单行本在加菲尔德主持下出版，1964年改成季刊，进而改为双月刊。1973年，加菲尔德又创建了《社会科学引文索引》（SSCI），1978年进而出版了《艺术和人文学科引文索引》（A&HCI）。至此，包括众多学科的庞大的"引文索引系统"在加菲尔德的领导下全面建立起来了。

文献被引用，说明它所含的知识和信息在科学交流系统中被人利用了。而论文被引用的多少，有可能是学术水平、价值的测度。加菲尔德曾做过3次试验。1977年，他利用1961—1975年共15年间的SCI中近3000万条引文，选出250位被引最多的作者，他们的被引次数均在4000次以上，这些作者中，42名（占17%）为历届诺贝尔奖金得者，151名（占60%）至少属于欧美发达国家一个科学院院士。之后，在1978年和1981年，又做过同样的试验，结果相近。这三次统计试验选出来的被引最多的作者集聚了如此多的诺贝尔奖得主和科学院院士，体现了大规模引文分析和统计基础上评价优秀科学人才的客观性和有效性。①

---

① 罗武胜编：《文献计量学引论》，书目文献出版社1987年版，第273页。

### 3. 计量方法在欧美国家的应用

在欧洲，最广泛、最全面使用定量方法的国家是荷兰，其次是匈牙利，这样的小国家之所以率先采用此种方法，原因是基础科学规模小，本国专家的评议力量有限，在资金竞争和国内不同指标体系的竞争压力下，试图运用国际上的评价力量来评判研究水平。而法国、英国和比利时等国家则处于"开始谨慎地实验性使用"计量学的方法。美国在这方面的表现特别耐人寻味，美国既是一个科学计量学研究最发达的国家，如被誉为"科学计量学之父"的普赖斯，最早创立 SCI 系统的加菲尔德，以及以出版 SCI、SSCIA&HCI 著称的费城科学情报研究所（Institute of Scientific information，简称 ISI）都在美国，1970 年美国就出版了世界上第一部政府组织的《科学指标》，在科学家评价、科学成果评价方面也多有研究报告或案例问世，但美国至今没有形成规模性地应用量化方法的态势和氛围，就连美国国家科学基金会也未全面采用定量与定性相结合的试验，我国的一些在美国留学和工作多年的学者至今根本不知道 SCI、SSCI、A&HCI 为何物，所以美国著名科学计量学家格里菲斯说："从相对指标，或者说，按学科的社会建制、持久的学术研究项目（经费）、大学开设课程状况等指标看，科学计量学在美国亦不过属小科学阶段"①。

发生这种所谓客观的、高效的量化方法在科学发达国家不能推广的情况不是偶然的，根源就在于量化方法本身存在一些根本性的缺陷。美国科学研究委员会的报告指出："尽管文献量化方法对所有的引证一视同仁，但并非所有的引证都同等重要。许多引证是引用常规方法、统计设计、技术修改、或标准数据；有些引文则是用来提醒防止错误的。最重要的引证是承认相关的工作或暗示可能的扩张和应用。这样，一篇论文受到多次引用的事实并不是其自身科学质量的充分证据。另外，科学家若具有非常专门化的研究兴趣，由于出版物很少，引用率通常就会比其他领域低。""只有当评价的团体较大而且相互可比时，或用这种定量方法作为强化同

① 转引自蒋国华等：《科学计量学与同行评议》，载《国家创新系统与学术评价》，第144—145 页。

行判定说服力的辅助手段时，才是最佳的使用。"① 西方学术界曾经对于定量化方法之利弊和应用范围进行了专门而深入的研究和评价，其中最具代表性的研究报告是英国同行评议调查组给研究理事会咨询委员会的报告，报告对量化方法在欧洲的应用提出了严肃而中肯的批评，其结论是："定量方法不能取代同行评议方法。"②

从个案来看，人们也发现，一方面，西方一些研究人员的研究，具有开拓性的价值，而因为其难度很大，耗时很长，发表的成果却不多，在量化评价体制中会被严重低估，例如美国普林斯顿大学英国学者 A. 怀尔斯费时八年证明了费马大定理，在此期间，他绝少参加会议，发表论文，最近的一例则是一位不知名的日本学者田中耕一荣获 2002 年诺贝尔化学奖；另一方面，又可能看到更多的研究人员发表论文、取得成果众多，成果面世的刊物级别也相当高，可以得到很多的量化得分，但对学术的贡献并不大，更严重的是它还诱发了严重的学术违规行为，最近的一例则是 2002年美国贝尔实验室发生的舍恩事件。

## 二　时下流行的学术量化评价办法的"中国特色"

科学计量学始于美国，在其"祖国"只得到非常有限的认可，在欧洲少数小国受到重视，在欧洲大国尚处于摸索阶段，而在中国却获得了广泛的认同，并且多有发展，这可能是这门学科的创始人们无论如何想象不到的了。而且这种方法在中国的学术传统中也难以找到它的渊源。虽然有诸多论者对它给予强烈地认同和热烈地提倡，夸大地认为"自加菲尔德创立引文索引系统以来，应用引文分析方法评价科学研究成果和学术期刊成为国际通用的文献计量评价方法"，它最大的优点在于"其所具有的客观反馈性的定量分析弥补了专家定性评价的缺陷"。③ 但在笔者看来，以

---

① 《科学质量的评估》（内部读物），国家自然科学基金委员会政策局译，1994 年，第 22、5 页。

② 同行评议调查组给研究理事会咨询委员会的报告：《同行评议》（内部读物），国家自然科学基金委员会译，1992 年，第 22—25 页。

③ 何小清：《引文分析法及综合性社会科学期刊评价》，《中国社会科学》2001 年第 4 期，第 192—202 页。

引文分析为代表的量化评价在西方的条件下，固然有其一定的合理性，然而其作用决不能高估，前面对此已有说明；而在我们这里，国际学术界所认为的这种非主流的仅供参考的评价方法短短十年间已经占据了学术评价的统治地位，则典型地反映了在当前的初期现代化阶段，技术主义的工程化、定量化、急功近利的价值取向在学术界的泛滥；也表现出我们这里的同行评议机制已经出现了信任危机，试图以客观化的方法加以弥补。而这种办法的弊端今天尚未给予深入的揭示。

笔者在内部文件、正式出版物及因特网上查找到我国高校、研究机构及党校等颁布实行众多《管理办法》《暂行规定》《奖励条例》等等，①其推崇的学术量化取向表现出这样几个特点：

第一，涉及的领域十分宽泛。以费城科学情报研究所（ISI）为代表的计量分析主要用于自然科学、社会科学及人文艺术学科的正式出版期刊，而我国的量化已经拓展到著作、筹集研究经费、荣获奖金、学术职称的评定与晋升、学位论文答辩、学术岗位聘任等领域，大部分甚至绝大部分与学术研究有关的活动都已经被纳入量化的范畴。许多以教学为主的专科院校，一些基础国民教育单位也提出了教学兼及"科研"的量化评估办法。

第二，认定进入国际索引系统的论文具有高于国内期刊发表的论文的价值。以 ISI 为代表的国际论文索引系统所收录统计的期刊大部分是英文期刊，兼及少数其他西文期刊，它以滚动方式录用或淘汰的主要标准是该期刊的影响因子。至于是否在影响因子高的期刊上发表的论文就一定比在影响因子低的期刊上发表的论文质量高？被列入该系统范围的期刊刊用的每篇论文均具有高于其目录之外的期刊上所发表的论文的价值？是决不能一概而论的，为此已经引发了许多讨论和争议。如今我们的高等学校和其他学术机构差不多都绝对地认定发表在进入国际索引系统，包括（SCI）、（SSCI）、（AHCI）、美国工程索引（Engineering Index，EI），科学技术会议录索引（ISTP）、人文社会科学会议录索引（ISSHP）……的每篇论文的价值均高于国内期刊发表的论文，而且尤其推崇《SCIENCE》《NA-

① 其中有代表性的文件可参看：教育部社会科学研究与思想政治工作司编《全国普通高等学校人文社会科学研究管理手册》，北京师范大学出版社 2001 年版。

TURE》，对有幸发表在它们上面的论文给予很高的奖励或赋值。

第三，带有浓重的行政主导色彩。对于国内公开发行（还包括某些内部发行）的期刊，各学术机构都进行了级别划分，虽然或粗或细，名称各异，目录有别，但大体上可以区分出自上而下的几个等级，如：权威期刊、重要核心期刊、核心期刊、省级期刊、省级以下期刊等，其共同特点是，基本上以期刊主办单位的行政级别来区分刊物级别的层次，认定发表在高级别刊物上的文章价值也高（也就是说水平高、影响大）。与期刊的认定相呼应，书籍出版、奖励、研究资助，也以该项活动的主持部门的行政级别的高低为准。有些学术机构还提出了成果被采纳情况的津贴奖励办法，同样是以做出指示的部门或首长的级别来判定被采纳报告的价值。总而言之，量化的指导思想是，学术活动的价值以其被认同的有关行政部门的级别为指向。在这样的指导思想下，有些民间半民间的，学术影响不在官办期刊以下的期刊就被大大贬低了，甚至根本被排除在外，例如《公共论丛》《战略与管理》《书屋》《道家文化研究》等，它们所举办的评奖活动，例如《读书》编辑部举办的"长江《读书》奖"活动，尽管在学术界闹得沸沸扬扬，但是人家根本不带你玩儿。

第四，主观意向非常显著。从科学计量学研究的初衷看，它是追求对于学术研究成果的客观化价值评估，期刊的客观化指标是影响因子，具体某篇论文的客观化指标是被引用率，尽量排除和减少主观意向的介入。应当承认经过专家借助巨大样本的统计分析论证和模型构造，它们所创立的变量的取值与论文的客观科学计量学与当前的学术评价量化问题价值之间在统计的意义上确实具有较强的相关性。而在我国各学术机构所颁行的各种条例、办法、规定中，对于不同等级的论文、著作、教材、入选课题、获奖等等，给予数额差距很大的现金奖励，或者给予权重差异很大的赋值，每个机构的目录各不相同，奖励及权重也彼此歧异，这当中制度的设计者们的主观意向成分是相当大的。以社会科学为例，我国仿照 SCI、SSCI 体系建立的量化指标体系就是国家教育部委托南京大学与香港科技大学联合开发的 CSSCI 体系，该体系列入了近 500 份期刊，并且给出了各入选期刊的影响因子排序（2002 年）。由于该系统创立的时间较短，论文的样本容量较小，影响了它的信度和效度，但毕竟具有其他指标体系所尚未具备的一定的客观性。此排序中，"高校文科综合学报"类中，《天津师

范大学学报》（社科版）《北京大学学报》（哲社版）《南京大学学报》
（哲社版），影响因子分别列 1—3 位；"党委的理论刊物"类，《中共浙江
省委党校学报》《求是》《新视野》，影响因子分别列 1—3 位。而在我们
的大多数学术机构刊物级别目录中，《天津师范大学学报》（社科版），
《中共浙江省委党校学报》，甚至连核心期刊目录都进不去。我们并不否
认在目前的条件下，要制定量化指标系统，主观性的分析判断有一定的必
然性，问题是，我们通常并不知道这种主观的赋值和权重是由谁或哪些人
研究确定的？系数是如何计算出来的？为什么不同机构的规定会出现很大
差异？确定诸如此类的涉及众多学人的游戏规则应当有严格的程序，有充
分的透明度，但现在似乎差得太多了一点。

## 三　现行学术评价定量化取向的诸多弊端

### 1. 滋生学术掮客

　　量化的规则极大地强化了公关活动的价值。有能做学问的人，先做了
点苦学问，在悟出了此中诀窍之后，转向"三分治学，七分公关"；也有
不能做学问的人，专攻公关之道，修炼出一套擅长于在高级刊物发文，在
国家、省部级获奖、中标的"真"功夫。两类学术掮客殊途同归，其共
同性是，第一，利用当前研究基金政出多门，彼此缺乏沟通，他们找到一
些明白人，琢磨课题指南的意向，投其所好，策划中标可能性较大的选
题，精心组织课题设计，再辅之以足够的公关手段，力图提高中标概率；
第二，将同一性质的课题加以变形，用名异实同的方式向出自不同主管部
门的基金申请，以求拨款经费多多益善，从而达到事半功倍的效益；第
三，一些具备一定学养的掮客作为把关人，会起牵头作用，多少参与实际
研究工作，但因公关费时劳神，参与程度相当有限，而不具备学养的掮客
则只好充当老板的角色，运作过程大撒手，但他们可以利用奖励付酬的办
法，找到会做事的人为之代劳；第四，课题完成之后，依据论功行赏的规
矩，掮客们均以排序第一名的身份出现，名誉当仁不让，报酬必拿首份。
我们众多学术机构的某些硕导、博导因为路子熟、人头熟，正在向掮客转
型，怪不得很多学子私下里已经称他们的导师为"老板"了。

## 2. 扼杀学者个性

在学术森林里，学术论文好似作为主体的参天乔木，但它也必须有工具书、译著、评论、散文、随笔等作为灌木、野草，飞禽、走兽，以及昆虫等等的扶植与呵护。就如学术论文中会有废品、次品；非论文的学术产品中也有上品、精品甚至极品。而数量化评价办法则认为只有按照：题目—摘要—关键词—正文（其中必须包含引论、论点、论据、结论一类"要素"）—参考文献，这样一个不得移易的程式写作的论文、著作才算是"学术成果"，才可能被列入"精品"；而未按该程式写作的文字不要说"精品"，连"学术产品"都不算。论证大量非论文类学术文字以及古人作品的学术意义非眼下这份研究报告的任务。但是，面对今人撰著的权威性的辞海、辞典、手册一类工具书，朱光潜、傅雷、杨宪益等人的译作，钱钟书、杨伯祥等人的古籍注释，王力等人的通俗读物，鲁迅、胡适等人的随笔、杂文，以至高士其、谈祥柏等人的科普作品，顾准根本没有想到发表的书信、笔记……谁又能否认它们的崇高学术、思想价值呢？它们难道不是"精品""极品"吗？不久前辞世的著名民俗学者钟敬文先生自嘲说，按时下的尺度衡量，他一辈子只写过两三篇论文，却当了六七十年教授，惭愧，惭愧。这对"标准"实在是个辛辣的讽刺。

## 3. 诱发资源外流

应当承认拔高国际索引之职能的设计者的良苦用心，即承认我国自然科学和能够比较的社会科学领域与国际先进水平存在差距，通过强化索引意识，可能有利于实现国内学术研究与国际同行接轨。但作法本身则大谬不当，完全达不到其良善的初衷。由于文化背景的差异，哲学社会科学有相当不可比性，SSCI 的分量更需质疑。在当今中国，三农问题、舆论监督问题、土地征用问题、传统文化的发掘和批判继承问题……事关社会公平、反腐败、民族精神的重建，必须成为有良心学者研讨的重点，但它都不可能让 SSCI 等索引系统也一样热心关注。难道为了"与国际接轨"，为了提高论文的级别要让中国教授也去讨论欧美人文社科界热衷的限制移民问题，单身母亲问题，白种人人口比率下降问题……并用英文、法文、德文发表？衡量一个国家的学术水准，学术期刊的质量是一个重要的取项，对于学术管理部门来说，致力于提高中文刊物的质量可以说责无旁贷。量化标准却导致论文，其中部分还是优秀的论文赠送给美欧发达国家的刊物，无偿地为他人做嫁衣裳，挖自家人墙角，这不是资源流失又是什么？我们有什么理由要如此慷慨大方？

### 4. 误识良莠人才

爱因斯坦在一篇评价普朗克的短文中，曾将学术界人士划分为两类四种：第一类包括智力快感型和追逐功利型，"这些人之成为科学家仅仅是出于某种环境的偶然，当作出职业选择时，提供给他们的恰好是这样一种环境。如果出现的环境有所不同，他们也可能成为政客或者企业主。"第二类包括逃避粗俗型和向往惟美型，他特别强调和尊重像普朗克那样基于一种积极的动机，"试图为自己形成一个周围世界的简单而梗概的图像。为了做到这一点，它尝试着建构一个可以给出某种明确表述的图景，人的心灵则在自然界中领会这种表述。这就是诗人所做的，也是画家、思辨哲学家和自然哲学家各自以他自己的方式所做的。""渴望这种先定的和谐一直是毅力和耐心的永不枯竭的源泉。"崇尚惟美取向的学者专心致志于客观真理的发现，没有精力也不屑于去刻意追求成果的数量和投稿刊物的等级，此类案例不胜枚举。诸如，"我不下地狱谁下地狱"的马克思积 40 年之心血完成《资本论》，神甫孟德尔关于两条遗传规律的论文发表在一份名气不大的刊物《布隆自然科学研究学会会志》上 34 年无人问津，未指望做大成就只渴望理解大自然的普朗克从研究辐射问题到创立作用量子概念前后 6 年时间，最近的一例则是从 10 岁就开始立志证明费马大定理的英国科学家怀尔斯深居简出历时 8 年终于破解了这个 358 年之谜……按照定量化标准，他们都将是不识时务者，得分恐怕会少之又少，晋升不说，搞不好还要低聘，甚至下岗。反之，智力快感型和追逐功利型的学人，只要足够聪明（基于文化传统和现实功利大潮的背景，中国教科文卫各界决不欠缺这类理性算计本领堪称一流的人们）则如鱼得水，他们善于揣摩高级刊物的编辑部动向，勤于打探各种评审机构的人员组成，精于拉关系、走后门、搞交易……总之，长于达到"多快好省""短平快"的目标，成为定量化体制下的弄潮儿。

总之，学术成果量化评价办法政事不分，数量质量混淆，有碍百家争鸣，忽视社会分工，将复杂的出版媒体评价简单化；它的流行导致大量无效劳动、重复劳动，催生大量无意义、低质量的学术次品、废品，筛选出来大量智力快感型和追逐功利型的学术人。正如爱因斯坦所说，在学术的庙堂内，"他们对于建设科学殿堂作出了大部分，甚至或许是绝大部分的贡献。但同时有一点也是肯定的，如果献身科学的人仅仅由我已经提到的那两类人构成，科学大厦便决不可能成就到它现在这样的辉煌程度，正像只有蔓草就不成其为森林一样。"① 总之，这一办法不利于学术界思想道德水准提升和国家智力及物质资源的优化配置，已经影响到真正具有理论或现实意义的科学研究活动的组织和开展，是到思考和改革学术评价制度的时候了。

首先，当然学术生产量化评价的做法并非我国独有，也非我国首创，而与学术研究职业化和小科学时代向大科学时代的转型，国家强化了对学术活动的干预有深刻的内在关联。但是必须注意到，国外学术界的有识之士已经对这种现象（有人称之为"麦当劳化"现象）产生的消极后果进行了认真的批评，例如生物学家、前任斯坦福大学校长 T. 肯尼迪指出："我希望我们可以同意从数量的意义上来用研究成果作为任用或提升的一项标准是一种不合适的思想……平庸学识的过度生产是当代学术生活的最为夸大其词的做法；它会因单纯的篇幅而隐匿了真正重要的著作；它浪费了时间和宝贵的资源"；② 其次，这种评价办法在具有儒家传统和东南亚国家最为盛行，又因为大陆地区至今行政权力独大，其衍生的负面作用显现得就尤其严重。为了切实提高我们的理论创新能力，建设一个与悠久历史、深厚学术积淀和现代经济腾飞相称的科学文化大国，我们有责任通过建设性的批评，"按照政事分开原则，改革事业单位管理体系"③ 的基本精神，探讨学术评价的合理可行的好办法，并使之逐渐形成游戏规则，为成果迭出，人才辈出创造一个适宜的制度环境。

发表于《浙江学刊》2004 年第 5 期

《中国社会科学文摘》2004 年第 6 期转载

---

① Max Plank, Preface by Albert Einstein, The New Science.

② ［美］乔治·里茨尔：《社会的麦当劳化》，顾建光译，上海译文出版社 1999 年版。

③ 江泽民：《全面建设小康社会，开创中国特色社会主义事业新局面》。《中国共产党第十六次全国代表大会文件汇编》，人民出版社 2002 年 11 月，第 34 页。

# 论民国时期的大学教员聘任

从清政府于 1898 年开办京师大学堂算起，直到 1917 年的 20 年间，仿效西方体制建立的中国大学体制，能够冲破重重障碍，从无到有，终于得到社会的认同，必须承认是一大伟业。但是从学校数量、学校规模、办学体制上看，大学仍属于初创时期。以京师大学堂为例（1912 年更名为北京大学），1911 年教员总数 42 人，1912 年在校学生 818 人，1916 年教员 148 人，学生 1503 人[1]。而学术风气则尤其萎靡不振，"外人每指摘本校之腐败，求学于此者，皆有做官发财思想，故毕业预科者，多入法科，入文科者甚少，入理科者尤少，盖以法科为干禄之终南捷径。因做官心热，对于教员，则不问其学问之浅深，惟问其官阶之大小。"[2] 1916 年 12 月，蔡元培出任北京大学校长，其志向就在于杜绝衙门习气，锻造现代学术机构。这中间一个关键环节，即是要遴选优秀的教师来改造学风，提升学术。而要实现这一目标，又经历了两个阶段。在第一阶段，出于当时教员人数十分有限，可以用伯乐相马的办法，借助其个人的职业道德、智慧洞察力和对当时有限的学术圈的熟悉，亲自聘任学科骨干；在第二阶段，随着大学规模的扩大，教员的增加，则要制定一系列有利于提升学术水准的制度条例，通过同行评议来选聘敦员。蔡元培在北大的改革对推动其后其他大学的改革起到了很强的示范作用。

## 一　北京大学的教员聘任改革

### （一）蔡元培的"伯乐相马"

蔡元培聘任教员有其执着的标准："延聘教员，不但是求有学问的，还要求于学问上很有研究的兴趣，并能引起学生的研究兴趣的。"[3] 此外，鉴于他到任之前北大深重的官瘾远胜于学问之心的状况，又特别附加一项规定："为官吏者，不得为本校专任教员。"作为其办学"相容并包"政策的具体体现，就是在选聘教员上根本不为那些非学术的聘任标准所束缚，包括文凭、资历、学术观点、私德（不是公德），均不成为蔡元培选聘教师的决定因素。为了防范学术圈子排斥异己，身边的人片面褒贬，蔡元培自有一套应对的举措：

（1）门户开放，相容各派。蔡元培初到北大时，聘用了一些他所熟悉的浙江同乡，其中章太炎的门生又占了很大比例。但蔡元培行事并不从派系利益出发，他聘任的文科学长是《新青年》一系的首领陈独秀，又聘请了另一新派头面人物——《甲寅》杂志和《甲寅日刊》的创办人章士钊，同时还聘请了虽属旧派，但不归章太炎系的名家刘师培、陈汉章以及怪杰辜鸿铭。以这样丰富多彩的教师阵容，为北大造就了新学旧学共处，土生留洋并重的学术格局。

（2）耳闻为虚，眼见为实。亲朋故旧总会不时向蔡元培推荐学人到北大任教，但蔡元培不会偏信一家之言，他一定要亲自过目被推荐者的文章著作，以此作为取舍的主要依据。例如，梁漱溟经教育总长范源廉介绍，带着他在《东方杂志》发表的《究元决疑论》去见蔡元培，蔡元培说已经读过这篇文章并表示肯定，因此同意梁到北大任教。后来，梁离开北大时推荐熊十力替代他的位置，蔡元培也是因为读过熊十力的《熊子真心书》且非常赏识，固对梁漱溟的推荐慨然应允。

### （二）蔡元培的制度选人

蔡元培亲自选聘了少数思想学术界领军人物到北大任教，但他不可能对教师任用事必躬亲，对于一般教师的聘任，他须借助教授们的共同推荐。而且他从治校伊始，就认识到应从制度上规范聘任工作。为此，他从1918年（民国七年）起就着手制定了一系列相关的规章条例，1919年，北大还在校行政会议下面建立了专门的聘任委员会，负责协助校长审查候选人的任职资格。

（1）在蔡元培所主持制定的民国七年（1918）《国立北京大学规程》[4]中，规定：

"第三条　学长由校长呈请教育总长任用之并呈报一大总统。

第四条 正教授、教授、讲师、外国教员、图书馆主任、庶务主任、校医均由校长聘任之，并呈报教育总长。

正教授、教授延聘以一年为试教时期，期满若双方同意，得订立长期契约。

第六条 职员除讲师外不得兼他处职务。

第十二条 第二表职员（注：包括正教授、本科教授、预科教授、助教、讲师、外国教员）进级与否，由校长参酌左列各项情形定之。

（甲）教授成绩（乙）每年实授时间之多寡；（丙）所担任学科之性质；（丁）著述及发明；（戊）在社会之声望。"

（2）同年（1918年），北京大学校评议会通过《教员延聘施行细则》。规定第一年为初聘，有效期为一学年，具试用性质；至第二年六月致送续聘书，方才长期有效。过期未送续聘书者，即作为解约。[5]

周作人曾经回忆说："北大旧例，教授试教一年，第二学年改送正式聘书，只简单的说聘为教授，并无年限及薪水数目，因为这聘任是无限期的，假如不因特别事故预先声明解约，这便永久有效。十八年以后始改为每年送聘书，在学校方面怕照从前的办法，有不讲理的人拿着无限期的聘书，要解约时硬不肯走，所以改了每年送新聘书的方法。"[6]

1923年蔡元培、蒋梦麟等人筹办杭州大学，体现出在大学推行终身教职的构想。在蔡元培主持、蒋梦麟执笔的《杭州大学章程》[7]中，对教研人员的任期规定是：正教授（相当于现在的讲座教授）任期无限；教授初任三年，续任无限期；辅教授（相当于现在的副教授）初任一年，续任三年，再续无限期；讲师和助教初任一年，续任一年至三年，续聘得续任，特别讲师（兼职讲师）以所授科目的时间长短为标准。可以看出，这一规定中，终身教职的起点是定在辅教授一级，对其进行两次评审（初任一年后，续任三年后），即任职四年后，可获得终身教职。

（3）1919年，开始设立聘任委员会，协助校长聘任教职员。委员以教授为限。规定聘任委员会非校长或其代表出席不得开会，以示郑重。聘任委员会的成员均有相当的公信力与学术声望，例如当年选出的委员是：俞同奎、马寅初、胡适、宋春舫、蒋梦麟、马叙伦、黄振声、陶履恭、顾兆熊。[8]凡新聘或延聘教授都要经过委员会的审查与投票决定。审核是相当认真严格的。如1921年11月，周作人推荐俄国学者马耶索夫讲授《欧洲哲学史》，经蔡元培同意提交聘任委员会讨论。结论是："因会员均以俄国人只可请讲俄国文学之类；若欧洲文学史等，恐与中国人相去无几也"，未能通过。[9]

又如，对于品行不端的所谓"探艳团"团长、英文教员徐佩铣，不学无术的英籍教员克德来（Cartwright）、燕瑞博（Robert William Swallow），蔡元培通过聘任委员会，将其解职，《北京日报》还刊登了消息，结果引发了轩然大波。首先，英国人具呈控告北大及蔡元培，说是指称他们不堪胜任教职，使其职业蒙受损失，为此要求索取一年或二年的薪金；继之，英国公使馆出面干涉，向中国外交部提出抗议；最后，英国公使朱尔典亲自出马，找蔡元培谈判，进行恫吓。这时，外交部和教育部也多次来函，指责北大处置不当。蔡元培则明确回答："本校辞退克教员，系按照合同第九条办理，毫无不合"。"以是本校虽承贵部谆谆以和平解决相劝，而苦别无办法，若该教员必欲赴诉，则听其自由而已。"在与朱尔典谈判时，朱竟威胁说："阁下愿意作为证人出庭吗？"蔡元培严正回答："如果按照法律，需要我作证，我也许会出庭。"

这一时期被解聘的外籍教员还有牛德兰（Newland）、斯华鲁（Swallow）、伦特（Lent）诸人。蔡元培后来论及这件事时说："那时候各科都有几个外国教员，都是托中国驻外使馆或外国驻华使馆介绍的，学问未必都好，……我们斟酌了一下，辞退几人，都按着合同上的条件办的，有一法国教员要控告我，有一英国教习竟要求英国驻华公使朱尔典来同我谈判，我不答应，朱尔典出去后，说：'蔡元培是不要做校长的了，我也一笑置之。'"[10]

（4）尊重学者，保障权益。大学的教学与研究工作固有其自身的规律，必须承认这一规律，才能保证公平、公正，使学者全身心投入学术。为此，蔡元培特意提出了《教员保障案》，并且着力推动建立终身教职体制。

1922年2月，蔡元培根据教授聘任工作中所存在的问题，特地提出《教员保障案》，以完善教授的聘任及任职的制度。此提案经校评议会第五次会议通过并付诸实行。因此，提案对于北大以后的教授聘任产生了十分重要的制度规范作用，特收录全文如下：

查本校聘设教授之意，要不外欲受聘者专心致意于功课之讲授，及学术之研究，此意至善，亦即任教授者之所乐于从事者也。然事每与愿违，盖因尚有使教授不能专心致意者在耳。举其要者，如所任功课之常有变更，及地位之时有摇动，均足减少教授浓厚之兴味，发生不良之影响。如下列意见三条能见诸实行，则本校聘设教授之原意，及教授专心功课与学术之志愿，均可完成矣。

（一）凡已得续聘书之各系教授之辞退，应由该系教授会开会讨论，经该系教授会五分之四之可决，并得校长之认可，方能办理。如该系教授不及五人，应经全体教授可决。但开会时，本人不得列席。

理由：聘请教授时，既须经聘任委员会之通过，主任之赞成，校长之函聘，复有试教一年之规定手续，可谓郑重矣。试教期满，复经续聘，是校中认其能胜任矣。故辞退，特亦应经郑重之手续，不应凭学生之意见，或主任、或教务长一人之意见，将其贸然辞退。

（二）各教授应担任何项功课，应由该系教授会开会，公同商定。一经商定后，应始终令其担任。即欲变更，亦须再行开会议决。

理由：查现行办法，各教授担任何项功课，多由主任一人决定，并不先征本人同意。至近上课时，方由注册部通知，又本年所任功课，虽各方面并无不满意之表示，而至下年时，仍可由主任决定，另换他人担任。此法流弊甚多，撮要列举于后：

（1）各教授所任课程，往往有为本人所不能，或不愿讲授者。

（2）通知过迟，遂致搜罗材料，编辑讲义，均须仓卒从事，本人既深感不便，讲授时又难使听者满意。

（3）功课常有变更，致教授无意于数种学科特别之研究。若本项意见能见诸实行，则上列各弊，可以免除。一二年后，教授对于学术界，必能多有贡献。

（三）各系教授会，应每月至少开会一次。凡本系科目之增减，应开教授会议决，不能由主任或教务长一人决定。

理由：查教授会组织法中，原有"教授会每月开会一次，商议本部应办事宜"及"凡关于下列诸事（其一即'本部学科之增设及废止'）本部教授皆有参预讨论之责"。自应切实施行；以收集思广益之效，而免垄断专制之弊。[11]

此《保障案》的意义在于：第一，明确了教授聘任及辞退过程中，教授会、系主任、教务长、校长等各方的权力和责任，避免了个人专断或学生主导，着重于同系教授的集体意见，这样，就便于通过同行评议，将教授的学术水平、教学效果、人品、人际关系等诸项因素统一起来，对教授是否适合其职位的工作作出比较公平而民主的判断，已聘任教授的辞退必须慎之又慎；第二，文件通情达理地指出，教授的学术水平是否能够得以体现，教学效果是否优良，在很多情况下，完全归功或归咎于当事人并非公平，它很有可能须溯源于有关负责人的教学安排。而要让教授真正表现出他的水平与能力，必须在本人认同，教学与研究可能统一的前提下确定其讲授科目。这也是教研人员能够贡献学术成果的必要保证；第三，强调在大学用人及教研安排的过程中，为了克服中国式管理中"人治"色彩浓重的弊端，须着重良性制度的建设，涉及行政负责人的权力，一要保证，二要制约，尤其要对教授会发挥职能作出明确的制度规定与时间规范。

蔡元培就任北大校长后，短短几年间，在这个中国头号学府就教员聘任所开展的制度建设对中国大学积蓄学术力量，提升学术品质起到了一定的示范作用。[12]在此同时，其他大学也就教员聘任改革进行了有益的探索。下面以清华学校为例作一说明。

## 二　清华学校（大学）的教员聘任改革

1. 清华学校成立于辛亥革命发生后不久的 1912 年 11 月，系由清华学堂改制而来。从教师待遇上考量，早期的清华教师聘任，表现出以下几个特点：第一，美籍教员的薪酬远远高于中国籍教员（平均月薪之比为 3.1∶1）；第二，担任西方语言及现代科学教学的教员薪酬高于担任国学教育的薪酬（平均月薪之比为 1.2∶1）；第三，行政职员的薪酬比照担任西方语言及现代科学教学的教员薪酬，即其平均水平仍高于讲授国学的中国籍教员。这一做法有明显的欠缺公平之处，受到很多批评，于是出现了后面的改革。

1920 年 6 月清华学校董事会启动了薪酬改革，虽然仍旧表现出

"男女有别""重洋轻土""重西学轻国学"的意向，但其可取之处则是降低美籍教员的待遇，提升留学生、有高学位者、有欧美教学经历者的待遇。

（1）美籍教员若有欧美著名大学博士学位，另加年薪400元，有外国大学专任讲师之经历者，一年加薪400元，以二年为限。既有博士学位又有教学经验者，最高年薪可增加1200元。

（2）中国留学生有博士学位者，在起薪之外，年薪增加480元；如曾任外国名大学讲师一年以上者，年薪亦增加480元，以二年为限。

（3）留学生之起薪，每三年加薪和最高薪级，均为国内大学毕业生的两倍。[13]

这一改变虽然有其积极意义，但还是引起了教职员及学生的不满。1923年1月，刚刚从哥伦比亚大学取得教育学博士学位回校任教的清华校友庄泽宣发表文章，公开质疑这一"任用规则"：第一，中国教员之曾留学者与未曾留学者，不问其学问如何，薪俸相差甚巨，是否前者的学问一定比后者为佳？第二，美籍教员与中国籍教员之薪俸相差亦巨，且享有其他种种优惠，是否合理？第三，薪俸增加纯以年限久暂为准，年限久者是否学问年年增进？新任教授者是否必不及人？第四，凡得博士者加薪，而有著作或发明者，却不加薪，似非提倡学术之道。他于是参照外国大学教授、副教授、助教授、讲师、教习、助教的职位设定，考虑到研究发明、学位、教学方法、年资等因素，制定了一个他认为更加合理的薪俸表（如下）[14]：

**庄泽宣建议的清华学校教员月薪表**　　　　（单位：银元）

| 职位 | 最低月薪 | 研究或发明每次加薪 | 年资加薪 | 最高月薪 |
| --- | --- | --- | --- | --- |
| 正教授 | 400 | 40 | 20 | 800 |
| 副教授 | 300 | 40 | 15 | 600 |
| 助教授 | 200 | 40 | 15 | 400 |
| 教习 | 100 | 40 | 10 | 200 |
| 助教 | 50 | 40 | 10 | 150 |

资料来源：庄泽宣："教员待遇问题"，《清华周刊》，267期1923年1月13日，第6—10页。

庄的方案得到许多教员以及国外留学生的支持，但学校当局顾忌到美驻华使馆、外交部的态度，以及经费等因素，没有采行。反观80多年前庄氏所提出的建议，实质上说的是：在定级、待遇的评议中，必然涉及到学者的学历、学位、年资与实际学术水平、学术贡献两个方面，传统做法往往是偏重前者，慢待后者，导致一种不公平，应当如何将其摆平的问题。在美国式多元化办学的体制下，这一矛盾是通过建立"学术市场"来解决的；而在中国式（包括大多数发展中国家和相当部分发达国家）大学教育处于行政统一管理的体制下，仍有待寻找解决之良策。

2. 1926年，由曹云祥任校长的清华学校制定了《清华学校组织大纲》[15]，本着"教授治校之原则"，改革以往在教员聘任过程中具有行政权力的人员，尤其是高层行政人员权力过大的弊病，就教员评聘许可权作出了较为明确的规定：成立"评议会"和"教授会"，二会互相制衡，以"评议会"为学校最高权力。评议会"以校长、教务长及教授会互选之评议员七人组成，校长为当然主席。"评议会的权力之一即"议决教授、讲师与行政部各主任之任免"。《大纲》还规定学系主任（名誉职）由该系教授、教员于教授中推举，任期二年，学系主任的职权之一为"推荐本系教授、讲师、教员及助教"。从此规定中可以看出，教员的任用，第一，取决于学系主任的推荐，而学系主任一般是由具备相当公信力的教授担任的，有助于保证被推荐者的质量；第二，取决于评议会的"议决"，因此评议员的素质便成为任用得当与否的关键环节。

第一次教授会议在1926年4月举行，议程之一即选举评议员，最后当选者为：陈达（社会学家）、孟宪承（教育家）、戴志骞（图书馆学家）、杨光弼（化学家）、吴宓（西方语言文字学家）、赵元任（语言学家）、陈福田（外国语言学家）。从这一名单中可以看出，评议会议事可以保证有较高的学术品位。[16]

3. 创立于1925年的"清华学校研究院"，即今天所说的国学研究院，在20世纪推动以西方现代方法研究中国传统学术（国学）的过程中起到了创建范式的作用。这种任用之发挥与她所订立的研究宗旨及选人标准有着直接的关系，由于彼时近代意义的中国学术社会刚刚萌生，与蔡元培改造北大一样，建制选人不可避免须循"伯乐相马"一径。作为研究院筹备处主任的吴宓所订立的宗旨是，"故今即开办研究院，而专修国学。惟兹所谓国学者，乃指中国学术文化之全体而言。而研究之道，尤注重正确精密之方法（即时人所谓科学方法）并取材于欧美学者研究东方语言及中国文化之成绩，此又本校研究院之异于国内之研究国学者也。"[17] 为了实践这一宗旨，吴宓同时还提出了聘任教授及讲师的严格标准：

（1）受聘者必须具有中国文化之全部知识。

（2）必须具备正确和精密的科学研究方法。

（3）熟悉欧美日本学者研究东方语言及中国文化之成果。

（4）愿意和学员亲近、接触、热心指导，期其于最短时间内学到丰富的知识和治学方法。[18]

此一标准不可谓不高，而吴宓也确实是以此高标准聘请到了王国维、梁启超、赵元任、陈寅恪四位教授和李济一位讲师。其过程大体如此：

首先，曹云祥校长征求时任"清华大学筹备顾问"的胡适的意向，欲请他出任研究院导师并主持工作，但胡称："非一流学者，不配作研究院导师，我实在不敢当。你最好去请梁任公、王静安、章太炎三位大师，方能把研究院办好。"[19]

接下来，1925 年 2 月 13 日，吴宓手持校长曹云祥的聘书，到北京王国维的住处，聘请王来国学研究院任教。吴后来在其《自传》中写道："宓持清华曹云祥校长聘书恭谒王国维（静安）先生，在厅堂向上行三鞠躬礼。王先生事后语人，彼以为来者必系西装革履，扬对坐之少年，至是乃知不同，乃决就聘。"

同年 2 月 16 日，经吴宓的推荐，曹云祥校长电聘陈寅恪为研究院教授；6 月，陈致信吴宓，接受聘请，说明"明春到校"。2 月 22 日，吴宓持曹云祥校长的聘书专程赴津，聘请梁启超出任国学研究院教授，"梁先生极乐意前来。"4 月，经教务长张彭春的推荐，曹校长电聘赵元任担任国学研究院导师，赵认真考虑后，接受了这一邀请，于 6 月上旬抵达北京，12 日到校。在此时间，还经丁文江的介绍，梁启超的积极推动，曹云祥校长还曾聘请旅美清华校友李济任教授，只因李与美国史密森研究院弗利尔艺术馆有约在先，而不能"常川住院，任教授与指导之事"，遂依惯例聘为人类学专任讲师。

6 月 15 日，校长曹云样正式批准研究院教职员名单：教授：王国维、梁启超、赵元任、陈寅恪；讲师：李济；助教：陆维钊、梁廷灿、章明煌；主任：吴宓；事务员：卫士生；助理员：周光午。[20]

我们从聘任过程中可以看到，由于彼时学术界人数有限，学者间的推荐和学者出身的长校负责人的认同在这里所发挥的协同作用。

从 1925 年兴办到 1929 年停办，研究院只存在了四年，共录取了 74 人。除 2 人退学、4 人病故外，实际完成学业 68 人。曾在研究院任教的教职员共 17 人。根据办学规定，"学生研究一年完成论文一篇，经导师核可即准毕业，毕业证书由校长及全体导师签名盖章。第二年起准许成绩优良者继续研究一二年，每年毕业一次，照发毕业证书，但不授予学位。"[21] 即表现出鲜明的"重学问而轻学位"的态度。短短四年中，人才辈出，硕果累累。毕业的 68 人，后来成为两岸以至海外教授与研究中国学术的栋梁，其办学经验极具总结发扬的价值。所以在 1995 年 7 月，清华大学特别兴办了"纪念清华国学研究院七十周年国际学术讨论会"，主题有三：一、纪念创办研究院的六位学者——梁、陈、赵、李、吴；二、清华人文学术范式的建立及其当代意义；三、国学研究院人才培养与学术研究的成就与经验。[22]

4. 1928 年 9 月，罗家伦出任清华大学校长。罗上任后，即对当时的清华管理提出八项批评。其中包括："职员过多，地位权力也太大，如'评议会'及各委员会成员，多为职员而非教员。""教员待遇重资格而非学识，以至'有学识的教授不多'。"[23] 有鉴于此，罗氏采取了重发聘书（续聘 18 人，解聘 37 人）、在国内外新聘教授讲师（至 1929 年 4 月，新聘近 30 人）、成立聘任委员会、改善教授待遇、依照 1928 年（民国十七年）蔡元培主持的大学院公布的《国立清华大学条例》重组"评议会"、"教授会"等措施，着力提升学术氛围。其中新设立的"聘任委员会"的职责就是专事进一步延揽国内外有成就学者，充实各系教学研究力量。第一届聘任委员会（以下简称"聘委会"）由王文显、杨振声、吴之椿、陈岱孙、陈桢、翁文灏、张广舆等八人组成，以后该委员会多次进行调整，但一直维系了相当强大的学者阵容。

经查，从 1930 年 11 月至 1937 年 5 月的六年多时间里，聘委会共开会近 30 次，研究审定了数百人次的教员聘任及资格议题。抗日战争爆发，清华南迁与北大、南开合组西南联大后，从 1938 年 11 月至 1946 年 5 月，聘委会共开会 30 多次，有效地解决了在动乱的战争年代，联大能够集中一大批优秀学者，保持相当高的教学质量和学术研究水准。[24]

从有关资料可以看出，聘委会拥有相当大的权力，这一权力在不同时期有所调整，但大体上包括以下几项：（1）确认校务会议所拟聘请的教授讲师及导师名单；（2）确定下一年度续聘各系、所教授、副教授、专任讲师名单；（3）审定新聘教授讲师副教授任职资格；（4）决定教员的晋升；（5）就教师服务规程中各级教员聘任及相关待遇提出修正建议，等等。[25]而已聘教员要提升聘任级别须有现任教授的推荐公函作为讨论依据，1941年闻一多就曾为讲师许维通、陈梦家晋升副教授写过推荐函，信中概要列举了许、陈的代表性研究成果，评论了其学术价值，随后聘委会同意改聘二人为副教授。[26]

## 三　民国政府关于教员资格的规定与审定

### 1. 规定大学教员资格

据1927年6月15日国民政府教育行政委员会公布的《大学教员资格条例》[27]，明确将大学教员划分为教授、副教授、讲师、助教四等。任职教员必须具有下列资格之一：助教须为国内外大学毕业，获学士学位，有相当成绩；在国学上有所研究者。讲师须为国内外大学毕业，获硕士学位，有相当成绩者；担任助教一年，成绩突出；在国学上有贡献者。副教授须在外国大学研究院研究若干年，获博士学位，有相当成绩；任讲师满一年，有特别成绩，于国学上有特殊贡献者。教授须为担任副教授二年以上，有特别成绩者。

担任大学教员须经大学教员评议会审查，由该教员呈验履历、毕业文凭、著作、服务证书。大学教员评议会审查时，由中央教育行政机关派代表一人列席，遇资格上有疑问及资格不够但学术上有特殊贡献者，例如学术有特别研究而无学位者，由评议会审核酌情决定。

1940年（民国二十九年）10月4日，为了统一大学和独立学院教员资格审查，教育部公布《大学及独立学院教员资格审查暂行规程》[28]。文中明确："大学及独立学院教员等别，由教育部审查其资格定之"（第二条）。并对大学教员任职资格再作规定：

助教须具左列资格之一：一、国内外大学毕业得有学士学位，而成绩优良者；二、专科学校或同等学校毕业，曾在学术机关研究或服务二年以上，著有成绩者。（第三条）

讲师须具左列资格之一：一、在国内外大学或研究院所得有硕士或博士学位，或同等学历证书，而成绩优良者；二、任助教四年以上，著有成绩，并有专门著作者；三、曾任高级中学或其同等学校教员五年以上，对于所授学术确有研究，并有专门著作者；四、对于国学有特殊研究及专门著作者。（第四条）

副教授须具左列资格之一：一、在国内外大学或研究院所得有博士学位或同等学历证书，而成绩优良，并有价值之著作者；二、任讲师三年以上，著有成绩，并有专门著作者；三、具有讲师第一款资格，继续研究或执行专门职业四年以上，对于所习学科有特殊成绩，在学术上有相当贡献者。（第五条）

教授须具有左列资格之一：一、任副教授三年以上，著有成绩，并有重要之著作者；二、具有副教授第一款资格，继续研究或执行专门职业四年以上，有创作或发明，在学术上有重要贡献者。"（第六条）

《规程》又特别规定："凡在学术上有特殊贡献，而其资格不合于本规程第五条或第六条之规定者，经教育部学术审议委员会出席委员四分之三以上之通过，得任教授或副教授。"（第七条）

在教员资格审查的过程中，曾议论过大学教员学术送审成果的范围[29]，有人提出，应明文规定下列五种情况不得列入成果范围：（1）中小学教科书；（2）通俗读物；（3）翻译外国之教本；（4）演讲集；（5）与他人合作之著作而申请人仅为其助理者。最后议决，除其中第三项"翻译外国之教本"外，其他四种均不列入资格审查范围。

### 2. 审查认定教员资格

国民党执政时期，其教育部也努力强化其行政权力，在大学教员的资格审查认定过程中，提升自己的发言权。但另一方面，以蔡元培、梅贻琦、竺可桢等为代表的教育学术界又尽一切可能维护学术自主的原则。因此，在审查大学教员资格的教育部学术审议委员会的组成上达致了某种平衡。

1939年7月制定的《教育部学术审议委员会章程》[30]中，赋予该委员会很大的职权，其内容包括：（1）审议全国各大学学术研究事项；（2）建议学术研究之促进与奖励事项；（3）审核学士及硕士学位授予暨博士学位候选人之资格；（4）专科以上学校教员资格之审查，等等。

该《章程》规定，除教育部部长、次长及高等教育司司长为当然委员外，设聘任委员25人，其中由教育部直接聘任12人，国立专科以上学校（院）校长选举13人。

1939年直2月组织了专科以上学校（院）校长进行选举，依得票多少，产生了13名委员。其名单如下：文科—冯友兰、傅斯年；理科—竺可桢、吴有训；法科—周鲠生、王世杰；工科—茅以升；商科—马寅初；医科—颜福庆；艺术—滕固。因得票相同，由抽签决定的是教育蒋梦麟、农科邹树文、军事及体育马约翰。

自1940年（民国二十九年）至1948年（民国三十七年）7月，教育部学术审议委员会前后共审查专科以上学校教员30批，计教授2728人，副教授1332人，讲师2151人，助教2903人，共计9114人。前后共审查硕士论文22批，通过259人。[31]

### 3. 设置"部聘教授"

1941年6月，国民政府教育部决定[32]，设置"部聘教授"，其条件为：（1）在国立大学或独立学院任教授十年以上者；（2）教学确有成绩，声誉卓著者；（3）对于所任学科有专门著作，且具有特殊贡献者。其名额暂定30名。其推举办法是；除由教育部直接提出者外，国立大学及独立学院或经教育部备案之具有全国性之学术团体，可向教育部推荐。最后由教育部学术审议委员会全体会议出席委员2/3以上赞成，给予确认。

经上述程序，最后确定了29人为部聘教授，名单如下：杨树达、黎锦熙、吴宓、陈寅恪、萧一山、汤用彤、孟宪承、苏步青、吴有训、饶毓泰、曾昭抡、王琎、秉志、张景钺、艾伟、胡焕庸、李四光、周鲠生、胡元义、杨端六、孙本文、吴耕民、梁希、茅以升、庄前鼎、余谦六、何杰、洪式闾、蔡翘。

这些学者的第一个任期自1942年8月至1947年7月，经学术审议委员会 1947 年 7 月议决[33]，这 29 人一律续聘第二个任期，即自 1947 年 8 月至 1952 年 7 月。

## 四　民间机构介入教员聘任

1930 年，傅斯年、胡适为了帮助蒋梦麟改革北大，是年 1 月 9 日拟定了《北京大学与中华教育文化基金董事会合作研究特款办法》。1931 年，中基会在上海举行第五次常会，蔡元培主持。"第五次常会通过的'中基会与北大每年各提出二十万元，以五年为期，双方共提出二百万元，作为合作特别条款，专作设立研究讲座及专任教授及购置图书仪器之用'的合作办法。这个合作办法的一个主要基础是设立'研究教授'若干名，其人选'以对于所治学术有所贡献，见于著述为标准'，其年俸'自四千八百元至九千元不等，此外每一教授应有一千五百元以内之设备费'。研究教授每周至少授课六小时，并担任学术研究及指导学生之研究工作。研究教授不得兼任校外教务或事务。"[34]

同年 4 月 24 日，中基会在北平举行第三十六次执行财政委员会联席会议，议决："关于与北大合作设立研究教席及奖学金一案，由主席（赵元任）报告接洽情形，并将双方会拟办法草案，提请审查，经讨论后修正通过。该办法所规定之顾问委员会，现由北大校长、基金会干事长，及双方合聘之胡适、翁文灏、傅斯年三君，共计五人担任，并予备案。"

继后，选聘工作便循序展开。1931 年 6 月 6 日的《北平晨报》报道，"北京大学自蒋梦麟回校后，即努力整顿校务，聘请教授，更费煞苦心，尤以法科教授为最……"该报 1934 年 4 月 26 日报道，"北京大学国文系系友会，交际代表孙震奇……等四人，原定昨日上午谒见校长蒋梦麟，再度挽留林埙、马裕藻、许之衡三教授……但据蒋氏表示，对林、许二教授，于下年度，决定解聘，马教授则继续聘请"。[35]

1948 年胡适写道："……民国二十年一月，蒋梦麟先生受了政府新任命，回到北大来做校长。他有中兴北大的决心，又得到了中华教育文化基金会董事会的研究合作费一百万的援助，所以他能放手做去，向全国挑选教育与研究的人才的。他是一个理想的校长，有魄力，有担当，他对我们三个院长说：'辞退旧人，我去做；选聘新人，你们去做。'"[36]

于是发生了 1934 年林埙等人被解聘的事："今年暑假前，北大校长蒋梦麟拟将国文系主任由文学院院长兼，致国文系主任马裕藻、教授林损、许之衡三人相继辞职，于是引起一场大纠纷。"

必须注意到，民国时期评聘活动得以有序进行的时代背景是，学术社会规模有限，可以说是熟人社会或准熟人社会。《教育部检报国立专科以上学校教员及国立研究机关科研人员统计总表》[37]。可以给我们以数量的认识。截至 1945 年 4 月，国立专科以上学校共有教授及比照教授人数 3070 人，副教授及比照副教授人数 982 人，讲师及比照讲师人数 1520 人，助教及比照助教人数 1887 人；国立学术研究机关相应职级的人数分别为：128 人，81 人，127 人，68 人；两项相加，各个职级的人数总计为：教授级 3298 人，副教授级 1063 人，讲师级 1647 人，助教级 1955 人。其中规模最大的国立中央大学也只有教授 325 人，副教授 57 人，讲师 113 人，助教 259 人。西南联大则分别为 155 人，7 人，34 人，177 人。国立中央研究院分别为：55 人，32 人，45 人，16 人。而 21 世纪初，我国高等学校已经增加到 2000 余所，教研人员近 70 万人，比 50 多年前扩大了数十倍，大大增加了管理的难度。这是我们在考虑制度变迁的背景条件时必须要考虑的。

## 五 几点认识

以上我们用十分有限的文字粗糙地勾画了以北大、清华为代表的著名大学在民国时期的教员聘任做法及演变，教育行政主管部门——教育部如何参与教员资格的审定，未及述说具体运作程序与对个体对象如何评价的细节。但通过梳理我们已经查阅的资料，还是可以总结出几点有益的启示。

1. 在学习和借鉴开创了近代学术机构与学术制度的欧美国家的基础上，建立中国自己的大学与研究体制，是民国时期巨大的学术创新工程。而"所谓大学者，非谓有大楼之谓也，有大师之谓也。"[38]有效地选聘优秀的教员到大学来从事教学和研究，乃兴办大学的头等大事。回首 20 世纪上半叶各著名大学及研究院人才辈出，成果丰硕，应当承认当年在如此之短的时间里所构建的学术体制，包括教员聘任制度是有效的，实现了其广纳各路人才，培养聪颖后生，推进中华学术的宗旨。

2. 选聘工作得以有效持续开展，首先要归功于主持这一工作的以蔡元培为代表的一批怀抱促进传统学术近代化大志，又学贯中西的"学界泰斗，人世楷模"（毛泽东评价蔡元培语）。可以列入这一名单的有：梅贻琦、傅斯年、胡适、竺可桢、张元济、蒋梦麟、吴宓、潘光旦、冯友兰……无论在选聘过程主要倚赖"伯乐相马"模式，还是倚赖"聘委会""教授会"模式的时期，他们都能不徇私情，秉公办事，而且具备学者的眼力，得以拈量出选聘对象的学术分量。而"教授治校"的方针是这些具有公信力的大师能够掌控聘任权力的保证。

3. 教员选聘经历了从民国初年的"伯乐相马"模式逐渐过渡到三四十年代的制度规范模式的演变，30年代末教育部先是作出了关于教员资格的规定，继后又成立机构对教员资格进行审查。这是对大学数量增多，规模扩大、教员群体增长所带来的教员水平日益参差不齐的制度反应。有关资格、评聘之条例、机构的制度制约之加强，教育行政部门之间接与直接界人，有助于保证教员的基本质量，使其得以有效运转的要义在于确保行政发言权与学术发言权的平衡。

4. 资格的认定与晋升。循格与破格是一对矛盾，处理好这对矛盾，是开发人才资源的重要条件。民国初年，制度尚未建立或初建而不完备，少数学术界主持人拥有聘任学者的大权，他们须依靠学术圈子里熟人的推荐和个人的洞察来聘人用人，破格的情况不鲜，诸如梁漱溟、陈寅恪、沈从文分别为蔡元培、曹云祥、胡适礼聘就是耳熟能详的成功个案。30年代以后，制度逐渐趋于严谨，其中重要的规范之一就是明确规定了出任助教、讲师、副教授、教授的学历、资历。对于在学校教育过程中常规发展的绝大多数人来说，如果你智力强，肯用功，总是能够具备硬杠杠的规定的，学历、学位毕竟是专业人员可以获得社会信任的基本尺度，没有其它尺度可以取代。但是在任何时代，都有一些非常规发展的人，或者因为家庭环境、经济条件的限制，未能完成更高程度的学历教育，但却在某一方面做出了突出的业绩；或者能力兴趣严重倾斜，特长、特短集于一身，等等。对于这样一些特殊人物，如果依常规处置，不予重用，或者给学术发展造成损失；或者迫使这些人造假，骗得学历、资历，以便被纳入常规渠道。总之，如果制度设计中不考虑给特殊人物安排破格的通道，对学术和社会都是相当有害的，也是极不公平的。胡适就曾指出认同"同等学历"是办好教育的必要条件。1927年，教育部《大学教员资格条例》特别为国学教员任教作了破格的规定；1940年教育部《大学及独立学院教员资格审查暂行规程》特别规定要考虑"在学术上有特殊贡献"的学者，这是合理的。其实，在各个学科中，都需要考虑破格的程序操作，以鼓励脱颖而出。在三四十年代的清华、北大，都有破格的做法，激励超常者做出杰出的贡献。例如理科的华罗庚（中学学历，1937年被熊庆来聘请到清华任职；第二年经叶企荪主持破格聘为助教）、文科的钱钟书（1929年报考清华大学，数学考试15分，中英文成绩特优，被破格录取；1938年回国后由冯友兰推荐直接聘为清华教授，而不是按规定聘为讲师）。当然，破格必须严格掌握，否则可能为徇私枉法，当权者玩规矩于股掌之中打开方便之门，要把好这一关，就必须由具备公信力的优秀学者以同行评议的方式开展评聘工作。

5. 教员是否称职，不能仅仅单方面追究教员的责任。课程设置是否得当，教学安排是否适时，教学民主是否得到发扬，等等，总之，教师权益是否得到保障，也是教师专心致志、献身教育与学术的基本条件。大学行使行政权力的人们，从教研室主任、系主任到院长、教育长，也应从这个方面时时进行检讨，以取得教员的信任，为教学与研究的开展做好服务。

6. 对教员的职业能力要有全面综合的考虑，辞退、低聘须慎重考量。在蔡元培看来，公德是必要条件，在名校的聘任运作中，也非常看重这点，旷课、抄袭、剽窃之类，均属聘任之大忌，哪怕你是大师权威（刘文典，国学大师，性格刚直。1942年，西南联大时期聘委会不发给聘书，就出于刘未请假而离校多月）。在业务方面，无论是条例规范还是实际评聘，都要考虑教学能力、学术成果质量，学者可能在一段时间论著迭出，一段时期积累酝酿，均属研究工作的正常节奏，不能只以三两年中的产品数量为评聘与否或聘职高低的依据。

7. 允许并提倡民间机构介入教员评聘活动。民国时期以"中华教育文化基金董事会"为代表的民间组织介入北大评聘活动，一是可以吸引社会资金弥补大学办学经费的不足，提高学者尤其是杰出学者的待遇；二是有利于多元办学，推动特定学科、特定研究的发展；三是因为政府掌控的是公共财政，拨款时就既要体现"一视同仁"，又要照顾重点，二者很难摆平。民间资本因来自法人或法人团体，具有灵活性，没有攀比的拖累。但是，民间资本的运作必须要由学者掌控，才能使捐赠有效地为学术服务，绝不能让大学跟着老板转，让学术沦为资本的附庸。

8. 当年的一些做法不一定适用于今天。例如：清华大学在三四十年代对教员实行一年一聘的办法，尽管对于解聘教员非常慎重而罕见，低聘似未曾发生，但毕竟费时费力，运作成本高，也不利于学者潜心于重大课题的钻研，是否有必要？40 年代教育部统一审查大学教员资格，权力过于集中，显然不能适应今天大学从精英教育转向大众教育的需要，应当给予各大学足够的自由度，自行行使评聘的权力，促进大学多元多层次发展，其质量由社会中介机构加以评估。

9. 若干常在常新的问题。学术成果、学者水平的评价、激励是一个非常复杂的问题，一些当年的老问题至今仍然困惑着我们：如何确定有留学背景与没有留学背景的学者在出任及薪酬方面的差别？学者水平的软评价与学者资质的硬条件怎样摆平？终身教职给予哪一级的教研人员比较妥当？如何激励具有终身教职身份的学者？哪些文字可以算做学术成果，哪些文字不能算做学术成果？这些难题，民国时期一直在试图给予回答，并取得了某些共识，但随着时代的变迁，它们仍然是些见仁见智，存在争议的问题。

**引文和注释：**

①梁柱：《蔡元培与北京大学》，北京大学出版社 1996 年版，第 32—33 页。

②蔡元培：《就任北京大学校长之演说》，杨东平编：《大学精神》辽海出版社 2000 年版，第 324 页。

③高叔平编：《蔡元培全集》第三卷，中华书局 1984 年版，第 344 页；第四卷，第 152—153 页。

④最新改正民国七年：《国立北京大学规程》，第 25 页。

⑤梁柱著：《蔡元培与北京大学》，北京大学出版社 1996 年版，第 92 页。

⑥《北大感旧录》（三），《知堂回想录》，香港天地图书公司 1979 年版，第 487 页。

⑦曲士培编：《蒋梦麟教育论著选》，人民教育出版社 1995 年版，第 242 页。

⑧王学珍、郭建荣主编：《北京大学史料第二卷一》，北京大学出版社 2000 年版，

第 159 页。

⑨《蔡元培致周作人函》1921 年 12 月 4 日。转引自梁柱《蔡元培与北京大学》，北京大学出版社 1996 年版，第 92 页。

⑩《蔡元培选集》，中华书局 1959 年版，第 290 页。

⑪1916 年，全国大学教师数为 420 人，北大教师数为 148 人，为前者的 1/3 强。参见梁柱：《蔡元培与北京大学》，第 32 页。

⑫ ⑬ ⑭ ⑮苏云峰：《从清华学堂到清华大学（1911—1929）》，生活·读书·新知三联书店，2001 年 4 月，第 148—155 页；第 154—155 页；第 42—43 页；第 44—45 页。

⑯ ⑰吴宓："清华开办研究院之旨趣及经过"，《清华周刊》第 351 期，1925 年 9 月，第 1—2 页；第 71—72 页。转引自苏云峰：《从清华学堂到清华大学（1911—1929）》，生活·读书·新知三联书店 2001 年版，第 304 页。

⑱《清华人文学科年谱》，第 3 页。

⑲齐家莹编撰：《清华人文学科年谱》，清华大学出版社 1999 年 1 月版，第 6—13 页；孙敦恒编著：《清华国学研究院史话》，清华大学出版社 2002 年版，第 18—39 页。

⑳丁文江编：《梁任公先生年谱长编初稿》，世界书局（台北），1958 年。转引自苏云峰：《从清华学堂到清华大学（1911—1929）》，生活·读书·新知三联书店 2001 年版，第 289 页。

㉑《清华校友通讯》第 31 辑，清华大学出版社 1995 年版，第 105 页；苏云峰：《从清华学堂到清华大学（1911—1929）》，生活·读书·新知三联书店 2001 年版，第 332 页。

㉒苏云峰：《从清华学堂到清华大学（1928—1937）》，生活·读书·新知三联书店 2001 年版，第 16 页。

㉓齐家莹编撰：《清华人文学科年谱》，清华大学出版社 1999 年版。

㉔同上，各项援引自第 99 页，第 287 页，第 165 页，第 224 页。

㉕同上，第 255 页。

㉖ ㉗ ㉘ ㉙ ㉚ ㉛ ㉜ ㉟中国第二历史档案馆编：《中华民国史档案资料汇编第五辑第一编教育（一）》，江苏古籍出版社 1994 年版，第 168—169 页；1997 年版，第 716—718 页；第 181 页；第 77—80 页；2000 年版，第 193—195 页；1997 年 9 月，第 723—724 页；2000 年 1 月，第 180—181 页；1997 年 9 月，第 804—813 页。

㉝ ㉞胡颂平编著：《胡适之先生年谱长编初稿》第三册，台北联经出版公司 1990 年版，第 961 页。转引自程巢父"张中行误度胡适之"，《书屋》2004 年第一期，第 24—25 页；第 961 页。

㊱梅贻琦：《就职演说》，《大学精神》，辽海出版社 2000 年版，第 353 页。

　　　　　　发表于《二十一世纪》网络版第三十期，2004 年 9 月 30 日

　　　　　　　　　　　　　　　　　　　　　　　　香港中文大学

　　夏中义、丁东主编《大学人文》第二辑刊用，广西师范大学出版社，
2005 年版。

# 学术道德检讨

1990 年以来，由于信仰的失落，由计划经济向市场经济过渡时期出现的制度真空，拜金主义大行其道而且存在广阔的行为空间，社会堕落现象愈演愈烈。学术文化界在这个大染缸中也逐渐变色，成为权力腐败的同盟军，道德蜕化的原创地。在这块原本被视为教化之源的净土，追名逐利、攀附权贵、嫌贫爱富，已经成为一种时尚的价值观。无论是出于社会的压力，还是出于共同体维系基本游戏规则的内在要求，坚守道德底线，批评恶劣行为，已经成为学术研究者、评价者、管理者的共同呼声。但在近年的学术规范讨论中，对于学术腐败的揭露和批评却有避重就轻的重大偏差，有必要重新检讨腐败的定义，端正学界自律的基本方向。

## 一 关于学术权力

在学术规范讨论中，揭露、抨击学术腐败是一个引起学术界内外关注的话题。尽管有人认为这已经超出了"规范—规则"的范畴，进入到道德领域，因而对此不屑一顾。但大多数人认识到，不遏制猖獗的腐败行为，如果起码的规则都可以违反，违反规则还因为权力的保护无力追究，那么规范就无从谈起。就学术评价而言，研究者具有廉耻之心，不搞抄袭剽窃，评价者具有廉耻之心，不搞权力寻租，也是公正公平评价的先决条件。

在规范讨论中，"学术腐败"是一个出现频率很高的词汇。一般作者对"腐败"都作常识角度即《辞海》的理解："腐烂，也泛指败坏，堕落。"并以此比较宽泛的腐败概念参与规范的讨论。但笔者认为，为了区别利用权力和未利用权力这两种不同的学术道德败坏现象，拟根据政治学所述"权力导致腐败，绝对权力绝对腐败"对于腐败的理解，将"腐败"

定义为：以公共权力谋取私人利益。这样就把违反学术道德的行为区别为两个不同的层面：一是没有权力背景的学术造假；二是利用学术权术的寻租。相当一些违背学术道德的现象是这两种行为的共振，更加放大了它们对于学术建设的侵蚀和危害。但是从原则上讲，这两种反道德行为在形式、内容、危害上，都有很大的差异，在规范讨论中，揭露和批评的重点落在学术造假上面，这给人以"柿子捡软的捏"的感觉。更有老一辈学者指出，这是一种"窃钩者诛，窃国者侯"的专制文化观的反映。① 因为实际上，学术权力腐败现象之严重绝不逊于造假，而对学术风气和社会风气的毒化作用要大得多。

对于把打假作为反腐的重点，丁东已经提出不同意见，他认为："如果罗列学术腐败的十大表现，这个问题进不了前三位。更突出的问题我想说三个：一个叫学术依附，一个叫权钱交易，一个叫逆向淘汰机制。"② 丁先生是从国家权力，尤其是政治权力与学术活动的关系这一宏观角度议论学术腐败问题，而笔者准备从学术权力运用的角度讨论这一问题，所以并非鹦鹉学舌。

美国耶鲁大学社会学教授伯顿·克拉克曾对"学术权力"概念进行过专门的研究③，并基于欧美的文化背景和社会现实，将学术权力分析为十种类型。由于中国传统与现实与西方的巨大差异，他的分析远不足以说明我们今天所面对的局面，但其分类中的④专业权力——"权力被认为是以'技术权限'为基础的，以专家为基础的，而不是以"官僚权限"为基础的"；⑤ 魅力权威——"某人由于具有非凡的个人特性（其极端就是天才），一群人就心甘情愿地追随他，接受他的支配"；⑥ 官僚权力（院校

---

① 资中筠：《窃钩者诛，窃国者侯——也谈学术腐败》，《随笔》2003 年第 1 期。

② 丁东：《学术界的几代内伤》，《学术界》2000 年第 1 期，第 165 页。

③ ［美］伯顿·克拉克：《学术权力，概念，模式和观点》，［加］约翰·范德格拉夫等编：《学术权力》，王承绪等译，浙江教育出版社 2002 年版，第 185—218 页。

④ ［美］引自陈洪捷：《德国古典大学观及其对中国大学的影响》，北京大学出版社 2002 年版，第 56 页。

⑤ ［美］D. 贝尔：《资本主义文化矛盾》，生活·读书·新知三联书店 1989 年版，第 197 页。

⑥ 金耀基：《知识分子在社会上的角色》，祝勇编：《知识分子应该干什么》，时事出版社 1999 年版。

权力）——"它包括正式规定的等级制、正式的职务授权、正式的书面沟通和协调，以及有人员聘用、人员评价和分配任务方面的非个人化"；①高教系统的学术寡头权力——"教授一直具有把地区性的寡头权力扩展到全国的能力。作为各国教育部中重要的专业人员群体，教授们有进入中央委员会和中央各机关的特殊通道，他们是上层官僚和政客的重要成分"。这几种学术权力类型经过重新诠释可以应用于我们的研究。

本研究所指的"学术权力"，即运用和支配学术资源的权力。它包括招收研究生的权力，参与论文答辩的权力，编辑部的发稿权力，课题与奖励的评审权力，研究成果的鉴定权力，课题经费的使用权力，职称评定与晋升的评审权力，等等。由于学术产品既不同于为满足个人消费所提供的私人产品，也不同于为满足全体社会公众消费所提供的公共产品，所以它和高等教育有许多相近之处，具有一种"准公共产品"的性质，将学术权力用于获取个人或团体利益，就是权力腐败的又一表现。

## 二 关于学术权力腐败

从 1950—1970 年末，可以说是民国时期曾经强烈表现过的学术权力弱化以至消逝的过程。新的改革开放时代则是一个学术权力恢复和重整的过程，是近 30 年来的学术发展的条件和表现。但与此同时，过去人们比喻为"清水衙门"的教育学术界，如今已经成为获取权力和金钱的沃土。而滥用学术权力造成的危害，它所运用的方式都具有与一般行政权力相异的特殊性，且防范与遏制也更加困难。

1. 在危害上，与一般行政权力腐败相比，学术权力腐败有其特殊的严重性。对于学术文化，古今中外都赋予其某种人类——民族之根的神圣意义。儒家的代表人物，宋人张载以著名的横渠四句抽象地表达儒生的崇高使命："为天地立心，为生民立命，为往圣继绝学，为万世开太平"。德国近代学术大学观念的奠基者费希特认为，学者是"人类的教师"，学者是人类社会进步的先驱和榜样。而造就学者的"大学即是人类本质之

---

① 苗体君：《"教授"贬值为哪般》，《瞭望》周刊 2001 年 5 月 21 日，第 21 期，第 46—47 页。

超越有限、生生不息生命的所在。……是我们永恒人类的有形体现。……是世界，作为上帝之现象与上帝本身统一性的有形体现。"① 当代美国社会学家 D. 贝尔则比较具体地指出学术文化的终极意义："每个社会都设法建立一个意义系统，人们通过它们来显示自己与世界的联系。这些意义规定了一套目的，它们或像神话和仪式那样，解释了共同经验的特点，或通过人的魔法和技术力量来改造自然。这些意义体现在宗教、文化工作中。在这些领域里丧失意义就造成一种茫然困惑的局面。这种局面令人无法忍受，因而也就迫使人们尽快地去追求新的意义，以免剩下的一切都变成一种虚无主义或空虚感。"② 学术文化将人类从动物范畴提升出米，体现着一种摆脱肉体和自然限制的超越价值，指引着人们在世俗生活对权力、金钱、色相的追求中辨识出假恶丑，而崇尚具有永恒价值的真善美，使肉体生命之有限升华为精神生命之无限。

正因学术与学者被赋予这样特殊的使命，所以对学者也提出了更高的道德要求："你们都是最优秀的分子；如果最优秀的分子丧失了自己的力量，那又用什么去感召呢？如果出类拔萃的人都腐化了，那还到哪里去寻找道德善良呢？"③ 国学大师章太炎曾论及社会腐败有两种，一种是外在的"土崩"，另一种是内在的"鱼烂"，而从内脏烂起的"鱼烂"是比之前者可怕多倍的不可救药的腐败。学术腐败是鱼烂的典型表现，不仅毒化了当下的社会空气，而且腐蚀了老、中、青几代人的心灵，在这样的氛围下，一个国家即便物质生产发展了，它也蜕化为没有灵魂的庞大躯壳。

2. 在方式上，与行政权力腐败相比，学术权力腐败更难以克服。行政官员的权力完全来自上级的授予，其知识和能力是附着在其行政权力上的；在运用权力时，其自由裁量权相当有限；而且在"权力导致腐败"的假设下，防范行政权力腐败已经建构了相对严密的机制。但学术权力不同。第一，它授予的是有一定学衔的学者，权力是附着在其知识和能力上

---

① 陈洪捷：《德国古典大学观及其对中国大学的影响》，北京大学出版社 2002 年版，第 56 页。

② ［美］D. 贝尔：《资本主义文化矛盾》，生活·读书·新知三联书店 1989 年版，第 197 页。

③ ［德］费希特：《论学者的使命人的使命》，商务印书馆 1984 年版，第 45 页。

的，学术行为和寻租行为一体化，是否涉及腐败难以界定；第二，在运用学术权力时，其自由裁量权空间相当开阔，对成果和学者的评判本身就是一个主观性很强的工作，外界很难判断一个评判是出自评判者的学术判断还是功利诱惑；第三，传统上，"知识分子成为了一极为特殊的形态的人物……他们被浪漫地认同为社会和时代的眼睛与良心。"① 普遍的学术腐败在近现代历史上还是一个鲜见的现象，缺乏一个应对的监督控制防范机制。而且更加令人困惑的是，如果试图建立这样一种机制，只能由学术界从事对这一机制的理性设计，也只能由学术界将这种机制付诸实施，而腐败了的学术界怎么能解决自身的腐败？这是个典型的逻辑悖论。

3. 在揭露和遏制方面，与行政权力腐败相比，学术权力腐败更为滞后。在规范讨论中，揭露了某些学术权力腐败现象。但在高等学校和其它学术单位工作的人心里都清楚，学术腐败比已经披露的要严重百倍，可以说，在招生、答辩、评定、鉴定、申报（学位点）、（职称）评聘，以至发稿……每个环节，都有形形色色的腐败现象。

揭露力度不够的原因在于：第一，出于利害考量，绝大多数圈内人都不愿意把本系、本院、本校的严重腐败现象公示于媒体，自辱形象；第二，大量寻租行为操作得相当隐秘，极少人知情，学者均向往清静闲适，不屑于知情更无精力深究；第三，鉴于上面所说学术腐败的特殊性，与重大腐败事件有牵连的当事人都有"著名学者"的光环保护，还有上层的行政权力保护，令揭露难上加难。但我们还是能够嗅出"鱼烂"程度之广之深。在关于北京大学改革的论争中，就有学者指出："高等教育问题很多，……现在最大的问题是学术腐败。……举一个例子，本来博士点、硕士点的评定是很严肃的事情，为此国务院、教育部也制定了较为严格的规矩。但现在这些工作中猫腻已经成了公开的秘密。申请的单位要为评审委员准备大礼，有操守的评审委员对送礼的人躲都躲不及，没有操守的评审委员则乘机中饱私囊。在学术腐败泛滥的背景下，北大拿出的任何方案都难以贯彻落实。……我之所以对北大这次改革持怀疑态度，一个重要原因就是因为高校的大环境相当污浊，人们有理由怀疑这么改革后，助理教

---

① 金耀基：《知识分子在社会上的角色》，祝勇编：《知识分子应该干什么》，时事出版社1999 年版。

授和副教授请客、送礼、求情的情况，教授以权谋私，排除异己的情况会恶化。搞得不好，这套制度可能把一些教授变成学阀、学霸，可能加剧学术腐败。"① 也有学者未点名地具体指出："眼下拉关系、送礼在职称评审时也成为时尚，最具学术说服力的博导评审也不例外……一个多年未见的好友成了博导。他的学术资本只是两篇质量一般的论文，此次荣升的关键还是占有教务处处长的职位。他私下里对我说，他们学校刚成为博士点的某专业，是花了 20 万元买来的。"②

有鉴于此，学术腐败必须主要依靠学界内在的道德力量加以遏止。我们寄希望于政治体制改革的深化和学术界良知的觉醒，清扫种种学术垃圾，还中华民族一片学术文化的净土。

## 三　关于学术造假

学术打假与学术评价是什么关系呢？二者之间的关系是一目了然的。就如同实物商品打假，如果不能将假冒商品从正牌商品中剔除出去，我们怎么能够评价商品的优劣高下？所以说，学术打假可以看作学术评价的前一道程序，只有首先将鱼龙混杂的"学术成果""人文社会学者"区分为真假两类，然后才能进入对前者进行有意义的评价。否则评价工作就会变质为给后者"洗钱"加冕的工具。

但是，相较于商品打假，学术打假要复杂得多，困难得多。今天我们的打假仍然在困惑中艰难前行。

学术造假，类型五花八门，伪造实验数据、伪造实物或文献资料，抄袭、剽窃他人成果，是其中最为常见的形式。可以说，自从出现了学术研究这一行业，造假也就如影随形，始终与研究相伴。但是在道德、法律秩序能够正常维系的时空条件下，学术文化界作为社会道德的风向标，造假仅是个别人的个别行为，否则学术共同体就会失去它在社会中的信用，触发全社会的信任危机。

---

① 王绍光：《北大教改之我见》，钱理群、高远东主编：《中国大学的问题与改革》，天津人民出版社 2003 年版，第 117—118 页。

② 苗体君：《"教授"贬值为哪般》，《瞭望》周刊 2001 年 5 月 21 日，第 21 期，第 46—47 页。

如今中国学术界的问题是，在学术研究更加受到重视，学术条件逐步得到改善的同时，学术造假也愈演愈烈，到世纪之交，则呈现泛滥之势。有的老辈学者感叹道，如今中国学术假冒伪劣之规模之猖獗史无前例。

### 1. 各个时期最著名的造假事件

1980 年代，王同亿在十年左右的时间里，主编、自编出版各类词典25 部，计 1.7 亿字，被媒体称为 "中国的国宝" "超人" "改变了大国家、小词典的面貌"，并荣任全国政协委员（1999 年出版的《我们丢失了什么——"王同亿现象" 评论文集》就以其主编的《语言大典》为典型，讨论了以王为代表的某些工具书作者、编者涉嫌抄袭剽窃、粗制滥造现象）。此外，还有 "李富斌论文抄袭事件" "中国第一部关于南极法律和政治的专著《南极政治与法律》剽窃事件" 等。

1990 年代，李其荣所著《移民与近代美国》被指剽窃我国 17 位学者的研究成果。李斯的学术专著《垮掉的一代》几乎原文抄袭美国学者约翰·泰退尔的专著《裸露的天使》。某教授被指在其专著《语言的文化阐释》《社区文化与语言变异》《文化语言学》中，抢先发表别人的未刊论文，将此据为己有。上海某大学哲学系著名教授被指其哲学著作《历史与实践》中的部分内容抄袭国外著作《哲学历史词典》。武汉某大学经济学院某教授，为了破格提成博导，伪称写了一本《发展经济学的发展》，到商务印书馆骗得一纸出版证明，然后在各报社骗发了 6 篇书评，从而评上教授和博导。某理工大学某教授不仅伪称写了一本书，还用电脑模拟了封面等，这本虚拟的书竟然获得学术奖。北京某大学生物系蛋白工程和植物基因工程国家实验室的研究人员潘某等六人在国外刊物上发表所谓体现中国国家高技术研究 "863 计划" 的论文，存在严重剽窃问题，抄袭了加拿大两个学者的论文，被国外杂志揭露，严重败坏了我国的国际学术声誉。

进入 2000 年以后，形势似乎仍在继续恶化。因为媒体的商业属性使然，它最为关注的始终是名校、名人、名作，所以业已曝光的造假事件也主要是越轨者中的个别人。由于大多数越轨的名人仍然在受到这样那样的保护，由于吃学术饭的人绝大多数是无名氏，造假的概率则与名人不相上下，而对其曝光又不能获得 "眼球效应"，他们的越轨作为仍然隐藏在混浊的水面之下。所以说尽管传媒加大了打假的力度，提高了曝光的频率，公众所看到的也只是九牛之一毛。包括笔者在内的每一个对教科文卫的情况稍有所知的人，都可以列举亲历而确凿的造假成果和造假学者若干件/人。如果说造假作伪已经成为学术之癌，是一点也不为过的。

### 2. 学术赝品类型及其扩张

学术界的王海们通过分类整理，概括出学术造假的若干类型，我们不妨统一将它（他）们命名为"学术赝品"：

其一，抄袭剽窃他人的成果。最为露骨的是将他人的文章或著作更换题目和作者，另投报刊出版社发表；最为常见的是在论著中部分抄袭一个或多个他人成果，而不作任何说明；最为隐蔽的是剽窃他人未发表的手稿或观察实验数据，言之凿凿地声称是自己的研究。而制假者所运用的技巧各有特色。有论者曾从个案分析入手，列举了剽窃抄袭的一些实用技巧：全篇搬用法、隐性剽窃法（偷观点偷思想）、化名抄袭法、署名抄袭法、拼装法、名编实抄法、抢先发表法。[①]

其二，买卖论文著作。在许多高等学校存在论文交易市场已经是一个公开的秘密，通过互联网或路边广告的线索，根据所需要的论文级别，硕士级？博士级？一般刊物级？核心期刊级？只要愿意付钱，你就可以买到相应质量的论文，如果愿意出十万、几十万高价，也会有个体枪手或合作枪手代你完成一部作品。

其三，真真假假学历学位。作为进入学历社会的突出表现，在各个行业谋生的老中青各级人士，都把学历学位作为证明身份不可或缺的遮羞布。鉴于学术文化界有着不错的职业声望，而学历学位又是进入学术文化界的门槛儿，想在此处混饭吃而文凭等级不够的人，只好以假充真。现在复杂的是，虽然低档的作假者固然只能倚赖电线杆、围墙上"牛皮癣"涂抹者贩卖的"文凭"，即真的假文凭充数；但是高档的作假者所持有的并非马路边上买来的文凭，而是利用权力和关系，通过种种不得示人的方式从正规高校、党校、军校获得的文凭，即假的真文凭，而这种骗局被揭露的难度要比前者困难百倍。

---

① 杨守建：《中国学术腐败批判》，天津人民出版社 2001 年版，第 46—69 页。

其四，腐败与造假共振。这一般是指学术界中有一定知名度的人，他们的共性在于：短处是自身缺乏学术研究的资质和能力，长处是手中握有相当的学术权力，如校长、院长、期刊主编、评审组长，等等。通过发扬优势，以长补短，他们能够以某种利益为诱饵要挟具有研究能力的人交出全部或部分成果；能够争取到课题资助或者研究获奖，以其经费和奖状来与研究人员交换智力劳动产品，得以成为某一领域、某一方向的权威、大师。其中个别被揭露者被指斥为学术骗子，但在错综复杂的权力网络保护之下，他们中间的大多数仍然在招摇过市，尊为上宾。对于这种共振现象，金生叹先生有文学小品式的讥讽："时下奇迹太多，令人眼花缭乱。人称'双剽'（剽窃美国科学家著作、嫖娼被抓）者，竟成某高校一把手；抄袭他人学术论文，露馅后私了者，竟成教育权力部门负责人，并主管学生思想品德教育；打小报告政治诬陷著名学者者，竟在一些人眼中是'左宝贵'（按：借用清末抗日将领名），封为'好同志'，官拜某研究所所长，且过了六十亦不退休，似乎没有他'地球就不转'；标点错误百出书出版后只好化为纸浆者，竟当上全国图书评奖古籍组评委、某史学团体副会长；对史学纯属文盲者，竟是某部重要史学著作主编。吴趼人地下有知，当恨不得立刻返回人间，续写《二十年目睹之怪现状》。"①

十多年来的学术打假，揭露了少数造假事件和造假者，有关学术机构查处了一些违规行为，媒体的监督亦有所加强，对于学界起到了一定警示作用。但是，由于整个社会氛围没有净化，造假的高收益低风险使之诱惑力只增未减，学术作假还有发展与演进的趋势：

其一是空间扩张。无论是欠发达的边远地区还是沿海发达地区，是普通高校还是名牌大学和研究院所，是自然科学还是社会科学人文学科，几乎均有造假的事件发生；其二是层次提高。从大学生、研究生到教授、博导、院士，均以或大或小的概率发生着此类现象；其三是发现难度加大。由于传媒业及复印业的发展，报刊及其以创收为主旨的增刊数量增加，电子版报刊的出现，抄袭剽窃的母本唾手可得，复制成本降低，作伪技巧提高，使发现核实更加困难而成本上升；其四是学术界的集体无意识。假货的泛滥，打假的无力，重点的定位不当，一些学者对时下打假不以为然，

---

① 金生叹：《新世说》，《文汇读书周报》2004 年 10 月 29 日。

在此礼崩乐坏的转型期，独善其身成为优秀者的选择，息事宁人是多数人的主张，也有人认为打假是少数打假者作秀。因此文抄公的队伍还在扩大，抄袭剽窃的程度、手法还在增进。

## 四 对时下整饬道德取向的质疑

徐友渔先生曾对近年来关于学术规范的讨论提出了看法：关于建立学术规范的呼吁是基于大量的、严重的、不可否认的、甚至是触目惊心的失范现象，而相应的疑虑倾向则往往基于一种设想、一种逻辑可能性，……我们在提倡建立规范时，确实应当考虑，一件好事是否也会附带某种负面影响，到头来会不会一种倾向掩盖另一种倾向，我们会不会从一个极端走到另一个极端而有违初衷，等等。[①] 这是当下中国特定的国情使然，所以讨论中有种种声音呼吁，应当基于特定国情反思以打假为主要内容的整饬学术道德活动之整体思路。

1. 重点在哪里？既然是学术打假，那么道德就要为"学术"正名。所谓学术研究，应当是发现和讨论理论上或实践中的真问题，提出新观点，作出新论证。以此为判据，应有真学者与假学者之分。所谓假学者，曾经致力于"市场经济是姓资还是姓社"的纠缠，如今则致力于实现现代化是要"以法治国"，还是"以德治国"或"德法共治"一类问题的纠缠，他们可以不读文献，不管前人与今人研究进展，只须从文件、社论、讲话出发，就保证立于不败之地。所谓真学者，则需要以"只问是非，不计利害"的态度，以怀疑批判的头脑审视权威、书本上一切既定的理论、结论、口号。假学者的"研究"从学术上讲是无效劳动。真学者也可能犯错误，包括抄袭剽窃的错误，尽管这类错误是奇耻大辱，应当批评并接受应得的惩罚，但也不能因此以偏概全，将其与假学者合并同类项。如今的打假，重点指向假研究，而少有触及假学者，实乃避重就轻，仅伤及造假之皮毛，无碍于造假之筋骨。王铭铭的博士生致"校长信箱"，称："学术批评应该全面、客观、平和、公正，执一端而不记其余

---

① 徐友渔：《为提倡学术规范一辩》，《中国书评》总第 8 期（1995 年 11 月），第 48—49 页。

的做法是不正常的。学术批评应该激励学术创新，应该树立学术标准的自主和自尊。"① 梅林教授则以王铭铭事件为例，抨击媒体舆论的恶性炒作："王铭铭先生应该属于当代中国人文社会科学中颇有创造潜力的那一类""在铺天盖地的讨论声浪里，人们是否冷静下来想过，这种对个体残暴侵害的一幕，与文革大批判的非人性效果何其相似类尔……当事人王铭铭教授在这架无形的'绞肉机'面前只是一种悲哀的沉默。"② 这类意见尽管背离主流，看似为王铭铭的不当行为被如此批评辩护之嫌，但他们对当下的批评取向、批评方式提出的责难，是否切中时下学术批评之软肋？

2. 根子在哪里？由于社会发育不良，今天我们的学术体制仍然是官本位制，学术机构的行政权力绝对压倒学术权力，职称、期刊、课题、会议、奖励……一律往行政靠级。官场的所有弊端在学界也或多或少的存在，"学术腐败"从概念到内容，本身就是从政治腐败派生而来。为什么学者官瘾大？因为拥有稀缺学术资源分配的权力，就可以用来交换成果，有了乌纱帽的保护，就可以免除或减轻违规的惩罚。北京大学内外在其改革方案的争论中，有一个重要的共识：中国学术发展的最大障碍来自政府干预。被人批评为没有把大学行政改革选为突破口的改革设计者之一张维迎也认为："现在大学不重视自己的声誉正是政府管制的产物，因为管制保护了落后。""一般来说是学术水平越低的人，官本位思想越严重……他在学术上竞争不过人，就拼命找一些其他的关系来压制别人……高校的官本位只能把大家的精力引向分配，而不是创造价值。"③ 为什么打假效果不好？越打假货越多？著名打假网站《新语丝》主持人方舟子认为，关键是造假风险小，很少被揭露，更少受惩处。根子就在学术组织行政掌控，而我们的打假却只能就此止步。

3. 源头在哪里？既然学术腐败与造假基本上是道德问题，那么解决问题的基本途径就只能是提升学者的道德自尊自律。今天学界的堕落只是1990 年以来汹涌澎湃的社会功利大潮之缩影。主导道德取向的是义利之辨，在爱因斯坦看来，"照亮我的道路，并且不断地给我新的勇气去愉快

① 王铭铭弟子致信"校长信箱"，《科技文摘报》2002 年1 月25 日。

② 梅林：《媒介舆论与学术个体——王铭铭事件前后》，《学术界》2002 年第2 期。

③ 张维迎：《大学的逻辑》，北京大学出版社2004 年版，第46、82—83 页。

地正视生活的理想，是善、美和真……人们所努力追求的庸俗的目标——财产、虚荣、奢侈的生活——我总觉得都是可鄙的。"① 与这位哲人的思想形成鲜明对照的是当今内地大学流行的价值观，有一副对联："考试不作弊，明年当学弟；可以没人格，不能不及格"，横批"一定要过"，有一种观点：在提倡文化产业化的今天，论文市场和枪手市场是一种正常的要素交易市场。

　　以年轻一代为代表的价值观向物质主义转向，不是偶然的，重要原因之一是在包括笔者在内的几代人的整个成长期，在人生观教育的内容上，强调的是政治思想教育，忽视了伦理道德教育；在方法上，重视波浪式的树立高大全的英雄形象，忽视潜移默化的对日常行为中的社会公德、个人私德、职业道德的引导。加上体制方面的原因，在众多集会上的仁义道德与会下的贪婪腐化于一身的党政官员纷纷落马之时，以维护学统与道统为己任的学人道德底线的失守也就不奇怪了。当需要推行高考参加者须以书面保证不作弊，党政领导须公开声明不跑官卖官不行贿受贿（有网民调侃，就剩下要求男士保证不进女厕所了），而利益风险的考量已然成为理性人行为选择的首要尺度，社会监督机制严重残缺不全的时候，各学术机构制定的"道德准则""道德建设纲要"能在多大程度上执行，能在多大时空范围内见效，的确是个问题。道德蜕变演化到今天，究竟是谁之过？归咎于家庭？学校？市场经济？都是片面的甚至是错误的。笔者在此无力作系统之探究。但解救之上策，绝不在制定更多更严的"守则""办法"，发表更多更泛的声明。1970 年代末期思想解放运动的成果之一，就是在反对以政治运动解决思想问题上达成了共识，笔者曾举双手赞成。但是我今天却主张发起一场自上而下的讲真话社会运动，以拯救中国社会的诚信危机。

发表于《浙江学刊》2005 年第 3 期

复印报刊资料《社会科学总论》2005 年第 3 期转载

---

① 许良英、刘明编：《爱因斯坦文录》，浙江文艺出版社 2003 年版，第 3 页。

# 论民国时期的学术研究审查与激励办法

民国时期，对学术的激励主要表现在大学及研究院对学者（主要是教员和研究人员）的聘任、晋升方面，即根据对其学术能力的评估确定职衔并给予相应的薪酬；教育部等官方机构及中华教育文化基金董事会等社会组织则有部聘教授、研究教授之类学衔授予杰出学者，即中观层面的评价制度比较健全。这时也陆续建立并推出了一些举措，例如学术研究补助金、奖金以及出版、研究报告制度等，确定了一些机构负责审定学术成果，以激励学术研究。这些补助、奖金制度主要由教育部主导，某些大学及中央研究院则起一种辅助作用；一些非官方组织对于学术激励亦有所贡献，并出现了以个人名义设立学科奖金奖励优秀成果的情况。表现出激励主体的多元性、激励对象的个体性且激励面有限但质量较高。

## 一　对学者的分级分档与研究补助

民国时期，对学者的分级分档并实行学术研究补助金制度，是进行学术激励的主要手段。它始终在教育部主导的大学及中央研究院实行，而一些非政府组织也参与其中。在大学及研究院的正式教研职级之外，还有更高级别的职级，诸如教育部认定的"部聘教授"、中基会认定的"研究教授"以及教育部"学术审议委员会"的聘任委员、中央研究院"评议会"的评议员。1948 年选举的中央研究院院士则是最高的学术荣誉。

1. 将学者分级分档。1917 年 5 月《教育部颁国立大学职员任用及薪俸规程令》中规定，教学人员分为正教授、本科教授、预科教授、助教、讲师五个级别（外国教员薪俸另行规定），前四个级别薪俸分为六个档次（讲师则按授课时数付酬）。其晋级与否，须参酌五项条件：（1）教授成绩；（2）每年实授课时间之多寡；（3）所担任学科之性质；（4）著述及发明；（5）在社会之声望（注：中国第二历史档案馆编：《中华民国史档案资料汇编第三辑教育》第165—167、730—732页，江苏古籍出版社1991年版。）。当年9月，将教员名称改设为正教授、助教授、讲师三级；1927年始，又改划分为教授、副教授、讲师、助教四级，而同一级别教员薪俸分档的做法则一起延续下来，成为界定学者水准的一个尺度。

2. 中央研究院的研究人员分级分档。1930年，中央研究院第一届院务年会成立了职员加薪晋级标准委员会，由徐伟曼、竺可桢、傅斯年、王敬礼、陈翰笙组成，委员会讨论通过《职员薪俸标准及加薪办法草案》[①]，规定薪俸标准为：（1）事务员及助理员，自60元至180元，分24级，每级5元；（2）专任编辑员及技师，自120元至300元，分18级，每级10元；（3）专任研究员，自200元至500元，分30级，每级10元。

3. 北京大学1948年规定本校教员升级办法[②]

（一）教员升级之推荐，除服务年资外，应根据学术研究之成绩。

（二）关于年资之计算如下：

（1）助教改任讲员，须在服务满二年后。

（2）助教或讲员改任讲师，须在服务满六年后（助教讲员服务年限合并计算）。

（3）讲师改任副教授，须在服务满三年后。

（4）副教授改任教授，须在服务满三年后。

（5）在同等学校从事同类工作之年资，得合并计算。

（三）关于学术研究成绩之标准如下：

（1）研究成绩以有学术性之论文或实验报告为限。

（2）改任讲师之研究，以相当于研究所毕业论文为标准。

---

① "中研院"总办事处秘书组编印：《"中研院"史初稿》，1988年版，第45页。

② 王学珍、郭建荣主编：《北京大学史料（1946—1948）》第四卷，北京大学出版社2000年版，第114、136、135、583、580—581页。

（3）改任副教授之研究，以相当于博士论文为准。

（4）上项研究，以在原级服务期间完成者为限。

（5）学术研究成绩得由升级委员会转请有关学科之校内外专家审查之。

（四）教员服务届满规定年限，而研究成绩未达前项标准者不得升级；但研究成绩特优者，亦得不受年资之限制。

（五）教员升级之推荐，由系主任、院长于每年五月底以前向升级委员会提出。

4. 教育部学术研究补助费的发放。1946 年 9 月 6 日《教育部代电》①，国立专科以上学校教员支给学术研究补助费暂行办法：

（1）国立各专科以上学校教员，除原有一切待遇外，得支给学术研究补助费，俾便购置图书仪器文具供参考研究之用。

（2）国立各专科以上学校教员学术研究补助费，由教育部请行政院另拨专款分别转发。

（3）国立各专科以上学校教员学术研究补助费，按照核定之等级及下列标准给之。

（单位：元/人、月）

| 级别 | （民国，右同）三十三　三十四—三十五　三十五　三十四　三十五年一年七月 | | | | |
|---|---|---|---|---|---|
| 二年度 | 年度年 | 三月 | 六月起 | | |
| 一、教授 | 500 | 1000 | 2000 | 25000 | 50000 |
| 二、副教授 | 380 | 760 | 1500 | 20000 | 40000 |
| 三、讲师 | 250 | 500 | 1000 | 15000 | 30000 |
| 四、助教 | 130 | 260 | 500 | 10000 | 20000 |

---

① 王学珍、郭建荣主编：《北京大学史料（1946—1948）》第四卷，北京大学出版社 2000 年版，第 114、136、135、583、580—581 页。

国立北京、清华、南开大学部聘教授民国三十五年度七—十二月薪俸及学术研究费表①

单位：元

| 姓名 | 每月薪俸数及学术研究 | 每月学术研究费数 | 六个月薪俸费合计数 |
|---|---|---|---|
| 吴宓 | 600 元 | 1000 元 | 9600 元 |
| 汤用彤 | 同上 | 同上 | 同上 |
| 冯友兰 | 同上 | 同上 | 同上 |
| 饶毓泰 | 同上 | 同上 | 同上 |
| 曾昭伦 | 同上 | 同上 | 同上 |
| 张景钺 | 同上 | 同上 | 同上 |
| 庄前鼎 | 同上 | 同上 | 同上 |
| 刘仙洲 | 同上 | 同上 | 同上 |

注：上两表费用悬殊高达数倍，系货币单位不同，待考。

4. 中华教育文化基金董事会（中基会）作为一个民间人士主导的机构，自 1924 年成立始，即是资助与奖励学术研究的一大动力。1927 年该会即决议设立科学研究补助金及科学奖励金。但均以自然科学及其应用为限。1930 年，北大与中基会合作研究特款，其中有设立北大研究教授与设立助学金及奖学金的规定②："研究教授之年俸，自 4800 元至 7200 元不等；遇有特殊情况，年俸应超出此最高额时，得由北大商取委员会之同意。此外，每年应有 1500 元以内之设备费。如有研究上需用之重要设备，由各教授提出详细预算，请北大校长提出顾问委员会议决购备。"

5. 此外，在某些年份或针对某些研究，还有其他一些对学者的研究补助。例如，1943 年，中基会接受委托，对大学和研究机关的教授和研究员，如果有重要著作发表或者经济状况艰窘者，以审定发给"特别研

① 王学珍、郭建荣主编：《北京大学史料（1946—1948）》第四卷，北京大学出版社 2000 年版，第 114、136、135、583、580—581 页。

② 王学珍、郭建荣主编：《北京大学史料（1912—1937）》第二卷，北京大学出版社 2000 年版，第 1363、1570、1341、1626、1361—1362 页。

究补助金"。1944 年，为便利建设事业之研究及西南文物之探讨，在西南联大设立了研究讲座 50 名，讲座教授每人每月给予研究补助金 1 万元①。1948 年，教育部为补助各大学研究所指导教授及研究生的研究，颁布了《大学研究所特种研究补助办法》②，以补助研究经费之不足。

## 二　审定并奖励学术研究成果

从民国初年起至 40 年代，教育部等官方机构制定了一系列条例对学术研究成果做出定义并对优秀成果给予奖励；非官方机构甚至个人也推出了各种奖金奖励特定专业的研究。

1. 1918 年 3 月，教育部公布《学术审定会条例》（注：中国第二历史档案馆编：《中华民国史档案资料汇编第三辑教育》第 165—167、730—732 页，江苏古籍出版社 1991 年版。），规定由教育总长延聘或派充学术审定会会员若干人并指定会长。其审定范围是：哲学及文学上之著述；科学上之著述及发明；艺术上之著述及发明。并对学术著述和学术发明做出了比较明确的规定。

《条例》规定，以下情况不得认为是学术著述：（1）翻译著作；（2）编辑其他作者的著作；（3）由 3 人以上纂辑成书；（4）抄袭他人的著作；（5）初等教育、中等教育及与其程度相当的教书、教师或学生参考书；（6）通俗教育用书（即普及读物）及讲演集；（7）记录表册及报告说明书。以下情况不得认为是学术发明：（1）无正确的学术根据及说明；（2）学术原理或应用无独特价值；（3）发明程序不明或发明事项未完成；（4）偶然发现（即未得到重复验证）；（5）他人已经发明者。

这可以说是对于学术著述概念的最早定义，其积极意义在于，它力图将学术著作与一般读物区别开来，强调学术作品必须具有原创性、逻辑严谨性，并且不得抄袭，从而将编辑、普及、手册之类划分出去。在实际运作中，有助于鼓励高品位论著的撰著，但随着学术队伍的扩大和专业分工

---

① 王学珍、郭建荣主编：《北京大学史料（1937—1945）》第三卷，北京大学出版社 2000 年版，第 360—362 页。

② 王学珍、郭建荣主编：《北京大学史料（1946—1948）》第四卷，北京大学出版社 2000 年版，第 114、136、135、583、580—581 页。

的发展，这一过于严格的定义也受到了责难与批评。

2. 1928 年底，国民党中央训练部提出了《保障学术人才》等办法五种（注：中国第二历史档案馆编：《中华民国史档案资料汇编第五辑第一编教育（二）》第 1412—1415 页、1421—1424 页、1425 页，江苏古籍出版社 1994 年版。），经蔡元培等审查修正后，国民党中央原则通过交国民政府办理。其中有"由国家印刷公费，补助学者印行学术专著""规定学术研究奖金办法""确定奖励学术研究奖励基金"等内容。

3. 1934 年 5 月，国民政府考选委员会、教育部联合设立"建国奖学委员会"[1]，利用政府拨款、私人及公共团体捐助、刊物发行之获得等，奖励"论文考课评定后认为优良者"及"学术著述及发明经审定后，认为确有价值者"。

4. 1937 年 2 月，国民党中央执委会试图仿照诺贝尔奖，决定设立"总理纪念奖金"[2]。奖金分为文艺、社会科学、自然科学、教育、社会服务等五个类别，每类设五个等级。为此特别拨付基金 300 万元，运用其利息，分别奖励有突出贡献者。

5. 1939 年 7 月，教育部决定设立学术审议委员会，其《章程》规定的任务中有"建议学术研究之促进与奖励事项"[3]，在此后的几年中，该项规定在大学学术研究中发挥了尤为重要的激励作用，是民国年间最重要的奖项。

1940 年 5 月，委员会第一次大会通过"补助学术研究及奖励著作发明"一案，规定著作分为文学、哲学、社会科学、古代经籍研究四类；发明分自然科学、应用科学、工艺制造三类；美术分绘画、雕塑、音乐、工艺美术四类。此项奖励，每年举办一次，由教育部就本国学者之著作发明及美术制作中按照以上各类选拔若干种，予以奖励。奖励范围以最近三年内完成者为限。

对于什么是学术著作，文件规定：中小学教科用书、通俗读物、记录

---

① 中国第二历史档案馆编：《中华民国史档案资料汇编第五辑第一编教育（二）》，江苏古籍出版社 1994 年版，第 1412—1415 页、1421—1424 页、1425 页。

② 中国第二历史档案馆编：《中华民国史档案资料汇编第五辑第一编教育（二）》，江苏古籍出版社 1994 年版，第 1412—1415 页、1421—1424 页、1425 页。

③ "学术奖励"，《国立西南联大史料三》，云南教育出版社 1998 年版，第 755—769 页。

表册或报告说明、三人以上合编之著作、翻译外国人之著作、编辑各家之著作而无特殊之见解者、字典及辞书、讲演集，共八种，均不在著作奖励之列。

著作及发明审查标准为：（1）作者观点或所代表之思想是否正确；（2）参考材料是否详瞻；（3）结构是否完美；（4）有无特殊创见；（5）是否有独立体系或自成一家学说；（6）是否为有系统之叙述或说明；（7）整理前人学说有无改进之点或特殊贡献；（8）是否适合国情或对于我国社会经济及农工业各方面之影响如何；（9）是否有学理根据……共13条，其中与人文社会科学有关的为上述9条。划分获奖等级的标准是依据其独创性或发明性的程度分列一、二、三等，并遵循宁缺毋滥的原则，一律严格审选。

从1941年至1947年该奖项共颁发了六届（1946与1947合为第六届），获奖项目总计272项（此外还有26项为等外"给奖助者"），其中人文社会科学类获奖项目为120项（此外有6项为等外"给奖助者"），占总数的44.1%。其中文学34项（此外5项等外"给奖助者"），哲学12项，古代经籍研究29项，社会科学55项（此外1项等外"给奖助者"）。

在获奖名单中，我们看到，朱光潜《诗论》获文学二等奖，曹禺《北京人》、王力《中国语法理论》获文学三等奖，冯友兰《新理学》获哲学一等奖，闻一多《楚辞校补》获古代经籍二等奖，陈寅恪《唐代政治史述论稿》获社会科学一等奖，邓广铭《宋史职官考正》、费孝通《禄村农田》获社会科学三等奖。在评奖中，意识形态色彩较为浅淡，一方面，确实有如孟云桥的《三民主义之理论研究》、崔书琴的《三民主义理论》获三等奖的情况，但同时也有李显承的《马克思及其地租论》、张质君的《人类社会与民族国家论》获三等奖的情况。

1948年，教育部发布《著作发明及美术规则》[①]，受理该年度的奖励申请，其内容与1940年的奖励办法基本相同。

---

① 王学珍、郭建荣主编：《北京大学史料（1946—1948）》第四卷，北京大学出版社2000年版，第114、136、135、583、580—581页。

6. 中央研究院的研究激励制度[①]。根据《中央研究院组织法》的规定，中央研究院的任务就有"指导、联络、奖励学术之研究"，其评议会，为"全国最高学术评议机关"。但在它 1928 年成立以后，主要专注于自身的研究，并未能有效发挥这一职能，只是做了非常有限的一点工作。为了奖励科学研究，为了纪念两位已故的总干事杨铨、丁文江，1939年设立杨铨奖金、丁文江奖金。两项奖金分别授予对人文社会科学研究（分人文和社会科学两类，按届轮换）和自然科学研究（分数理化、地质、生物三类，按届转换）有新贡献者。第一届杨铨奖金为语言学家李方桂所得，第一届丁文江奖金为物理学家吴人猷所得，此后董同龢、劳榦曾获杨铨奖金；许德佑、卢衍豪、尹莘芸、丁振麟等曾获得丁文江奖金。

7. 1926 年中华教育文化基金董事会就曾设立社会研究奖金[②]，奖金分甲乙两种，每年各设二名，针对北京大学法律政治经济三系的研究人员和毕业生、高年级学生的著述给予奖励。1930 年，中基会又制订了《增进科学研究事业计划》和相关实施办法[③]，仿照欧美国家，计划提出了三项内容：（1）设立科学研究席；（2）设立科学研究学额；（3）奖励研究结果。计划决定出资延聘中外著名科学家若干人出任研究席的研究员（研究教授），同时津贴研究生在研究员的指导下从事研究工作。要求"凡设研究席及研究生之学校，每年须将研究情形报告于本会，所有研究结果之出版品应交本会一份存查"；并且设立研究奖金，分为三等，额度分别为3000 元、2000 元、1000 元，若研究成果在有价值之杂志上发表，且得到著名科学家或教授推荐，经相关执行委员会议决，给予颁发。1940—1948年间，中国地质学会曾颁发奖金给李四光、黄汲清、杨钟健等 5 人，表彰他们对该学科的贡献。

中国科学社在 1925 年和 1936 年两次议决设立"中国科学社奖章"[④]，

---

① 李扬编著：《国立"中央研究院"史》，图书情报工作杂志社 1998 年版；并参见"中研院"总办事处秘书组编印：《中研院史初稿》，1998 年版，第 120 页，第 127—130 页。

② 王学珍、郭建荣主编：《北京大学史料（1912—1937）》第二卷，北京大学出版社 2000年版，第 1363、1570、1341、1626、1361—1362 页。

③ 中国第二历史档案馆编：《中华民国史档案资料汇编第五辑第一编教育（一）》第 237—241 页，江苏古籍出版社 1994 年版；王学珍、郭建荣主编：《北京大学史料（1912—1937）》第二卷，北京大学出版社 2000 年版，第 1361—1362 页。

④ 冒荣：《科学的播火者》，南京大学出版社 2002 年版，第 85—86、84—85 页。

分为生物科学、物理科学、工程科学、社会科学四科，推定胡先骕、胡刚复、顾毓琇、黎照寰分别负责，并组成审查委员会，审查资格。中国科学社还设立了多种奖金奖励特定学科的研究成果。如 1931 年设立考古学奖金，首次获奖者为发现北京猿人头骨的裴文中；此外还有爱迪生奖金奖励物理化学的著作，其他如以个人名义设立的奖金则有：何育杰物理学奖金、绍桐生物学奖金、裴可桴、裴汾龄父子科学著述奖金、范太夫人奖金（范旭东捐赠）等。

## 三　学术研究报告制度

对于学者的各种晋级与补助、奖励是激励的核心，但激励需要辅之以必要的审查与考核。当年没有如今的量化评价体系，学术研究报告制度就成为对学者研究计划及进程的重要手段。正如《国立清华大学的研究所办法大纲》（注：《国立清华大学研究所办法大纲》，《西南联大史料三》第 529 页。）所规定的："各研究所应于每年年度开始前由所长或分组、所主任编拟工作计划送校核定。各研究所应于年度终了时编具报告，由校印分送国内外有关系之学术机关。"而研究所的计划、报告又是汇总概括研究人员的计划、报告而来，所以我们从中央研究院和各大学存留下来的史料中，看到了院所及个人这方面的大量汇报材料，从中了解到当年的学术研究管理方式。

例 1：国立北京大学研究教授工作报告①（第二次中华民国二十三年六月）。其序言指出：

> 北京大学研究教授第一次工作报告，于 22 年 6 月辑成付印。本年度 22 至 23 年除继续聘请丁文江……（下略 12 人）为理学院研究教授，周作人、张颐、陈受颐、汤用彤、刘复为文学院研究教授，张忠绂、……刘志敞为法学院研究教授外，又增聘朱物华等 2 人为理学院研究教授，计共 21 教授。兹将各教授工作分述如次（此处仅着重列举文科工作）：周作人教授：周教授因上

---

① 《国立北京大学研究教授工作报告》，中华民国二十三年六月（北京图书馆藏）。

学年译注希腊神话未能完成，本年度除任课外仍继续工作，拟译成后仍由文化基金会编译会出版。下半年拟研究并翻译日本神话，即日本最古史书《古事记》中之［神代卷］，此为日本神道之经典，所谓"神国"观念即从此出者也。张颐教授：研究"康德如何从自然科学之探讨转到纯净哲学之考究"……此中经过，最中心展示科学与人生及哲学之关系。且亦为吾人今日所极应知悉者。现正将所得结果草拟"康德哲学之酝酿及其发展历程"一文，约本年七月中可以完成。张教授在上年计划中，原拟于数年之内，将黑格尔哲学之重要部分，陆续研究，分别作文陈述其要旨，并讨论其价值……尚须自欧美搜求数种参考书，其中颇有绝版者，一时不易搜得，故将黑格尔哲学暂行搁置，而从事于康德哲学之研究。现拟于下年度仍研究黑格尔哲学……张忠绂教授：张教授本年度除任课并兼任政治系主任外，其研究题目为"中华民国之外交，1911 年至 1931 年（九一八事变）"，该书暂定之章目约如下列（以下为大纲九章）。此外，张教授尚著有《欧洲外交史（1815—1933）》教本一种，分上下二卷，由世界书局承印，约在本年八月中出版。陈受颐教授：其研究工作仍集中于"明末清初的中西文化接触"一总题。除"近代中欧文化接触史"已写至 17 世纪后半外，并作范围较小之特殊研究五种（下列五种的题名）。汤用彤教授：整理所收集材料编纂《汉魏两晋南北朝佛教史》。兹将新拟定之目录连同已作成部分（约 12 万字）之纲目列下（以下为大纲二十二章及余论，并注明：上述已成部分几全系新作，并非就旧日讲义加以增改，故颇费时日。此外复留意于唐玄奘前百年间学说之发展，而认定……）赵廼抟教授：对于研究工作成有"商业循环的理论"论文一篇，其纲要如下（以下列大纲四节及细目，并在书后作为附件第 13 号公布）。刘复教授：刘教授本年度除任课并主持研究院文史部外，其研究工作可分五项：一、完成之论文四篇（以下列四篇名称，并在书后作为附件第 14、15、16 号公布）；二、增改《十韵汇编》，现已编完，即交本校出版组印行；三、故宫所藏古今乐器之音律，已测验完毕……现将结果编排，即交故宫印刷所印行。四、为完成"古声律研究"起见，曾至开封、上海、河南巩县等处测验、摄影、记录，并做相关施工，已可得其大概，拟再旁求证据，作为论文；五、本年暑假，拟往平绥路沿线各处调查文音音素及音调之变化。

刘志敭教授：刘教授已将专题研究项下之"平津铺底问题"解决，并摘要在南京《法治周报》发表（附件第 17 号）。现正研究"典当之损害赔偿"问题。又专著项下之现行法注释亦在努力进行中，本学年终即可完成。

这一报告的特点是：（1）简明扼要，但涵盖了研究工作的所有方方面面。包括：已发表、尚未发表及正在进行中的论文、著作；说明参加的国际国内学术会议及提交的论文；完成和进行中的实验、实地调查研究。等等；（2）已发表及待发表的著作、论文，列出其大纲、章节，论文作为附件载于《工作报告》后面，并说明其创新之处和学术意义；（3）预期进程未能完成，说明其延误的原因（如周作人的希腊神话译注、生物学张景钺教授的光与植物生长关系研究）及继续之安排。研究成效不大，说明系教学、行政原因还是研究条件欠缺（如物理学家饶毓泰教授之光学研究）。

例 2：中央研究院史语所报告①

《傅斯年全集》第六卷的全部 40 万字内容就是作者当年担任史语所所长时所提交的工作报告，年代从 1928—1948 年。1928—1936 年，年年都有报告，有的年份甚至月月都有报告，每年的报告因情况和任务的差异及框架有所不同，但均相当规范；1937—1945 年，即抗战期间，则是只有三份报告；1946—1948 年，年年都有报告，但已比较笼统而粗糙。说明抗战前该所曾有很好的发展，亦取得了巨大的成绩。下面以 1934 年度的报告为例说明对研究人员的考查。

该报告长达 2.3 万字，包括：组织、房屋及设备、各组工作、历史博物馆筹备处工作报告四个部分。其中第三部分就是检查汇报研究工作，对从第一至第四的历史、语言、考古、人类学四个组分别报告，在分组报告

① 《傅斯年全集》第六卷，湖南教育出版社 2003 年版。

中，几乎涉及到每个人的工作成果和进展。如陈寅恪、徐中舒、劳幹、俞大纲；赵元任、罗常培、李方桂、丁声树；李济、董作宾、李景聃、梁思永；吴定良、凌纯声、芮逸夫，等等。根据每个学科性质的不同特点，报告其研究工作、整理工作、校勘工作、调查工作、实验工作、发掘工作中的相关进展，对于论著的进行、初稿、发表；资料整理的对象、编辑及发现；参加国内外学术会议及提交的报告；调查、实验及发掘工作的内容、时间、地点及收获……以及病假、事假、出访，均有相当详尽的说明。同时也报告研究中发生的经费、设备、人员方面的要求和困难。切实证明当时的报告制度对于研究机构负责人和研究人员发挥着一种实实在在的检查、考核与督促作用。

## 四　奖学金制度

各大学和中央研究院均设立了各种奖学金，鼓励在学和毕业研究生的优秀研究业绩。

1. 北京大学在 1932 年通过了《研究院奖学金草案》[①]，规定对各科研究生均设立奖学金一名，共 15 名，根据其成绩经验与研究，经奖金委员会审定后奖给二年级以上研究生中的优秀者。此后，北大单独或与中基会等机构合作，又设立过多种形式的奖学金，奖励或不分学科，或针对特定学科，罗庸、张煦等人曾获奖。

2. 中央研究院为了奖励科学研究，为了纪念已故院长蔡元培，于 1948 年设立蔡元培奖学金。蔡元培奖学金设 50 名，分别授予北京大学、清华大学、中央大学、武汉大学、浙江大学、中山大学、交通大学的成绩特优学生。

3. 以个人捐款的方式设立的奖学金。早在 1928 年，科学社社员高君珊女士就曾捐款设立高君韦女士纪念奖金[②]，奖励国内大学及专科学校内学习自然科学及应用科学的学生。黄昆、陈国达曾是获奖者。1935 年，

---

① 王学珍、郭建荣主编：《北京大学史料（1912—1937）》第二卷，北京大学出版社 2000 年版，第 1363、1570、1341、1626、1361—1362 页。

② 冒荣：《科学的播火者》，南京大学出版社 2002 年版，第 85—86、84—85 页。

北大教授周叔迦设立了"佛法研究奖学金"①。

## 五 对研究计划给予资助

1927 年,中基会设立的科学研究补助金可以说是最早的对于研究计划的资助。在其《规程》② 中规定:研究问题以天文气象及地学、理化科学、生物科学为限;研究年限为 1 年至 3 年,确实延期的可酌量延长;申请人员须具备一定资格并有前期基础工作;对于计划的研究要提出详尽的论证报告;被资助者须每 6 个月报告其进展一次,若经审查认为其研究进行无望,得中止资助;无故半途停止研究,要求其缴还资助费用……其特点是仅面对自然科学研究,不受理人文社会科学研究;对申请的审查和效果要求相当严格。

针对社会科学方面的研究资助,现在只见到 1945 年美国国务院拨款给西南联大,资助 6 项计划③,其中包括中国古建筑遗迹调查(3000 美元,1 年)、战时中国劳工情况调查(2900 美元,1 年)、通货膨胀及物价和生活费用调查(2300 美元,10—12 个月)、中国西南地方的土民调查(2800 美元,1 年)4 项,均系委托专人负责的社会调查研究,而非基于文献资料整理考证基础上的研究。

## 六 其他激励措施

1. 自 1914 年始,民国政府便设立了奖章、勋章,奖励在教学与研究方面做出贡献的教员与职员,蔡元培、陶履恭、陈汉章、沈尹默等,就是最早的获奖者。对北京大学曾在 1935 年做出规定,除获得硕士学位继续从事研究,考核成绩合格可以成为博士学位候选人外,如果"①在学术上有特殊之著作或发明者,②曾任公立或立案私立之大学或独立学院教授三年以上者",经教育部审定合格,也可成为博士学位候选人。

① 王学珍、郭建荣主编:《北京大学史料(1912—1937)》第二卷,北京大学出版社 2000 年版,第 1363、1570、1341、1626、1361—1362 页。

② 同上。

③ 《国立西南联大史料三》,云南教育出版社 1998 年版,第 746—752 页。

2. 在 1915 年由 9 位留美学生学者——胡明复、赵元任、周仁、秉志、章元善、过探先、金邦正、杨铨、任鸿隽，创立的 "中国科学社"，其宗旨就是 "发起 '科学'（Science）月刊，以提倡科学、鼓吹实业、传播知识"①，成为民国时期最活跃、最有影响的学者联谊团体，为发展幼稚时期的中国科学（这个由科学人文主义者主持的组织始终是将自然科学与社会科学归为一体的）做出了巨大的贡献。

他们为激励学术研究，一是严格审查申请入社的人员资格，并将社员身份划为六种类型——社员（普通社员）、特社员、仲社员、赞助社员、名誉社员、永久社员，主要根据其学术贡献或资金赞助来划分。其中一类 "特社员"，规定 "凡本社社员有科学上特别成绩，经董事会或社员年会过半数之选决者，为特社员"。蔡元培、马君武、竺可桢、吴稚晖等即被选为特社员；另外一类 "名誉社员"，规定 "凡于科学学问事业著有成绩，经董事会之提出得年会到会社员过半数之选决者为本社名誉社员"。张謇、爱迪生就被选举为名誉社员。

1917 年由严修、蔡元培、黄炎培等创立的 "中华职业教育社"，以发展与表彰职业教育为宗旨，也根据其赞助和研究贡献，将社员分为 4 类，第 4 类 "特约社员"，即授予有专门研究或有实在之赞助者。

## 七 几点认识

1. 民国时期的学术审查与激励建基于同行评议之上，较好地保证了这些办法的有效实施。一是出于学术界的抗争，弱化了行政系统的干预，并将学术与宣传划界，保证了学术研究的相对独立运作；二是如教育部学术审议委员会、中央研究院评议会评议员、北平研究院学术会议会员及大学的审议机构均由当时学术界公认的一流学者主持，使审查的质量与激励对象的水准有所依凭。

2. 激励应以激励学者为主，激励成果为辅。学术研究的开展须依赖学者的创造力，近现代学术机构对学者学衔的认定和晋升是对其创造能力的总体评价，而不同于对成果的判断只是一种个别的阶段性的评价，所以

---

① 冒荣：《科学的播火者》，南京大学出版社 2002 年版，第 10、41—43、84—86 页。

激励学术研究应以激励学者为主。民国时期选择的这一激励形式是合理的。在教研人员升级审查时，考虑年资与学术研究成绩两个因素，以研究成绩为重；研究水平不够，达到年资也不能升级；水平特优，不够年资也可以破格，这是一个重大的激励举措，而设立富于公信力的升级委员会，采取同行评议方式审查并确认，程序也是较为得当的。学者（尤其是人文社会科学学者）的研究总需要购买文献资料，开展印刷出版、查询研讨等活动，应当在经费上得到保证。当时实行的将薪俸及学术研究费明确分开，但同时拨付给教研人员的做法，有利于学者认识到自己的研究责任，不可将研究费用于生活开支，不妨视为体现专款专用的一种尝试。但数额是否得当，怎样加强管理，则需要进一步探讨。

3. 定期报告是对学术研究进行督促检查的必要形式。激励与检查是一个统一体，既然给教研人员拨付了学术研究费，他就应当取之于研究亦用之于研究，这里自律是第一位的而他律也不可或缺。固然可以采用量化考核的办法，但它既不公正又不合理，此处不再赘述①。取而代之的办法就是定期的报告制度，将个人和机构已经完成和进行中的研究、发生的困难、需要的帮助以及预期的进度，向同行、部门、上级及拨款单位做出汇报。这应当是受益于公共财政或者民间资助的学术机构和研究人员向纳税人和赞助者负责所必须承担的义务，也是相互检查督促的有效手段。

4. 限定对研究计划（课题）的资助范围。对研究人员发放学术研究费，已经可以保证学者从事研究所需的一般性开支。但是由于相当部分自然科学研究需要购置仪器设备，需要聘请辅助人员，所以对于有价值的研究计划或课题再行拨付必要的经费是合理的。人文社会科学研究则不然，除去社会调查、考古挖掘等少数学科或课题外，并不需要额外的拨款，民国时期将对计划的资助限制在特定的范围，将资金更多地用于奖励成果而不是奖励计划（课题）设计是更可取的。

5. 激励方式的多元性。对学术研究的激励可以来自行政系统，即所谓纵向激励；也可以来自民间渠道，即所谓横向激励。既可以是奖金一类的物质激励，也可以是授勋、出版文集等形式的精神激励，等等。民国时期的激励已初步体现出多元性，但毕竟更多的来自教育部这样的官方系

---

① 可参见拙作："科学计量学与当前的学术量化问题"，载《浙江学刊》2004 年第 5 期。

统，更多的以物质激励出现，似有主次倒置之嫌。为了体现学术文化对于政治体系与经济体系之独立性，学者的使命主要在于提升人的精神世界，对它的激励最好更多地以民间的、精神激励的形式出现。

6. 某些作法值得商榷。民国时期，认为翻译著作，由三人以上篡辑成书、普及读物等，不承认其为学术著作；规定"曾任公立或立案私立之大学或独立学院教授三年以上者"，经教育部审定合格，也可成为博士学位候选人；一些学术团体将其成员划分为若干类型，授予资助者和有学术成就以特殊的身份以区别于一般成员……就今天的学术交流、学术合作、学术普及看来，从导师选拔学术继承人看米，从社会性学术团体应当体现科学的普遍主义原则看来，是否妥当，有必要给予批评、检讨和改进。

原载《社会科学论坛》（石家庄）2005 年第 11 上期。

复印报刊资料《社会科学总论》2006 年第 1 期转载

《中国社会科学文摘》2006 年第 1 期转载

# 清末民国时期的学术评价制度

所谓大学者，非仅为多数学生按时授课，造成一毕业生之资格而已也，实以是为共同研究学术之机关。研究也者，非徒输入欧化，而必于欧化之中为更进之发明；非徒保存国粹，而必以科学方法，揭国粹之真相。——蔡元培[①]

## 第一节　学术评价之滥觞：文化教育的科学化

所谓"学术评价"，就是对于学术这一思想游戏的产品，作出优劣高下的评判。我在上一章关于同行评议的讨论中已经指出，在近代科学出现之前，只有学者之间的"学术批评"，而不存在"学术评价"。因此，如果以"哥白尼革命"作为近代科学的起点，可以说，西方是学术评价的发源地，世界范围内最早的学术评价出现在 15 世纪。

中国的学术评价活动则是自 16 世纪末以降四百年西学东渐的产物。1902 年（光绪二十八年）《钦定京师大学堂章程》明确按照近代学科分类方式对高等学校学科、课程设置进行规划，继之启动了对大学教员根据其学历及能力进行评聘的体制，可以认为是学术评价制度化的起点。比较三千多年有文字记载的中国历史，它实在是一个出现在 20 世纪初的新生事物。中国传统文化的非科学性成分，是中国学术评价起步滞后的根源；而文化传统的专制性质，则是制约百年来学术评价活动自主有序发展的最大障碍。

---

① 蔡元培：《北京大学月刊》发刊词。

### 一　西学东渐的历史进程

1. 科学知识信息交流阶段：耶稣会传教士输入欧洲科学技术。从1600 年意大利传教士利玛窦来华之后，持续不断地有意大利、西班牙、葡萄牙、德国、法国等国的众多传教士来华传播上帝的福音。为了走通上层路线，他们必须证明西方文明先进，以博得中国士大夫的同情和理解，文艺复兴以后欧洲取得的科学技术成就成为他们最丰厚的礼物。

17—18 世纪，传教士们一方面给朝廷晋献了计时钟、望远镜、八音盒等奇器淫巧，一方面与徐光启等中国开明知识分子合作，翻译了一系列重要的科学文献 90 余种。其中包括：欧几里得《几何原本》（前六卷）等数学著作，天文历法著作 43 种《坤舆万国全图》等地理著作，《泰西水法》、《远镜说》等力学、光学著作，《奇器图说》等机械工程著作、《火攻揭要》《神威图说》等火药、枪炮军事技术著作。

在将西方学术介绍给中国的同时，传教士也将中国学术传播到西方，在欧亚大陆两端的两大文明之间，传教士自觉不自觉地成为"文化联系的最高范例"①，为后来几百年中外学术交流开启了先河。由于东西两种文化鸿沟忒深，此次交流进展甚缓，在 200 多年中，引发了多次教案，屡屡中断，其学术影响仅发生在极少数学者中间。

然而我们必须看到，这一西学东渐尽管缓慢而曲折，但却是不可逆转的。一个突出的标志，就是拉丁文 scientia 终于有它的中文对应词——格致，并在中国人的书面语言和口头语言上出现频率逐渐提高。

2. 工程技术仿制阶段：洋务运动。中国在两次鸦片战争中的失败，迫使清廷统治集团下决心"师夷之长技以制夷"。在办工厂以求"船坚炮利"的宗旨统筹下，以培养相关洋务人才为目的，学习"西文""西艺"为内容的新式学校也同时出现。1862 年开办的京师同文馆作为起点，到1895 年兴办洋务学堂共 26 所。②

但在"中体西用"的办学思想支配下，洋务学堂从体制到内容都未

① 李约瑟：《中国科学技术史》第四卷第二分册，上海古籍出版社 1999 年版，第 693 页。

② 《奏请宣示教育宗旨折》，载陈学恂主编：《中国近代教育史教学参考资料》上册，人民教育出版社 1986 年版，第 566 页。

能脱离帝王专制的窠臼。在体制上，它是游离于当时围绕科举制建构的整个教育体制之外的，隶属于洋务机构；在内容上，"无论大小学堂，宜以经学为必修之科目，作赞扬孔子之歌，以化末俗浇漓之习"，令学生本强根"。从知识到制度，科学都未能上升达主体地位。

3. 制度引进阶段：近代大学的建立。洋务运动并未能阻止中国在甲午战争中的惨败。以康有为、梁启超为代表的先进人士看到学习西方必须从器物层面推进到制度层而，虽然出于利益的争夺，戊戌变法以失败而告终，但文化教育的变革已势不可当。

作为在文化教育层面必须扬弃国学，向西方学术看齐这一强烈意向的象征，康有为从日本那里引进了"科学"一词以取代中国人的"格致"一词。而"科学"——分科之学，在日本人那里，正是针对中国的"汉学"之不科学而创造的。自1898年以来，科学在它的异国走红，具有极大的隐喻意义。

1895年，盛宣怀创办天津中西学堂的头等学堂，科目上分设法律学、土木工学、采矿冶金学和机械工程4门，盛氏自称："此外国所谓大学堂也。"① 1898年创办的京师大学堂是中国第一所国立大学。此后世纪之交的几年，全国掀起了兴办大学的热潮，到1902年，先后有16个省创建了大学堂（后来多数改为高等学堂）。这些高等教育机构都是自觉地模仿西方大学的产物，希望能够从办学体制、学科设置、教学内容等层面，移植西方的先进经验，以求培养真正懂得西学、学贯中西的新型人才。

从学术的科学化，学者的科学化角度看来，19世纪末近代大学的创办是中国人屡屡试错之后迈出的重要步。具有里程碑意义的事件则是在1902年（光绪二十八年）清廷制订并颁布了学科分类体系，它标志着延续两千多年的、以帝王专制政治为本位的知识分类体系，将让位于以研究对象内在属性的差异为本位的近代科学分类体系，从此之后，具有近代意义的以学历、学力（学术能力）为尺度的对学者（大学教员，研究院研究人员的评价，以论著的学术价值为尺度的对成果的评价才提

---

① 转引自潘懋元主编《中国高等教育百年》，广东高等教育出版社2003年版，第113页。

上了日程。

## 二 《钦定京师大学堂章程》分科门目表

根据笔者所找到的档案资料，对高等学校专业、学科、科目进行遵循近代科学分类原则加以规划的最早文献，当属光绪二十八年颁布的《钦定京师大学堂章程》。为证明该《钦定章程》具有分水岭的意义，不妨将此前光绪二十四年颁布的《总理衙门奏拟京师大学堂章程》与它作一对比。

在《总理章程》①中，仍认定"夫中学，体也，西学，用也。二者相需，缺一不可，体用不备，安能成才。且既不讲义理，绝无根底，则浮慕西学，必无心得，只增习气。"这一体用分殊的指导思想亦贯穿在其学科分类体系中。《总理章程》将全部学科分为溥通学（基础课）和专门学（专业课）两大类，且规定："经学第一，理学第二，中外掌故学第三，诸子学第四……以上皆溥通学。……论何种学生，三年之内将本局所纂之书，全数卒业，始得领学成文凭……英国语言文字学第十一，法国语言文字学第十二……以上语言文字学五种，凡学生每人自认一种，与溥通学同时并习。高等算学第十六，高等格致学第十七……以上十种专门学，俟溥通学卒业后，每学生各占一门或两门。"与此相关的种种教员聘任及管理规定，在"体用之辨"的指导思想方面可以说一脉相承。当然我们也须看到，戊戌年间制订的这一法令，是在从讲学西文到讲学西学，再过渡到"中西兼习"迈出的可贵一步。②

及至光绪二十八年颁布的《钦定章程》"第一章 全学纲领"，则突破性地走出了"中体西用"之窠臼，认为"中国圣经垂训，以道德伦常为先；外国学堂于知育体育外，尤重德育，中外立教本有相同之理。无论京外大小学堂，于修身伦理一门，视他学科更宜注意，为培植人材之始基。"这一办学宗旨中所声明的中西立教同理，西学与德育相通，在其后各章的大学体制、学科分类及管理条例中均得到了具体的体现。

---

① 王学珍、郭建荣主编：《北京大学史料（1989—1911）》第一卷，北京大学出版社2000年版，第82页。

② 同上书，第89—96页。

《钦定章程》第二章中，首先确定大学堂内设"大学院"（相当于现在的研究生院）、"大学专门分科"（相当于现在的本科部）"大学预备科"（相当于大学预科），并附设"仕学馆"（培养在任官员，大体相当于行政学院）师范馆。这一大学体制已经与西方的大学体制相当接近。

在同一章，又规定"大学院为学问级，则主研究不主讲授、不立课程"。对于其他各科、馆，则仿日本体制，为学科专业、教授门目、分年级进度，作了详细规定。例如关于大学分科的大纲，就规定了政治科、文学科、格致科、农学科、工艺科、商务科、医术科，共7个学科35个专业。其细目为：

政治科2专业：政治学、法律学；

文学科7专业：经学、史学、理学、诸子学、掌故学、辞章学、外国语言文字学；

格致科6专业：天文学、地质学、高等算学、化学、物理学、动植物学；

农学科4专业：农艺学、农业、化学、林学、兽医学；

工艺科8专业：土木工学、机器工学、造船学、造兵器学、电气工学、建筑学、应用化学、采矿冶金学；

商务科6专业：簿计学、产业制造学、商业语言学、商法学、商业史学、商业地理学；

医术科2专业：医学、药学。

在这一学科专业设置中，除文学科还保留有较为浓重的中国传统知识分类色彩之外，其他学科可以说几乎完全吸纳了源自西方的学科专业分类方式。

应当说明的是，《钦定章程》的大学堂体系中虽有"大学院"（或"通儒院"）的规定，但仅只是虚悬一格，留待以后设立，当时完全是个空壳子。尽管如此，在随后清廷颁布的政令中，有一系列为废止旧式学校，推行新式学校的规定，其中最具决定意义的是1905年废除科举取士制度，等于断绝了旧式教育作为读书做官之晋身阶梯的基本效能，文化教育的科学化从此走上了不归路。

### 三　教员聘任的扬外抑中倾向

在文化教育方面，这一自认不足，向外求学的意向，不仅体现在大学专业分类，而且体现在聘请大学教员方面。当年的清廷认为，就科学知识的掌握和讲授而论，中国当时本土人才甚少，水平一般说来也低于西方人和日本人，所以在颁布《钦定京师大学堂章程》的翌年所制订的《奏定任用教员章程》①（光绪二十九年）中，显著体现了视洋学历高于本土学历；择聘外国教员优先，华人仅为暂时充选；以洋教员为正，华人教员为副，等等，这样一些扬外抑中的取向。例如《奏定任用教员章程》中规定：

"大学堂分科（大学本科部）正教员：以将来通需院（相当于研究生院——引者注）研究毕业，及游学外洋大学院毕业得有毕业文凭者充选。暂时除延访有各科学程度相当之华员充选外，余均择聘外国教师充选。

副教员：以将来大学堂分科毕业考列优等，及游学外洋得有大学堂毕业优等中等文凭者充选。暂时除延访有各科学程度相当之华员充选外，余均择聘外国教师充选。"

其余关于高等学堂、普通中学堂、高等小学堂……的任用教员规定，皆遵循同一思路。

如果将该《奏定任用教员章程》视为高等教育科学化以后，对于学者学术水准的首次评价尝试，那么概括其特点就是：只问学历、不问能力；洋人优先，华人殿后。这一方面说明在彼时的科学学术较量中，中国学人的确逊于西洋人和东洋人，中国学校里的科学知识讲授要依赖外国人；另一方面也表现出在义和团运动失败之后，中国国势的衰败，即便是聘任中小学教员，"海龟"也较"土鳖"有明文规定的优先权。在近代学术面前这样一种自卑的思维定式一起持续到民国初年，蔡元培主持北大校务以后，清退徒有虚名的洋教员曾经成为他改革聘任制度的一大难题，本章"大学教员聘任办法"节将会述及。

## 四 对学术评价科学化达成共识

既然文化教育体制迅速地从中式转向西式，对于源自欧美的近代自然科学和社会科学，在对学者及成果的评价标准上，自然只能以西方的话语模式对话。但是，对于中国固有的经史子集，是否也须采用科学的语式评

---

① 王学珍、郭建荣主编：《北京大学史料（1898—1911）》第一卷，北京大学出版社 2000 年版，第 316—317 页。

判呢？这并非是一个自明的问题，主张维系传统文化尊严的旧派和主张以科学方法解读、再造传统文化的新派之间曾经经历了多年的争论。但是随着胡适、陈寅恪、赵元任、吴宓、冯友兰等一批幼年在中国国学背景中成长，青年接受了西学系统教育的新一代学者陆续回国，将国学放在科学的语境中加以评估与整理的思潮逐渐上升成为主流。而发生在 1923 年的"科玄论战"明确宣告，全部知识的科学化已经成为知识共同体的共识，即便那些对科学——包括知识、方法、概念，等等——这一文化形态持种种保留意见的人，也必须要对科学的方方面面有所了解，开辟你认为超越科学领域之外的学术研究。

在"科玄论战"中，科学派自不待说认为科学为知识的唯一形态。如其主将丁文江后来所称："知识问题也要下几句注解。我说以'科学知识为向导'，其实'科学'二字是可省的，因为我相信不用科学方法所得的结论都不是知识。在知识界内科学方法是万能的。"[1] 即便在力主超越科学的哲学方能解决人生观问题的"玄学派"那里，也能看到他们力图从西方科学哲学家那里挖掘论证资源，以力辩科学之并非万能。该派主将张君劢在辩论中[2]，充斥着诸如综合、分析，因果律、自由意志，公理、定理等科学哲学概念，屡屡提到克魄雷（即开普勒）、盖律雷（即伽利略）、奈端（即牛顿）、拉马克、爱因斯坦等科学名家的工作，对进化论遗传学、相对论的适用范围加以评说，在就有所谓精神科学与物质科学之分时，沿袭的是新康德主义对学科所作的划分；在说明科学不能解决人生观问题时，又将 W. S. 杰方思（W. Stanley Jevons）的《科学的原则》一书作为解读科学方法的权威论断加以引用。张君劢，这位玄学派的旗手对于科学的熟悉与理解并不逊于他的辩论对手。这说明两个分歧的思想流派尽管在科学万能论是否成立上观点严重对立，但却是基于共通的科学语言来为各自的观点进行论证。胡适在对这次论战所作的总结中，精辟地描绘了 20 世纪的文明人类，从世界观到人生观到价值观，是怎样建基于科学知识体系之上的[3]：

---

[1]　丁文江：《我的信仰》《独立评论》第 100 期，1934 年 5 月。

[2]　张君劢：《再论人生观与科学并答丁在君》，《科学与人生观》，山东人民出版社 1997 年版，第 61—120 页。

[3]　胡适：《〈科学与人生观〉序》，山东人民出版社 1997 年版，第 23—24 页。

（1）根据于天文学和物理学的知识，叫人知道空间的无穷之大。

（2）根据于地质学及古生物学的知识，叫人知道时间的无穷之长。

（3）根据于一切科学，叫人知道宇宙及其中万物的运行变迁皆是自然的，——自己如此的，——正用不着什么超自然的主宰或造物者。

（4）根据于生物的科学的知识，叫人知道生物界的生存竞争的浪费与残酷，——因此，叫人更可以明白那"有好生之德"的主宰的假设是不能成立的。

（5）根据于生物学、生理学的知识，叫人知道人不过是动物的一种，他和别种动物只有程度的差异，并无种类的区别。

（6）根据于生物的科学及人类学、人种学、社会学的知识，叫人知道生物及人类社会演进的历史和演进的原因。

（7）根据于生物的及心理的科学，叫人知道一切心理的现象都是有因的。

（8）根据于生物学及社会学的知识，叫人知道道德礼教是变迁的，而变迁的原因是可以用科学方法寻求出来的。

（9）根据于新的物理化学的知识，叫人知道物质不是死的，是活的；不是静的，是动的。

（10）根据于生物学及社会学的知识，叫人知道个人——"小我"——是要死灭的，而人类——"大我"——是不死的，不朽的；叫人知道"为全种万世而生活"就是宗教，就是最高的宗教；而那些替个人谋死后的"天堂""净土"的宗教，乃是自私自利的宗教。

这就极具说服力地证明：至1920年，中国文化人认识世界的知识基础，已经决定性地脱离了中国传统学术的经学传统，而转换为以科学学术为代表的近代体系。从此以后包括中国传统文化——经史子集在内的全部学术评价只能在科学话语的层面展开，非此不可能有其他选择。

评价语境的奠基，标志着中国学术的转型，今后的学术活动只能在"科学"的旗帜下展开，此后围绕学术评价权力的争夺，也势必首先要争夺科学的旗手地位。历史的教训告诉我们，由于科学对于中国人说来，毕竟是输自外邦的舶来品，哪怕是知识界中人，往往也或强或弱地长成了一副科学的躯壳，而未能练就一颗科学的灵魂——所谓"只论是非，不计利害"所谓"独立之精神，自由之思想"。当学术之外的高压降临，并且打着"科学的科学"的旗帜，学者也要丧失或放弃怀疑的立场，批判的权利，发生学术评价的蜕变。

## 第二节　大学办学理念

近代学术研究，是以大学为中心开展的。所以探讨学术评价问题，必然需要对中国大学的历史作一原则界定。

关于中国大学的历史，有百余年之说，也有四千年之说。虽然"同中国的文明古国似乎很不相称"（冯友兰语），笔者还是信奉百年之说，比起上下五千年，百多年实为"一瞬间"，但适逢"千年未有之奇劫巨变"，百多年的发展仍须分为 1898—1949 年的前一阶段和 1949—如今的后一阶段。就前一阶段而言，还需要划分为三个时期：

1. 1898—1912 年。1898 年京师大学堂创办，一般被认为"我国近代大学教育的正式开始"。成立之初，京师大学堂兼具大学教育机构与全国最高教育行政机关的双重职能；1905 年废除科举制，清政府设立学部作为中央教育行政专门管理机构，京师大学堂方成为专一的办学机构。处于草创时期的大学，此时虽然已经制定了《奏定高等学堂》《奏定大学堂章程》等文件，但其仅限于教学、财务、生活管理，几乎谈不上有什么成形的学术研究制度和成果。其对现代学术制度的贡献，上节已有所论述。

2. 1912—1928 年。辛亥革命成功后，蔡元培出任南京临时政府教育部长，主持起草 1912 年的《大学令》，充分体现了他主张民主管理、教授治校和"学术自由、兼容并包"的教育思想。1924 年，教育部重新制订并颁布《国立大学条例》以取代此前的同类政令，规定实行董事会——校长——评议会——教授会体制，较明确地规定了行政权力与学术权力的划分与协调，以北京大学、清华大学为代表的各大学遵循《条例》，建立了摹仿西方的管理机构，近代学术研究出现了令人欣喜的开局。

3. 1929—1949 年。1929 年，国民党政府颁布《大学组织法》《大学规程》等法规，虽在 1938 年作了修正，但内容大体相同。这些法令表现出国民党力图加强对于大学的控制，与主张学术自由的教授学者产生了严重的摩擦和冲突，呈现出某种教授治校与党化教育之间的拉锯战。缘于学术界对于真理的坚韧不拔的追求和大学内外民主力量的支援，仍然可以说20年中学术成果斐然。

在民国时期的几十年中，中国的大学发展到与有数百年历史的欧美大学接轨，中国的学术研究在科学化的过程中取得举世公认的成就，离不开以蔡元培为代表的那一代教育家的坚韧努力。他们有学贯中西的功力，有"阐旧邦以辅新命"的使命感。毛泽东当年亦赞誉蔡元培为"学界泰斗，人世楷模"，可说是精辟而且准确。蔡元培一辈人之所以能够在从未中断过动乱与战争的不到三十年里，创造出20世纪教育—学术丰收的奇迹，其源必须追溯到他们对世界学术潮流的清醒认知，且以智慧与勇毅抗击阻碍中国顺应学术潮流的种种强大势力。

要考察20世纪前半叶大学及学术研究机构学术评价的进行，需要讨论三方面问题，一是关于规定大学方向的基本理念；二是大学及学术机构权力分配的基本形态；三是评价学者能力及学术成果的具体实践。以下几节分别给予讨论。

## 一　以蔡元培为代表的学术理念

中国作为一个文明古国，其兴教办学也有几千年历史，故主张中国大学远比巴黎、剑桥、哈佛更加古老的教育史学者亦不乏其人。但若以现世大学之普世诉求为视角来探求中国大学的源起，则只能追溯到戊戌年代。诚如蔡元培所云："吾国自虞夏时已有大学之制……①然往昔太学国学，其性质范围，均与北京大学不可同年而语。然则往昔之太学国学，直当以高曾祖称视之。而北京大学本体，则不得不认为二十岁之青年也。"其理由，正如梅贻琦所云："今日中国之大学教育，溯其源流，实自西洋移植而来，顾制度为一事，而精神又为一事。就制度言，中国教育史中固不见有形式相似之组织，就精神言，则人类文明之经验大致相同，而事有可通

① 蔡元培：《北京大学二十周年纪念册》，《蔡元培全集》第三卷，中华书局1984年版，第158页。

者。"① 蔡元培等人也曾提出过类似的表述。又因为中国近代学术来自中国大学，所以考察近代学术制度也以百多前为上限。

关于西洋式近代大学对于中国之意义，民国初年的第一代学贯中西的学者们都有透彻甚至激愤的认识。早在蔡元培入主北大前两年，学美国康奈尔大学的胡适通过与他的老师对话，对于中国尚无一所"研究高深学问的大学"而深感羞愧，在他当天的日记中写道："吾他日能生见中国有一国家的大学可比此邦之哈佛，英国之康桥、牛津，德之柏林，法之巴黎，吾死瞑目矣。嗟夫！世安可容无大学之四百万方里四万万人口之大国乎！世安可容无大学之国乎！"言犹未尽，在第二天的日记中更联系洋务运动军国主义的失败感慨："国无海军，不足耻也；国无陆军，不足耻也！国无大学，无公共藏书楼，无博物院，无美术馆，乃可耻耳。我国人其洗此耻哉！"在此后几十年的风风雨雨中，蔡元培、梅贻琦、胡适等人的确是以振兴文化洗雪国耻的魂魄，以不办出一流大学死不瞑目的决心，献身于中国的教育和学术了。②

蔡元培（1868—1940），"年少通经，文极古藻，隽材也"。中年以后，自学研修西学，多次到欧美留学、考察，对于西方学术与制度有深切的体会与认识，终生致力于"培养革新之人才"。自 1898 年起，历任绍兴中西学堂监督（即校长）、上海南洋公学特班总教习（1901 年）、商务印书馆编译所所长（1902 年）、中华民国教育部长、教育总长（1912 年）北京大学校长（1916 年）、中华教育改进社董事长（1921 年）、国民政府大学院院长（1927 年）、国立中央研究院院长（1928 年）、北平图书馆馆长（1928 年）、陕甘宁边区自然科学研究会名誉主席团成员……这些重要职务，几乎涉及各种新型学术机构在中国初创时期的主要决策和执行工作。③

20 世纪前半叶大学及学术建设的成就有目共睹，在"阐旧邦以辅新命"，仿效欧美体制创建现代中国学术的过程中，一大批杰出的学者兼教育家作出了重大的贡献，例如：胡适、蒋梦麟之于北京大学，梅贻琦、潘

---

① 梅贻琦：《大学一解》，《清华学报》第 13 卷第 1 期，1941 年 4 月。

② 《胡适日记》第 2 卷，安徽教育出版社 2001 年版，第 62—63 页。

③ 《翁文恭公日记》，光绪十八年五月十七日。转引自梁柱：《蔡元培与北京大学》，北京大学出版社 1996 年版，第 3 页。

光旦之于清华大学，竺可桢之于浙江大学、张伯苓之于南开大学、唐文治之于交通大学，王星拱、周鲠生之于武汉大学，罗家伦、吴有训之于中央大学，吴贻芳之于金陵女子大学，等。而在他们中国，蔡元培无疑是最具代表资格的一位。

欲讨论近现代（以发生戊戌变法、兴办京师大学堂为始点）中国的学术研究，必须讨论学术研究所依托的大学的体制与规范；而要讨论大学的学术体制与规范，则又必须讨论内涵于体制与规范中的灵魂——以蔡元培为代表的现代早期教育家的大学理念。笔者认为，可以把这一理念归结为一纲三目，即现代大学应为学术研究为纲，而要落实这个纲，则依梅贻琦"三大支柱"之见，必须贯彻学术自由、教授治校、通才教育的办学原则。

关于大学以学术研究为纲。在现代大学史上，德国教育家洪堡关于大学应当成为研究高深学问的机构、科学与学术中心的教育思想具有划阶段的意义。蔡元培于1907—1911年在德国留学，亲身体会到比之中国的书院式教育满足于"传道、授业、解惑"，德国式现代教育的先进之处，但他并不鄙薄中华文化独特的价值，主张以西式的学术研究来提炼西学与国学二者的精华。他认为："所谓大学者，非仅为多数学生按时授课，造成一毕业生之资格而已也，实以是为共同研究学术之机关。研究也者，非徒输入欧化，而必于欧化之中为更进之发明；非徒保存国粹，而必以科学方法，揭国粹之真相。"[①]

## 二　学术自由

蔡元培等人认为，教育为一国之本。传统专制社会的根基在于其社会系由顺民组成。[②] 一个国家要想成为现代国家，其必要条件是其国民是知识化的具有独立思考能力的现代公民，铸造现代公民的唯一途径惟有教育；教育为了实现其自身的目的，必须从其他社会建制中独立出来，方能遵循自身的规律正常发展。对于有几千年政治权力独大的传统中国，对于当时党派林立的中国来说，这中间尤其重要的是，须实行学术与政治的分

---

① 蔡元培：《北京大学月刊》发刊词。

② 曲士培编：《蒋梦麟教育论著选》，人民教育出版社1995年版，第230—231页。

离，教育与宣传的分离。① 在他和蒋梦麟所提出的大学三大要件：图书资料要丰富，教授待遇要优厚，学术自由要保障之中，前两条稍逊一点还可以克服；第三条则是最重要的。在他 1923 年草拟的《杭州大学章程》中，规定的学校权利为"本大学完全独立，①学术自由；②经济独立；③学校行政独立"，可说是对大学独立办学"三位一体"的诠释，学术自由为首要权利。②

蔡元培说："教育是帮助被教育的人，给他能发展自己的能力，完成他的人格，于人类文化能尽一分子的责任；不是把被教育的人，造成一种特别器具，给抱有他种目的的人去应用的。""所以，教育事业当完全交与教育家，保有独立的资格，毫不受各派政党或各教派的影响。"③ 贺麟则论证说："学术是一个自主的王国，它有它的大经大法，它有它神圣的使命，它有它特殊的广大的范围和领域，别人不能侵犯。""假如一种学术，只是政治的工具，文明的粉饰，或者为经济所左右，完全为被动的产物，那么这一种学术，就不是真正的学术。"他指出，学术与政治的关系，是"体"与"用"的关系。学术是"体"政治是"用"，"离开学术而讲法治，就是急功近利残民以逞的申韩之术；离开学术而谈德治，就是束缚个性不近人情不识时务的迂儒之见"。而这一见解，系出自传统文化中"学统"或"道统"和"政统"或"治统"的分别。"如若二者不可得兼，深思忧时之士，宁肯舍弃'政统'的延续，以求'学统''道统'的不坠。"

### 三　教授治校

既然大学的功能在于研究学术和造就人才，而且只有拓展出精湛的学术才能造就有创造力的人才，那么就必须具备两个条件，一为先进的设备，二为优秀的教员。前者只要钱就不难办到，而后者则要困难得多为此梅贻琦留下了他的名言："所谓大学者，非谓为大楼之谓也，有大师之谓也。"④ 不仅要有长于研究与教学的教授，而且应当实行教授治校，即教

---

① 《蔡元培全集》第五卷，浙江教育出版社 1997 年版，第 22—33 页。

② 同上。

③ 贺麟：《学术与政治》，《当代评论》第 1 卷第 16 期，1941 年 10 月 20 日。

④ 梅贻琦：《就职演说》《国立清华大学校刊》第 341 号，1931 年 12 月 4 日。

授成为治理大学的主角，参与大学的决策与管理，蔡元培主张："大学的事务，都由大学教授所组织的教育委员会主持。大学校长也由委员会举出"。[①] 在梅贻琦所主持制定的《清华学校组织大纲》按语中，明确指出："清华学校自革新以来，组织方面采教授治校之原则。"在历史的变迁中，民国时期的各主要大学，据陈岱孙考察"教授治校"体制，[②] 是在二十年代末，校内以民主的名义对抗校长独断专权，校外以学术自主的名义对抗国民党势力对大学的侵入和控制，而形成的一种新体制，到三十年代中期，这个潮流形成了一定的市场，并在一些院校中有同样的表现。[③]

在蔡元培、梅贻琦、竺可桢等杰出教育家的长期不懈努力之下，以教授会等形式为体现，大学教师在学校中拥有了很高的地位，很大的权力。但他们所主张的教授治校并非是说大学运作可以完全脱离行政。兴办大学为政府的责任，教育行政当局有责任解决大学所面临的财政问题和授权适当人选管理公办大学。[④] 他们只是认为，政府对大学的管辖，应有其限度。依傅斯年的说法，"政府的责任第一是确立教育经费之独立，不管是中央还是地方。第二是严格审定校长，保障他们的地位。"政府不能因拨付经费而任意干涉大学的行政和学术研究，大学也不能为迎合政府的态度而照单全收，百依百顺。相反，大学教师出于自身的教育责任感和对于研发学术的考量，认识到行政命令之不合理，应有权利据理力争，并公开表达异议。[⑤]

在民国时期，以学者身份出任大学校长的教育家们，常有以辞职来表达对行政当局过分干预大学事物不满的情况发生。例如，蔡元培在其十年的北京大学校长任内，曾八次请辞（1917 年 7 月，1918 年 5 月，1919 年 5 月，1919 年 12 月，1922 年 8 月，1922 年 10 月，1923 年 1 月，1926 年 7 月）。前七次均发生在他实际主持北大校务期间，平均不到一年就发生一

① 蔡元培：《教育独立议》，《新教育》第 4 卷第 3 期，1922 年 3 月。
② 《清华周刊》408 期，1927 年 4 月 29 日。
③ 参见《文史资料选编》第 18 辑，北京出版社 1983 年版。
④ 《傅斯年全集》第 5 卷，湖南教育出版社 2003 年版，第 13 页。
⑤ 应星：《蔡元培的北大改革与大学精神的塑造》，香港《21 世纪》2003 年 12 月号，第 117 页。

次。陈独秀曾批评他的辞职举动只是抗议政府腐败的消极作法，而蔡元培本人则在"不肯再任北大校长的宣言"等文字中，多次申明他请辞的缘由是不满外部对于治校的横加干涉："我绝对不愿再做那政府任命的校长。……我绝对不能再做不自由的校长：思想自由是世界大学的通例。"① 在他看来，这类干预表现为两种形式：其一是行政干预，即大学校长成为由政府任命的半个官僚，大学与教育部蜕化为官僚隶属关系；其二是政治干预，即大学缺乏保障思想自由的外部环境。

再如，著名物理学家吴有训在 1945—1948 年出任中央大学校长的三年间，先后提出辞呈竟达 14 次之多。其原委也在于争取学者治校的权利。出于中央大学与国民党及政府的特殊关系，其内部人事向来错综复杂，这位"来中大只凭着为母校服务"的校长，夙愿难偿，根子在学校"三长"（教务长、训导长、总务长）各霸一方，勾心斗角。吴有训忍无可忍。1946 年因父亲去世，吴告假一个月，回江西老家奔丧，期满而续假不归，且几次致函教育部要求辞职。消息传到中大，师生联合起来反对"三长治校"，学生会特派代表赴江西，"欢迎吴校长永长中大"。教育部担心事情闹大，派员请吴有训尽早返校。蒋介石也亲自致电："兹校复员甫定，开学伊始，一切必须兄来主持，以立规范，务望打消辞意，即速返京，一切困难，必可为兄妥为解决。"通过这种非常的请辞抗争，"三长"辞职，吴有训返校。②

西南联大则树立了集体抗争的范例。1939 年 3 月，陈立夫任教育部长后为加强对大学的控制，企图通过行政手段，对大学教育的诸多方面施行统一管理，其中有些规定是合理的，有些规定却会窒息校园的自由空气。如当时颁布大学课程科目表，统一课程教材，大专以上学校学生考试实行总会考等等，引起联大师生的普遍反感。1940 年 6 月 10 日，联大教务会议对教育部统一教材和统一学生考核办法等文件据理抗驳，要求主管当局给予学校更多的教学自由，无必要"刻板文章，勒令从同"，明确表示："本校承北大清华南开三校之旧，切设施均有成规，行之多年，纵不敢谓为极有成绩，亦可谓为尚无流弊，似不必轻易更张。"教师的集体抵

① 《蔡元培全集》第 3 卷，浙江教育出版社 1997 年版，第 632 页。
② 袁李来：《吴有训：不肯当校长的校长》，《学习时报》2004 年 3 月 8 日。

制却也迫使行政当局改变初衷。①

## 四　通才教育

关于教育的目的，长期以来就存在是面向培养有一技之长的专家还是面向培养有人格修养、有广阔视野的通才之争。如果是以培养专家为目的，那么着重于应用的"术"则在大学应居中心地位，如果是以培养通才为目的，那么启发思维、追求真知的"学"则在大学应居中心地位。蔡元培指出："学与术可分为二个名词，学为学理，术为应用……纯粹的科学与哲学，就是学。学必借术以应用，术必以学为基本，二者并进始可。"② 在他看来，"学"之地位在"术"之上，"治学者可谓之'大学'，治术者可谓之'高等专门学校'。两者有性质之别，而不必有年限与程度之差。"他还尤其强调中西文化的会通融和，其大学理想是：中国传统的孔墨精神，加上英之人格教育，德法之专深研究，美之服务社会。③ 曾任清华大学和西南联大教授的历史学家雷海宗更强调指出"专家"与"通才"之间质的区别，以及"通才"对青年的意义："今日学术界所忘记的，就是一个人除作专家外，也要作'人'，并且必须作'人'。一个十足的人，在一般生活上讲，是'全人'，由学术立场讲，是'通人'……凡人年到三十，人格就已固定，难望再有彻底的变化，再做学问，二十岁前后是最重要的关键，这正是大学生的在校时期。品格、风趣、嗜好，大半要在此时来作最后的决定。此时若对学问兴趣立下广泛的基础，将来的工作无论如何专精，也不至于害精神偏枯病。若在大学期间，就造成一个目光短浅的学究，将来若要再作由专而博的功夫，其难真是有如登天……对一门精通一切，对各门略知梗概，仍当是学者的最高理想。④"朱光潜也就西方各国所普遍提倡的 LiberalEducation 之意，阐述了他的见解："Liberal 一字含有'宽大自由''解放''通达'诸义……'宽大自由教育'之目的不仅在训练一技之长而尤在养成宏正通达之士；不仅在传授知识技能，而尤在陶冶品

---

① 西南联大教务会议：《教务会议星常委会文》，杨东平编：《大学精神》，第 417—419 页。
② 《蔡孑民先生言行录》上册，新潮社编 1940 年版，第 218 页。
③ 《蔡元培全集》第 4 卷，中华书局 1984 年版，第 64—66 页。
④ 雷海宗：《专家与通人》，《大公报》（重庆版）1940 年 2 月 4 日。

学才识具备之完人与培养健全之士风……理想的大学生应退可为专才，进可为通才，以其所学施之于特殊职业，固可措置裕如；施之于领导社会，主持政教，亦可迎刃而解。"潘光旦批评了单一技术教育无益于社会进步，他指出，专门技术人才，虽然有自己的专业，但是他们不可能完全置身于政治、经济、社会方面的种种问题之外，他们一旦踏进这些领域，就只好"有意无意之间从宣传方面拾来牙慧"，毫无判断鉴别的能力。所以，要实现教育与学术自身的功能，"如何消弭这种危险，是目前教育的一个最大的问题。"①

通才教育的思想，其核心在于大学教育以育人为本，即培养视野开阔，富于社会责任感，具有独立思考、批判精神的现代公民，它既反对中国传统教育旨在培养应付科举考试，以"学而优则仕"为荣的顺民，也反对近代以来推崇以掌握专门技能为宗旨的技术专家教育，实质上是一种反映时代进步的公民教育。民国时期随着科举选士的终结政界学界出现了一批负影响的人士，以学生毕业后须有出路为由，称"文也哲也史也皆迂阔而远于事情，空洞而不能致用"而鄙弃人文教育。正是通才教育让以破除愚昧的哲学、"以古为鉴"的史学、以彰显美丑的文学为代表的人文学科在大学中得以名正言顺地安家落户。二三十年代学术大师辈出，通才教育功不可没。②

是通才教育还是专才教育，在民国时期是引起争论的一大论题。冯友兰晚年曾回忆清华大学当年的情形："当时教授会经常讨论而始终没有完全解决的问题，是大学教育的目的问题。大学教育培养出来的是哪一种人才呢？是通才呢？还是专业人才呢？……这个分歧，用一种比较尖锐的提法，就是说，大学教育应该是育'人'，还是制造'机器'。这两种主张，屡次会议都未能解决。后来，折中为大学一、二年级，以'通才'为主，三、四年级以专业为主。"可见这争论之一重大之困难，它变幻不同形式贯穿于中国整个 20 世纪教育思想的辩驳之中。

---

① 潘光旦：《再论宣传不是教育》，《自由之路》，商务印书馆 1946 年版。转引自杨东平：《大学精神》，第 169 页。

② 冯友兰：《三松堂全集》第一卷，河南人民出版社 1985 年版，第 318—319 页。

## 第三节　教授治校的实践

教授治校，其涵义即是，大学为高等教育与研究机构，需要由最懂得教学与研究的学者——教授来承担办学的决策权力，而大学的行政与后勤服务工作，必须围绕学术活动这个中心来开展，不得越位。民国时期，一方面有以蔡元培为代表的学术界试图推行和完善教授治校体制；另一方面，政府，尤其是国民党主政时期的政府又力图加强对于大学事务的介人和干预。两种力量一直处于或隐或显的博弈中，在不同时期达成了重心偏移的某种平衡。

### 一　民国政府规定大学体系的重要法令

实行什么样的大学体制，辛亥革命后奉孙中山之召从欧洲回国就任教育总长的蔡元培已经有了明确的设想。蔡元培非常赞赏西方大学的办学模式，主张实行"大学校长，由教授公推，用德国制"。① "对于各家学说，依各国大学通则，循思想自由原则，兼容并包。"②

蔡元培的这些思想体现在民国初年颁布的政令中。在他主持制订的1912 年《大学令》中，初步勾画了一幅教授治校的领导体制：大学设校长，主管大学全部事务；各科设学长，主持各科事务；大学设评议会，为最高立法及权力机构，由各科学长及各科教授互选若干人组成之，以校长为议长；大学各科设教授会，讨论审定各科的教学事宜。由于当时北京大学是唯一的国立大学，因而《大学令》便成为北京大学的基本章程，确定了北京大学的办学方针和组织原则。在后来的大学发展过程中，《大学令》关于教授治校的基本思想在一定程度上得到了实现。这可以从民国政府的政令及几个重要大学的组织条例中看出。③

1. 鉴于民国初年的京师各学学校校长、教员，多有以行政、司法官吏兼任的情况，1915 年 12 月，颁布了《大总统关于官吏不得兼充学校标

---

① 蔡元培：《教育独立论》，《新教育》第 4 卷第 3 期。

② 蔡元培：《我在教育界的经验》，《蔡元培全集》第七卷，中华书局 1985 年版，第 200 页。

③ 蔡元培《大学令》，转引导自杨东平编《大学精神》，辽海出版社 2000 年版，第 407—409 页。

长及限制兼任教员办法批令》，其中规定："在校长利用兼任之官吏，以
敷衍人情；学生亦欢迎官吏之教员，以为毕业后终南捷径。由授教者言
之，是谓无责任心；由受教者言之，是谓有虚荣心……本职职务，教授时
间两有妨碍。"所以，命令规定，官吏一律不得兼任学校校长；除特殊情
况特殊学科外，要严格限制官吏兼任学校教员。① 应当说，在当年"学而
优则仕"的传统根深蒂固，官学不分的体制为患甚烈的背景下，这一规
定对于逐步实现政府行政权力与大学教育学术权力的分权与平衡是具有积
极意义的。

2. 1924 年，教育部重新制定并颁布了《国立大学条例》，同时宣布废
除 1917 年经修改过的《大学令》和 1915 年颁布的《大学规程》。② 该
《条例》规定，在国立大学内部，设校长一人，由教育总长聘任。建立董
事会——评议会——教授会体制，董事会为最高决策机构，由例任董事
（校长）、部派董事（由教育总长从部员中指派）和聘任董事（由董事会
推选，呈请教育总长聘请）组成。评议会则负责评议学校内部组织、各
项章程及其他事项，其成员由校长和从正教授、教授中推选若干人组成，
由校长负责召集。各科、各系及大学院各设教授会，由本科本系、大学院
正教授、教授组成，规划本部的课程及学习。对比 1912 年的《大学令》
体制，教授会的权责有所削弱，但形式上继续得以保留，而且对于校内一
般事项仍然拥有相当大的发言权。此《条例》颁布后，立即遭到北京大
学 60 位教授的联名公开批评，北大评议会也致函教育部要求取消成命。
其反对的理由即是董事会的建立违反国际惯例，且此种权力架构有悖于教
育独立、教授治校的大学理念③。

3. 国民党取得了全国政权以后，为了达到对社会实现全面控制的目
的，感到教授治校体制下，学术界在大学的权力太大，试图进一步弱化
1912 年《大学令》颁行后推行的这一体制，遂有 1929 年 7 月《国民政府

①　中国第二历史档案馆编：《中华民国史档案资料汇编　第三辑　教育》，江苏古籍出版社
1991 年版，第 72—73 页。

②　王学珍、郭建荣主编：《北京大学史料（1912—1937）》第二卷，北京大学出版社 2000
年版，103—104 页。

③　同上。

颁布大学组织法》①的出现。该法案规定校长综理校务，"国立大学校长由国民政府任命之：省立市大学校长，由省市政府分别呈请国民政府任命之"。法案还取消了教授会体系，而代之以学校校委会议——学院务会议——学系教务会议体制，虽然校委会议"以全体教授、副教授所选出之代表若干人，及校长、各学院院长、各学系主任组织之"，却又规定"校长得延聘专家列席，但其人数不得超过全体人数五分之一"；院务会议则"以院长、系主任及事务主任组织之"；教授等四级教员"由院长商请校长聘任之"。比较上述两个法案，可以看出 1929 年法案加强了校长、院长的权力，而削弱了以教授会为代表的学者权力，国民党政府得以通过它任命的校长所拥有的行政权力实行对大学的管制，于是造成了行政权力与学术权力之间的紧张。在此之后，信奉自由主义的大学学者们为追求学术自由针对政府的抗争便一再发生。

1939 年 5 月，在救亡图存全民抗战的形势下，教育部颁发《大学行政组织补充要点》②，该文件一方面反映政府仍然试图以提高行政效率为名，改变"各校现行组织，大都由各校自行拟定"的状况，加强政府的统一管理；另一方面又体现出教授在大学决策与管理中的地位，比较 1929 年版本有所提高。第一，《要点》规定，大学"分别设教务长、训导长及总务长各一人，秉承校长分别主持教务、训导及总务事宜"，而"教务长及总务长均由教授兼任"。第二，决策机构"校务会议"除校长、教务长、训导长、总务长等行政人员为成员外，教授、副教授"每十人至少要举代表一人"；第三，农学院、工学院、医学院所附设的农场、工厂、医院，"得各设主任一一人，须由教授或副教授兼任"。③

1948 年 1 月，国民政府公布《大学法》，在学生运动高涨，其统治风雨飘摇之际，试图进一步强化行政权力。该法案规定，大学的最高权力机构为校务会议，"以校长、教务长、训导长、总务长、各学院院长、各学系主任及教授代表组织之，校长为主席。教授代表之人数，不得超过前项其他人员之一倍，亦不得少于前项其他人员之总数"。在校务公议之下，

---

① 中国第二历史档案馆编：《中华民国史档案资料汇编　第五辑　第一编　教育（一）》，江苏古籍出版社 1994 年版，第 171—173 页。

② 同上书，第 699—700 页。

③ 同上书，第 47—50 页。

设行政会议、教务会议，均由相关行政人员组成，只在院务会议、系务会议两级，由院长（系主任）及本院（系）教授、副教授（系务会议再加讲师）组织。在此《大学法》中，已经没有了教授会的位置，在其他机构中，教授、副教授等学术人员的人数及地位也大大下降。

民国时期各大学，因其历史延革有异，与政府关系远近不一，在管理体制上教授的权力有大有小。但北大、清华等著名大学，均在构建教授治校的管理体制上做出了努力。

### 二　北京大学的教授治校体制

经浙江籍议员陈黻宸和北京大学教授马叙伦推荐，黎元洪总统同意，教育总长范源濂提名，蔡元培出任北京大学校长。1916 年 12 月 26 日，正式任命，1917 年 1 月 4 日，蔡元培到校履职。蔡将改革领导体制作为他履行校长职务的头等大事。

尽管北京大学在 1915 年曾循 1912 年《大学令》的要求改变了领导体制，但以校长为首的少数几个人大权独揽的局面并未真正改变。蔡元培后来回忆说："我初到北京大学，就知道以前的办法是，一切校务都由校长与学监主任、庶务主任少数人总理，并学长也没有与闻的。我以为不妥，所以第一步组织评议会，给多数教授的代表议决立法方面的事，恢复学长权限，给他们分任行政方面的事。但校长与学长仍是少数，所以第二步组织各门教授会，由各教授与所公举的教授会主任分任教务。将来更要组织行政会议，把教务以外的事务，均取会议制。并要按事务性质，组织各种委员会来研讨各种事务。"① 蔡元培的确根据教授治校，分权管理的原则进行了深入的领导体制改革。其体系框架大致如下：

设立评议会，作为全校最高立法及权力机构。评议会由评论员若干人组成。校长和各科学长为当然评论员，教授代表则按文理、法、工各科的本科和预科分别推举两人（1919 年后改为每五名教授互选评论员一人，一年改选一次），校长为评议会的当然议长，负责评议会的召集和主持评议会的改选事宜。

第一届评议会的名单如下：校长蔡元培，文科学长陈独秀，理科学长

---

① 《回任北京大学校长在全体学生欢迎会上演说》，《北京大学月刊》1919 年 9 月 22 日。

夏元瑮，法科学长王建祖，工科学长温宗禹；教授代表：文本科胡适、章士钊，文预科沈尹默、周思敬，理本科秦汾、俞同奎，理预科张大椿、胡濬济，法本科陶履恭、黄振声，法预科朱锡龄、韩述祖，工本科孙瑞林、陈世璋。校长为议长。从这个名单中容易看出，作为决策机构的评议会可以说完全是由北大的，同时也是彼时中国的著名学者所组成，如果认为它本身即是一个"教授会"，恐怕一点也不为过。

1917 年 12 月，经评议会会议议决通过了各学科教授会组织法，随后由蔡元培主持，分别按学门成立了教授会。当时的教员分为教授、讲师、助教三个档次，除助教外，均为教授会成员。教授会主任由会员推举，任期两年。1918 年全校就成立了国文、哲学、英文、法文、德文、法律、经济、政治、数学、化学、物理共十一个学门的教授会，稍后又成立了地质、史学两个教授会。经过各学门教授选举，担任文科各门教授会主任的分别是沈尹默、陶履恭、胡适、贺之才、顾孟余、周家彦、马寅初、康心孚等人。

1919 年采用分系制后，改由各系成立教授会。各系主任由教授会投票选举，并且规定若系里只有一名教授，此教授即为主任；有两名教授则实行轮值，以先到者为始；三人以上互相选举。教授会全权负责规划本系的教学工作。

1919 年夏，经历了一次蔡元培出走北大又应邀重返北大的过程。9 月返校后，就酝酿进一步整顿和健全学校的各种职能机构。12 月，由校组织委员会起草并经评议会讨论通过了内部组织试行章程。根据该章程规定，除评议会仍为全校最高立法及权力机构外，又设立了下述几个机构：

（1）行政会议，为全校的最高行政机关，负责实施评议会议决的事项，其成员以教授为限，由各专门委员会的委员长及教务长、总务长组成，校长兼任议长。下设十一个专门委员会，其中的聘任委员会专门负责聘请教师。

（2）教务会议及教务处，由各学系主任组成，由教务长领导，负责全校的教学工作。马寅初、顾孟余、胡适均曾担任过一个时期的教务长。

（3）总务会议及总务处，由总务长领导，负责全校的人事及事务工作。蒋梦麟、李大钊、李辛白、沈士远等曾任总务长或其下属的部门主任。

为了通过制度明确和协调各种机构的关系，1921 年 12 月，蔡元培主持校评议会通过了议事规则，其主要内容有：

（1）各行政会议、教务会议、总务会议及其他关于校务之重要会议如教授会等）之议决案，均须报告校长。

（2）校中各办事机构，须将经过情形，每月报告校长一次。由校长每年作总结报告一次。

（3）各系教授会，每月至少须开会一次，商议各系应行事宜。

各教员会，至少每学期开会一次，商议关于各系全体教员应行事宜。①

经过从 1917—1921 年短短四年的努力，在蔡元培的领导下，基本形成了一个完备的教授治校体制，使学校的各项工作得以在以教授为主导的各种机构管理下，有序开展，这可以说是 20 世纪初叶，发生在旧中国的一个奇迹，体制建设达到了世界水平。即便用今天的眼光来看，当年的这套体制对于学术研究来说也是相当先进的。难怪多年后，当年的教授回忆说："先生长北大数年，因政治环境关系，在校之时少，而离校之时多。离校之时，校务不但不陷停顿，且能依计划以进行者，则以先生已树立评议会及各种委员会等制度。此制度之精神，在以教授治理校务，用民治制度，决定政策，以分工方法，处理各种兴革事宜。然而非校长之清公雅量，则此制度不克成立；非师生绝对依赖校长，此制度不易推行也。"②

北京大学的教授治校还体现在教授办刊。1919 年 1 月，蔡元培正式创办《北京大学月刊》，作为"本校教职员共同研究学术，发挥思想，披露心得之机关"，内容以刊登学术论文，"介绍东西洋最新最精之学术思想为主"，同时也登载一些有文学价值的著作和译文，每期约十万字。月刊开始由文理科各研究所轮流编辑，1923 年 3 月组成了月刊编辑部，由冯祖荀、丁西林、王星拱、李四光、谭熙鸿、胡适、沈兼士、陶孟和、顾孟余、王世杰、陈启修、朱经农等教授组成。③

1922 年，北大评议会议决出版自然科学、社会科学、国学、文艺四

---

① 《北京大学评议会议事录》，转引自梁柱：《蔡元培与北京大学》，北京大学出版社 1996 年版，第 48—49 页。

② 顾孟余：《忆蔡子民先生》，香港《大公报》1940 年 3 月 24 日。

③ 梁柱：《蔡元培与北京大学》，北京大学出版社 1996 年版，第 167 页。

种季刊。委托校长在全校教授、讲师中聘请编辑员，分别组成四季刊编辑委员会。后来确定的社会科学组编辑员为：王世杰（主任）、陶孟和、胡适、蒋梦麟、朱经农、张竞生、朱希祖、黄黼馨、何海秋、周鲠生、燕树棠、陈启修、高一涵、张慰慈、李大钊、顾孟余、马寅初、陈大齐、陈源、杨栋林、皮宗石；国学组编辑员为：胡适（主任）、沈兼士、马裕藻、钱玄同、蔡元培、顾孟余、李大钊、刘叔雅、单不广、王仲麒、郑奠、朱希祖、周作人；文艺组编辑员为：蔡元培（主任）、沈尹默、沈兼士、胡适、鲁迅、周作人、徐旭生、顾孟余、宋春舫、陈师曾、钱稻孙、叶浩吾、马叔平、肖友梅、杨仲子、张凤举。这样的编辑阵容用大师云集、权威把关来形容，应当说绝不为过，在他们掌舵的季刊上发表的文章，学术含量基本上是有保障的。自 1923 年起，社会科学季刊和国学季刊出版，另外两种季刊则因经费困难未能实现。所出版的社会科学季刊和国学季刊发表的论文很好地代表了当时学术研究的动向，对于西学的引进消化和国学的推陈出新起到了一定作用。①

蔡元培创建的教授治校体制在后来的几位长校者手中形态有所变化，但宗旨大体上得以延续。抗战胜利后的 1948 年（民国三十七年）4 月 18 日经北京大学教授会通过的"国立北京大学组织大纲"中规定：②

第 19 条：本大学校务会议，以下列人员组织之

（1）各学院教授代表（每学院教授十人选举一人，其零数足五人者亦举一人，但每学院至少有一人，每年改选一次）；（2）校长；（3）各学院院长；（4）教务长；（5）秘书长；（6）训导长；（7）图书馆馆长；（8）校医院院长；（9）各学系主任；（10）医学院护士学校主任

第 21 条：本大学教授、副教授全体组成教授会。由校长召集，审议校长或校委会交议事项。每学期至少开会一次。

要了解当时教授在北大决策中所占的分量，我们可以看看一份《国立北京大学通知》（民国三十七年十一月十八日）：

"兹定于本月 22 日（星期）下午三时在蔡先生纪念堂召开校委会议

---

① 王学珍、郭建荣主编：《北京大学史料（1912—1937）》第二卷，北京大学出版社 2000 年版，第 2044—2045 页。

② 王学珍、郭建荣主编：《北京大学史料（1946—1948）》第四卷，北京大学出版社 2000 年版，第 3 页。

第一次例会，届时敬请出席为荷。

（1）各学院教授代表：理、文、法、医、农、工，共 17 人（名单略）；（2）胡校长；（3）各学院院长：5 人；（4）郑教务长华炽；（5）郑秘书长天挺；（6）贺训导长麟"①。

从以上名单可以看出，除教授代表为由教授会互选推出之外，校长、院长、教务长、秘书长、训导长也均为当时的著名学者，由他们来参加作为学校决策机构的校委会议，具体地体现了教授治校原则的实际运行。

### 三　清华大学的教授治校

清华大学在 1919 年以前为职员治校时期，曹云祥 1922 年 4 月代理清华大学校长后，汲取了前任几位校长的教训，经过调查研究，主持了围绕民主办学、教授治校的一系列改革。其推行教授治校的实践发生在 1926 年。一是通过了《清华大学组织大纲》，二是根据《组织大纲》，设立了两个重要的权力机构。一为"评议会"，一为"教授会"②。

评议会由校长、教务长及教授会互选之评议员七人组成，校长为当然主席。职权如下：

1. 规定全校教育方针；2. 议决各学系之设立废止及变更；3. 议决校内各机关之设立废止及变更；4. 制订校内各种规则；5. 委任下列财务、训育、出版、建筑四种常设委员会委员；6. 审定预算决算；7. 授予学位；8. 议决教授、讲师与行政部各主任之任免；9. 议决其他重要事项。根据《组织大纲》的规定，上述第 1、2、3、6 各项，"评议会"在作出议决前，"应先征求教授会意见"，其决议如"经教授会三分之二之否决时，应交评议会复议"。

"教授会"由全体教授及行政各部门主任组成，校长为主席，教务长为副主席。职权为：1. 选举评议员及教务长；2. 审定全校课程；3. 议决向评议会建议事件；4. 议决其他教务上公共事项；5. 讨论决定由评议会以三分之二通过提出对本组织大纲之修正案。

---

① 王学珍、郭建荣主编：《北京大学史料（1946—1948）》第四卷，北京大学出版社 2000 年版，第 78 页。

② 《从清华学堂到清华大学（1911—1929）》，生活·读书·新知三联书店 2001 年，第 42—46 页。

　　由此可见，在两会当中，"评议会"执掌最高权力，但因为"教授会"，拥有选举评议员及教务长的权力，又有初议权和部分否决权，所以在实际运作中，评议会要受到教会的牵制，两会是一种分权与制衡的关系。

　　至1926年摆脱董事会的控制和校长一元化的领导，进入教授治校时期。但在国民党统一北方后，改清华为国立大学，教育部并于1928年9月颁布《国立清华大学规程》，重申教育部及校长权力。新条例虽然保留了"评议会"和"教授会"这两个机构，但权力已被削弱，于是引发了教授学者与行政当局的一波波争议。①

　　其典型表现是1931年发生的围绕校长任命的冲突。1931年4月，由中央政府国务会议任命有深厚政治背景的校长吴南轩到校任职，吴运用《规程》中规定的权力，径行聘请了几个学院院长，引起教授不满。于是，萨本栋等15位教授联名要求召开"教授会"。5月28日，"教授会"临时会议开会，通过两项决议：（1）"新改国立清华大学规程，于学校前途，诸多危险，同人等应呈请教育部，斟酌清华特殊情况，重行筹划。至吴南轩校长到校以来，惟务大权独揽，不图发展学术，加以蔑视教授人格，视教授如雇员，同人等忍无可忍，为学校前途计，应并请教育部另简贤能，来长清华，以副国府尊重教育之至意。"（2）"本会应推选七人委员会，根据上项议决案，负责起草并缮发星文。"这一有48名教授（全校共有59名专任教授）签名的文件还强烈声明："倘此问题不能圆满解决，定于下学期与清华脱离关系。"在"教授会"的强烈抗争下，此事最终以吴南轩离任，翁文灏代理校务了结。这一事件从一个侧面说明，尽管国民党政府力图强化行政权力，扩大它在大学的影响和作用，但面对具有强烈独立意识的教授群体，政府方面也不得不有所妥协。当然这也证明了关于"教授治校理想甚高，实现匪易"的预见。

### 四　西南联大时期的教授治校和几个相关案例

　　西南联大的最高领导层是由三校校长（北大蒋梦麟、清华梅贻琦、南开张伯苓）共同组成的校常委会，由各校校长轮流主持工作，凡学校

---

① 《清华人文学科年谱》，清华大学出版社1999年版，第105—106页。

重大问题的决策均由常委会讨论决定。常委会下设有校务会议和教授会。校务会议由常务委员、常委会秘书主任、教务长、各院院长及教授、副教授互选的代表 11 人组成。教授会由全体教授组成，作为咨询机构，听取常委会主席报告工作，讨论学校的重大问题，并且向常委会提出建议。教授会不定期举行，但每学年至少举行一次。教授会对联大的行政管理、教师聘用、教学实施等都有较大影响。此外，各学院还设有院务委员会，主要由学院各系教授会主席和教授代表组成，对院、系内的事务决策处理。

西南联大期间，发生了民国教育史上大学教授抵制教育行政当局对大学事务不当干预的几个事件。透过这些事件，可以看到，当时的教授确实具有强烈的自主办学意识，在重大问题上为维护大学自治权力而据理力争。

事例一，1939 年陈立夫任教育部长后，为加强对学校的控制，屡次颁布训令，对全国所有大学的课程设置、课程内容、学生成绩考核、教授聘任等作出一系列统一规定。这一政策当即在联大遭到教授们的强烈质疑。联大为此专门召开了教务会议（由教务长主持，全体教授参加），教授学者们在会上针对教育部的决定纷纷提出尖锐的批评，最后拟定了著名的《教务会议呈常委会文》，列举五项理由，严词反驳诸项训令：

> 世界各著名大学之课程表，未有千篇一律者，即同一课程各大学所授之内容亦未有一成不变者。惟其如是，所以能推陈出新，而学术乃可日臻进步也。如牛津、剑桥大学、在同大学之中，其各学院之内容亦不相同。彼岂不能令其整齐划一，知其不可亦不必也。今教部对于各大学束缚驰骤，有见于齐而无见于畸，此同人所未喻者一也。教部为最高教育行政机关，大学为最高教育学术机关，教部可视大学教学研究之成绩，以为赏罚殿最。但如何研究教学，则宜予大学以回旋之自由，律以孙中山先生权能分立之说，则教育部为有权者，大学为有能者，权能分职，事乃以治。今教育部之设施，将使权能不分，责任不明，此同人形未喻者二也。教育部为政府机关，当局时有进退，大学百年树人，政策设施宜常不宜变。若大学内部甚至一课程之兴废亦须听命于教部，则必将受部中当局进退之影响，朝令夕改，其何以策研究之进行，肃学生之视听，而坚其心志，此同人所未喻者三也。

师严而后道尊，亦也谓道尊而后师严。今教授所授之课程，亦经教部之指定，其课程之内容亦须经教部之核准，使教授在学生心目中曾教育部一科员之不若，在教授固已不能自展其才，在学生尤启轻视教授之念，与部中提倡导师制之意适为相反，此同人所未喻者四也。教部今日之员司多为昨日之教授，在学校则一筹不准其自展，在部中则忽然智周于万物，人非至圣，何能如此，此同人所未喻未喻者五也。①

事例二，1940 年，由于前方战事吃紧，国民政府教育部于 7 月电令联大做好再次迁校的准备。次年 1 月联大在四川叙永设立分校。后因叙永条件不理想，加之战争发展形势并未如先前预想的恶劣，联大中便有人提出继续留在昆明，撤销分校的意见。为此，联大常委数次举行会议，广泛征求意见，最后在校委会上以投票方式决定停办分校。而国民政府方面则对此持反对意见，蒋介石、陈立夫等政府要员要求蒋梦麟向联大转达政府的意向。联大校委会为此再次开会，在传达政府的意见之后，会议最后仍然否决了政府的意见，坚持本年度结束后，叙永不再设立分校。正是依靠学者教授的这种独立意志坚持留昆，联大才有了后来的成就与发展。

事例三，西南联大的强烈独立意识亦鲜明地体现在学者个体身上。抗战初期，陈立夫主持的教育部曾作出规定，凡在大学担任行领导职务的人都必须加人国民党。这一规定使许多大学校长或被迫加入国民党，或被迫辞职。而在联大，许多教授表现出宁折不弯的态度。著名化学家、联大教务长杨石先教授在重庆受训时，蒋介石表示要亲自介绍他加入国民党，杨明确拒绝。当局威胁道："你不加入国民党，又怎么能当联大教务长？"杨回答说，他可以马上辞去教务长之职，入党之事却断不可为。

中国的文化专制有两千年的历史传统，民国时期沐浴过欧风美雨的新型学者以极大的热情投入了仿效欧美的教育独立的实践，而教授治校是其中关键的一环。在民国时期北洋军阀主政时代，由于权力的分割，以北京大学为代表的教授治校迈出了可喜的一步。在国民党掌握全国政权后，采

---

① 杨东平编：《大学精神》，辽海出版社 2000 年版，第 417—419 页；《北京大学史料（1937—1945）》第三卷，第 305 页。

取了种种不同方式加强对大学的掌控，但一再遭到教授们的抗争和抵制，反复较量中，学术权力时进时退而不曾消亡。

## 第四节　界定宣传与教育

自秦汉以降，尤其是明清两朝，教育中就存在着一对基本矛盾——学术与宣传的矛盾。一方面，学者要通过教育，传承文化学术，提携聪颖后进；另一方面，统治者要通过教育，灌输正统观念，实现思想控制。两种取向之间的斗争或张或弛，其最为惨烈的表现形式就是"文字狱"。1920年代后期，国民党取得全国政权后，这一矛盾又在蒋介石集团与信奉大学自治的新型学者中间发生，并通过大学课程设置中"党义"类课程的安排反映出来。

### 一　国民党的党化教育

1927 年，军阀混战的局面结束后，国民党开始了重建国家权威实现一党专政的努力，其中重要的举措就是强化对以大学师生为代表的社会思想的整肃与控制。1927 年 5 月，蒋介石在南京纪念五四大会上首次提出"党化教育"的口号，同年 7 月，国民政府教育行政委员会制订《学校实施党化教育办法草案》，明确指出："我们所谓党化教育就是在国民党指导之下，把教育变成革命化和民众化，换句话说，我们的教育方针是要建立在国民党的根本方针之……这是党化教育的具体意义。"[①]国民党元老胡汉民还专门撰文严厉驳斥五四以来为学者们所推崇的"思想自由，兼容并包"的教育主张："教育不可无主义，主义只能宗于一。我们现在即以唯一的三民主义救国、建国、治国，教育是不能跳到国家范围以外去的。当然也只能宗于唯一的三民主义而不能兼容其他主义，否则还是无主义。""我们必不能让所谓'包罗万象'动摇了我们已定的教育宗旨。"[②]

---

① 《教育杂志》第 19 卷第 8 号，1927 年。转引自杨东平主编：《艰难的日出》，文汇出版社 2003 年版，第 67—68 页。

② 胡汉民：《教育与建设》，转引自金以林：《近代中国大学研究》，中国文献出版社 2000 年版，第 204 页。

1928 年 10 月，国民党中央民众训练部提出了《党治教育实施方案》①，提出 "根据本党主义，确定教育宗旨" "根据教育宗旨，确定教育标准" "根据教育宗旨及标准，制定党治教育实施步骤"，并且提出了将全部教育纳入国民党指导之下的行动计划；1931 年 9 月 8 日，国民党中央执行委员会制订了《三民主义教育实施原则》，在其高等教育部分，提出了 "学生应切实理解三民主义的真谛，并具有实用科学的智能，俾克实现三民主义之使命" 等一系列目标，又规定从课程、训育、设备等几个方面为落实该原则创造条件，着重要求 "应依据三民主义，比较批判其他社会主义学说"②；嗣后，同年的 11 月 20 日，国民党第四次全国代表大会又通过《党义教育案》，该议案试图汲取以往厉行的党化教育 "流于硬化" "党化教育，实只有党而不化" 的教训，改为 "拟用渗透法与归并法并行，将党义软读化"，而且突出要求开展 "以民生主义观说明历史过程" 的社会发展史教育，以对抗共产党主张的 "历史之进化，唯物之辩证" 观点。实际上是用改换为 "党义教育" 的名词继续 "党化教育"，大学须将 "三民主义" 或 "党义" 渗透进历史、地理、政治、社会学以及各种社会科学和文艺书籍之中。③

抗日战争爆发后，国民党及南京政府借机加强对于各级学校，尤其是大学的管制，要求在大学设立 "国民党直属支部" "三青团直属分支部"，明令大学行政领导人员均须加入国民党，等等。1939 年，在重庆举行了第三次全国教育会议，蒋介石公开挑战 "学术自由" "教育独立" 的理念，声称："今天我们再不能附和过去误会了许久的教育独立的口号，……应该使教育和军事、政治、社会、经济一切事业相贯通"，要求教育界 "齐一趋向，集中目标，确确实实为实现三民主义而努力"。

可见，自从国民党掌握了中央政权，它就一天也没有放松以 "党化教育" "党治教育" "党义教育" "三民主义教育" 等名义，用宣传来主导教育，以 "一个国家、一个政党、一个领袖" 的 "党国论" 实现一党专制的努力。更有一些左派学者和学生因为反对政府的政策而遭监视、打

---

① 中国第二历史档案馆编：《中华民国史档案资料汇编　第五辑　第一　教育（二）》，江苏古籍出版社 1994 年版，第 1010—1022 页。

② 同上书，第 1031—1082 页。

③ 同上书，第 1082—1084 页。

击、迫害，甚至暗杀，例如，马寅初被宪兵绑架，马叙伦、张申府、李达
等遭解聘，闻一多、李公朴遭暗杀，等等。但是，在 1927—1949 年的二
十多年里，经历了欧风美雨熏陶，接受了民主主义、自由主义思想的教授
学者们也一直没有停止要求实现学术自由的不懈抗争。

### 二　学者对于宣传主导教育的批评与抵制

学界泰斗蔡元培对于教育与党派的关系有着清醒的认识。他认为：
"教育是要个性与群性平均发达的。政党是要制造一种特别的群性，抹杀
个性……教育是求远效的；政党的政策是求近功的……所以教育事业不可
不超然于各派政党以外。"①

学者们也一再抨击"党化教育"政策，指出"宣传不是教育"。1929
年 4 月，时任中国公学校长的胡适因指责党义教材为"党八股"，并且在
《新月》等刊物上发表《新文化运动与国民党》《我们什么时候才可以有
宪法》《人权与约法》等文字，抨击国民党与新文化运动所倡导的"思想
自由"主旨背道而驰，批评孙中山在理论上的缺欠和晚年思想在民主问
题上的倒退。9 月，胡适即遭国民党中训部训诫："近年来，凡发言论，
每多荒谬，请予严惩。"② 对于"党化教育"这一政策提出最为系统批评
的则是任鸿隽和潘光旦。

1932 年，任鸿隽先后以"党化教育是可能的吗"和"再论党化教育
是可能的吗"为题著文，批评国民党"党化教育"的政策。就两者的不
同目的，任鸿隽指出："教育的目的，是一个全人的发展，党的目的，则
在信徒的造成。教育是以人为本位的，党是以组织为本位的。……一个理
想中有教育的人，在智慧方面，至少的限度，必须对于事理有正确圆满的
了解，对于行事有独立自信的精神……研究所得的结果，才是我们信仰的
根据。这种教育的方法，在党的立场看来，是最危险的。他们的信仰，是
早经确定的了；他们的问题，是怎样地拥护这个信仰。"就"党化教育"
的主张者认为社会价值高于个人价值，任鸿隽反驳说，"一个社会，是由
个人的分子组成的。有了健全的分子，不怕没有健全的社会。一个健全的

---

① 蔡元培：《教育独立论》，杨东平编：《大学精神》，第 124 页。
② 《胡适日记全编》第五卷，安徽教育出版社 2001 年版，第 534 页。

教育制度，必须社会与个人有完全的和谐；要使社会的发展，助成个人的自达，不要牺牲个人的自达，来助成社会的发展。"对于国民党党化教育的实践，任鸿隽认为是不成功的，分析其原因，在任鸿隽看来，"这不见得是因为教员的不济，而是因为党义这一门功课，实在不为学生所欢迎。党义不为学生所欢迎，也不是党义之过，而是凡挟贵势的主义，所必得的结果"。① 于是，任鸿隽得出结论："党化教育，几乎成了一个矛盾的名词。有了'党化'，必定是没了'教育'；反过来说，要有'教育'，必定要除去'党化'"宣传党义的最好方法，是把党义放在一个自生自活的地位，而不要把它放在特殊阶级之上，使它失去了自由竞争的机会。因为一放在特殊阶级之上，它既然不用与人竞争，便渐渐地失去了向上改进的本能；同时在课室中或教科中强迫输入的党义，也未必能得到生徒衷心的信仰。"

1940 年，针对蒋介石前一年反对"教育独立"，要求教育界"齐一趋向，集中目标，确确实实为实现三民主义而努力"这一套主张，潘光旦系统地分析了教育与宣传的差异。首先，"教育与宣传的根本假定便不一样……教育假定人有内在的智慧，有用智慧来应付环境、解决问题的……近代比较最健全的教育理论认为最合理的施教方式是启发，不是灌输。""宣传用的方式显而易见是灌输，而不是启发。……他得假定智慧是一部分人的专利的东西，……其余大多数的人只配听取，只配接受，只配顺从。"接着，潘光旦又从来历、动机、方法、内容与结果等几个方面比较了教育与宣传的不同。从动机来说，教育的动机是在促进受教育者的利益，而不是施教育者自己的利益，而就宣传而言，其动机的主客位置正好是相反的。从方法来说，就广义的方法上区别，即启发与灌输的区别，就狭义的方法而论，宣传需要倚赖四种伎俩：一是隐匿，就是把全部或一部分的事实隐藏起来，不让接受宣传的人知道；二是改头换面，大的说小，小的说大；三是转移视线，把大众的注意从一个重要的题目移到不重要而比较有趣的另一题目；四是凭空虚构。从内容来说，教育的内容总是如实地说明人类社会问题的复杂性（潘光旦以人性是何等复杂的问题为例），

① 任鸿隽：《党化教育是可能的吗》，《独立评论》第三号，1932 年 6 月，《独立评论》第八号，1932 年 7 月。

而宣传家总喜欢把一个问题看得特别简单，进而提出一个同样简单的解决方案（以基督教的原罪说和儒家的性善说为例），因此宣传照例得借助标语和口号一类东西，以作为他论断与疗治社会的妙法。潘氏认为，这类宣传病的病源在于太切心于求得一种结果，这种结果可以是商品畅销，也可以是天下太平。从结果来说，两者自然不能相提并论。接受宣传的人可能受蒙蔽，受欺骗，受利用，也可能会形成一种偏见，而一种偏见一经培养成功，要设法纠正，往往是一件穷年累月而难见成效的事。①

潘氏在同年写的文字中还从教育与宣传之差异这个角度反省了古代与当时的中国教育。他追溯道，在旧时中国的制度下，一个人自小至老所接受的，大部分是以己之"达"强令人"达"，训练受教育者"不和、不易、不思"的宣传，于是造就了"大批顽父的孝子、暴君的忠臣、庸夫的节妇，而找不到几个'天见其明，地见其光'的成人"。对于当时正在实施的教育，潘光旦认为，所谓社会教育（公民教育），由于学校里的党派纷争，学术自由、思想自由的环境正在变换成为宣传家钩心斗角出奇制胜的场合；偏重识字的平民教育，造就出来的识字读书的大众绝大多数只知阅读，而选择读物则在接受各式各样的广告家与宣传家的诱导；至于培养专门技术的人才教育（专才教育，理工教育），潘光旦讥讽道，受过这类教育的人，在他的本行里面，能够懂得科学方法，懂得怀疑，不会轻易受骗，但是，这些专家总要和社会和其他行业打交道，"专家到此，大抵拿不出什么高明的立场与意见来，他一些海阔天空的议论，往往一大部分是有意无意之间从宣传方面拾来的牙慧"。②

潘光旦对教育与宣传的关系所做的二元对立的分析，纯粹从学理上讲，它忽视了教育之民族性、国家性、政治性的一面，教育与意识形态藕断丝连的纠缠，固然有某种绝对化的偏颇，但它反映了一个信奉自由主义的人文学者的教育理想：对于培养独立人格的启蒙教育的执着热忱，对于国民党专制政治——独断宣传误人误国的深沉忧虑。他的犀利解析确实是发人深省的，对于民国时期大学教育力图划清与宣传的界线也的确产生了

---

① 潘光旦：《宣传不是教育》，《潘光旦文集》第五卷，北京大学出版社 1997 年版，第391—397 页。

② 潘光旦：《再论宣传不是教育》，《潘光旦文集》第五卷，北京大学出版社 1997 年版，第397—405 页。

影响。

### 三　"党义"类课程在教学中的地位

在教育实践中，1920 年代后期，出于国民党政府的训令，党义类课程已出现在大学教学中，但门类及时数有限，且以学科专业而异，并随时局演变而波动。

1937 年全面抗战爆发之前，在清华大学人文五系（中国文学系、外国文学系、哲学系、历史系、社会学系）1929—1935 年所制订的学程中①，将学程分为必修学程与选修学程两大类，两类学程都明确规定了所须获得的学分，但我们在五个系分别开列的课程名录和任课教师名单中，只看到可归于意识形态类的一门课程——伦理学，为哲学系和社会学系所必修或选修。在北京大学文理各系 1935 年度的课程安排②，我们只看到化学系一年级有"党义"为必修课，每周二学时（总学时为 35）且无学分；政治学系二年级上学期有"伦理学"课，每周三学时（总学时 22—25），三个学分。

1937 年全面抗战爆发后，"党义"类课程似有所加强。例如西南联大在 1943 年成立了"党义教育委员会"，开设了十二个专题讲演，开列了二十余种参考书籍，规定以考试、读书报告、讨论三种形式结合给予学生考核成绩③。需要说明的是，诸项课程之一的"伦理学"，由冯友兰讲授，这是教育部根据 1942 年 5 月蒋介石"手令"而增设的，被列为各院系共同必修课。其目的是"注意阐述先哲嘉言懿行，暨伦理道德方面多种基本概念，用以抵砺学生德行，转移社会风气"。主要内容为冯友兰所著《新世训》《新原人》等书，上三四百人的大课。后由于听课的学生越来越少，于 1945 年停开④。西南联大在其《教务通则》中又明确：每学年必须修满 33 学分，才准许升入上一年级，而"'党义''体育''军事训练'之学分不计在内"。也就是说，这类课程是被

---

① 《清华人文学科年谱》，清华大学出版社 1999 年版，第 86—152 页。

② 王学珍、郭建荣主编：《北京大学史料（1912—1937）》第二卷，北京大学出版社 2000 年版，第 1152—1176 页。

③ 《北京大学史料（1937—1945）》第三卷，第 332—333 页。

④ 《清华人文学科年谱》，清华大学出版社 1999 年版，第 268 页。

列入另册的，比正式课目要低一等①。又据《第二次中国教育年鉴》载，1944 年度各大学的公共必修课中，文学院、法学院、理学院的"三民主义"、"伦理学"课程均有七个学分（总学分分别在 50—59 个之间）②。总之，这个时期意识形态方面的课程地位较高，但具体实行则因校有别。

在抗战胜利后的 1946 年度北京大学课程安排中，只见哲学系和文学系在第二学年有"伦理学"为必修课，每周二学时③。

至于"党化教育"向课程内容渗透的情况则有待进一步考察。

## 第五节　大学教员聘任办法

以清政府于 1898 年开办京师大学堂算起，直到 1917 年的二十年间，仿效西方体制建立的中国大学体制，能够冲破重重障碍，从无到有，终于得到社会的认同，必须承认是一大伟业。但是从学校数量、学校规模、办学体制上看，大学仍属于初创时期。以京师大学堂为例（1912 年更名为北京大学），1911 年教员总数 42 人，1912 年在校学生 818 人，1916 年教员 148 人，学生 1503 人④。

而学术风气则尤其萎靡不振，"外人每指摘本校之腐败，求学于此者，皆有做官发财思想，故毕业预科者，多入法科，入文科者甚少，入理科者尤少，盖以法科为干禄之终南捷径。因做官心热，对于教员，则不问其学问之浅深，惟问其官阶之大小"1916 年 12 月，蔡元培出任北京大学校长，其志向就在于杜绝衙门习气，锻造现代学术机构。这中间一个关键环节，即是要遴选优秀的教师来改造学风，提升学术品质。而要实现这一目标，又经历了两个阶段。在第一阶段，出于当时教员人数十分有限，可以用伯乐相马的办法，借助其个人的职业道德、智能洞察力和对当时有限的学术圈的熟悉，亲自聘任学科骨干；在第二阶段，随着大学规模的扩

①　赵新林、张国龙：《西南联大：战火的洗礼》，上海教育出版社 2001 年版，第 42 页。

②　转引自胡建华：《现代中国大学制度的原点》，南京师范大学出版社 2001 年版，第 149—151 页。

③　王学珍、郭建荣主编：《北京大学史料（1945—1948）》第四卷，第 493—495 页。

④　梁柱：《蔡元培与北京大学》，北京大学出版社 1996 年版，第 32—33 页。

大，教员的增加，则要制订一系列有利于提升学术水准的制度条例，通过同行评议来选聘教员。蔡元培在北大的改革对推动其后其它大学的改革起到了很强的示范作用。

### 一　蔡元培的"伯乐相马"

蔡元培聘任教员有其执着的标准："延聘教员，不但是求有学问的，还要求于学问上很有研究的兴趣，并能弓起学生的研究兴趣的。"① 此外，鉴于他到任之前北大深重的官瘾远胜于学问之心的状况，又特别附加一项规定："为官吏者，不得为本校专任教员。" 作为其办学"兼容并包"政策的具体体现，就是在选聘教员上根本不为那些非学术的聘任标准所束缚，包括文凭、资历、学术观点、私德（不是公德），均不成为蔡元培选聘教师的决定因素。为了防范学术圈子排斥异己，身边的人片面褒贬，蔡元培自有一套应对的举措：

1. 门户开放，兼容各派。蔡元培初到北大时，聘用了一些他所熟悉的浙江同乡，其中章太炎的门生又占了很大比例。但蔡元培行事并不从派系利益出发，他聘任的文科学长是《新青年》一系的首领陈独秀，又聘请了另一新派头面人物——《甲寅〉杂志和《甲寅日刊》的创办人章士钊，同时还聘请了虽属旧派，但不归章太炎系的名家刘师培和陈汉章。以这样丰富多彩的教师阵容，为北大造就了新学旧学共处，土生留洋并重的学术格局。②

2. 耳闻为虚，眼见为实。亲朋故旧总会不时向蔡元培推荐学人到北大任教，但蔡元培不会偏信一家之言，他一定要亲自过目被推荐者的文章著作，以此作为取舍的主要依据。例如，梁漱溟经教育总长范源廉介绍，带着他在《东方》杂志发表的"究元决疑论"去见蔡元培，蔡元培说已经读过这篇文章并表示肯定，因此同意梁到北大任教。后来，梁离开北大时推荐熊十力替代他的位置，蔡元培也是因为读过熊十力的《熊子真心书》且非常赏识，故对梁激溟的推荐慨然应允。

① 蔡元培：《就任北京大学校长之演说》，杨东平编：《大学精神》，辽海出版社 2000 年版，第 324 页。
② 高叔平编：《蔡元培全集》第三卷，中华书局 1984 年版，第 344 页。

### 二　蔡元培的制度选人

蔡元培亲自选聘了少数思想学术界领军人物到北大任教，但他不可能对于教师任用事必躬亲，对于一般教师的聘任，他须借助教授们的共同推荐。而且他从治校伊始，就认识到应从制度上规范聘任工作。为此，他从1918 年（民国七年）起就着手制定了一系列相关的规章条例，1920 年，北大还在校行政会议下面建立了专门的聘任委员会，负责协助校长审查候选人的任职资格。

1. 在蔡元培所主持制订的民国七年《国立北京大学规程》中，规定：①

"第三条　学长由校长呈请教育总长任用之并呈报大总统

第四条　正教授教授讲师外国教员图书馆主任庶务主任校医均由校长聘任之并呈报教育总长

正教授教授延聘以一年为试教时期期满若双方同意得订立长期契约

第六条　职员除讲师外不得兼他处职务

第十二条　第二表职员（注：包括正教授、本科教授、预科教授、助教、讲师、外国教员）进级与否由校长参酌左列各项情形定之

（甲）教授成绩（乙）每年实授时间之多寡（丙）所担任学科之性质（丁）著述及发明（戊）在社会之声望"

2. 同年（1918 年），北京大学校评议会通过《教员延聘施行细则》，规定第一年为初聘，有效期为一学年，具试用性质，至第二年六月致送续聘书，方才长期有效。过期未送续聘书者，即作为解约。"②

周作人曾经回忆说："北大旧例，教授试教一年，第二学年改送正式聘书，只简单的说聘为教授，并无年限及薪水数目，因为这聘任是无限期的，假如不因特别事故预先声明解约，这便永久有效。十八年以后始改为每年送聘书，在学校方面怕照从前的办法，有不讲理的人拿着无限期的聘书，要解约时硬不肯走，所以改了每年送新聘书的方法。"③

---

① 《最新改正民国七年　国立北京大学规程》，国家图书馆藏，第 25 页。

② 梁柱：《蔡元培与北京大学》，北京大学出版社 1996 年版，第 92 页。

③ 《北大感旧录》（三），《知堂回想录》，香港天地图书公司 1979 年版，第 487 页。

1923 年蔡元培、蒋梦麟等人筹办杭州大学，体现出在大学推行终身教职的构想。在蔡元培主持制定的《杭州大学章程》① 中，对教研人员的任期规定是：正教授（相当于现在的讲座教授）任期无限；教授初任三年续任无限期；辅教授（相当于现在的副教授）初任一年，续任三年，再续无限期；讲师和助教初任一年，续任一至三年，续聘得续任，特别讲师（兼职讲师）以所授科目的时间长短为标准。可以看出，这一规定中，终身教职的起点是定在辅教授一级，对其进行两次评审（初任一年后，续任三年后），即任职四年后，可获得终身教职。

3. 1920 年，北大在校行政会议下面设立了一个聘任委员会，协助校长审查候选人的任职资格以适应聘任职责的加重。委员以教授为限。规定聘任委员会非校长或其代表出席不得开会。凡新聘或延聘教授都要经过委员会的审查与投票决定。审核是相当认真严格的。如 1921 年 11 月，周作人推荐俄国学者马耶所夫讲授《欧洲哲学史》，经蔡元培同意提交聘任委员会讨论。结论是："因会员均以俄国人只可请讲俄国文学之类；若欧洲文学史等，恐与中国人相去无几也。"未能通过。②

又如，对于品行不端的所谓"探艳团"团长、英文教员徐佩铣，不学无术的英籍教员克德来（Cartwright）、燕瑞博（Robert William Swallow），蔡元培通过聘任委员会，将其解职，《北京日报》还刊登了消息。结果引发了轩然大波。首先，英国人具呈控告北大及蔡元培，说是指称他们不堪胜任教职，使其职业蒙受损失，为此要求索取一年或二年的薪金；继之，英国公使馆出面干涉，向中国外交部提出抗议；最后，英国公使朱尔典亲自出马，找蔡元培谈判，进行恫吓。这时，外交部和教育部也多次来函，指责北大处置不当。蔡元培则明确回答："本校辞退克教员，系按照合同第九条办理，毫无不合。""以是本校虽承贵部谆谆以和平解决相劝，而苦别无办法，若该教员必欲赴诉，则听其自由而已。"在与朱尔典谈判时，朱竟威胁说："阁下愿意作为证人出庭吗？"蔡元培严正回答："如果按照法律，需要我作证，我也许会出庭。"

---

① 《蔡元培全集》第五卷，浙江教育出版社 1997 年版，第 22—33 页。
② 《蔡元培致周作人函》，1921 年 12 月 14 日。转引自梁柱：《蔡元培与北京大学》，北京大学出版社 1996 年版，第 92 页。

这一时期被解聘的外籍教员还有牛兰德（Newland）、斯华鲁（Swallow）、伦特（Lent）等诸人。蔡元培后来论及这件事时说："那时候各科都有几个外国教员，都是托中国驻外使馆或外国驻华使馆介绍的，学问未必都好，……我们斟酌了一下，辞退几人，都按着合同上的条件办的，有一法国教员要控告我，有一英国教习竟要求英国驻华公使朱尔典来同我谈判，我不答应，朱尔典出去后，说：'蔡元培是不要做校长的了'，我也一笑置之。"①

4. 尊重学者，保障权益。大学的教学与研究工作固有其自身的规律，必须承认这一规律，才能保证公平、公正，使学者全身心投入学术。为此，蔡元培特意提出了《教员保障案》，并且着力推动建立终身教职体制。

1922 年 2 月，蔡元培根据教授聘任工作中所存在的问题，特地提出《教员保障案》，以完善教授的聘任及任职的制度，此提案经校评议会第五次会议通过并付诸实行。因此提案对于北大以后的教授聘任发生了十分重要的制度规范作用，特收录全文如下：

　　查本校聘设教授之意，要不外欲受聘者专心致意于功课之讲授，及学术之研究，此意至善，亦即任教授者之所乐于从事者也。然事每与愿违，盖因尚有使教授不能专心致意者在耳。举其要者，如所任功课之常有变更，及地位之时有摇动，均足减少教授浓厚之兴味，发生不良之影响。如下列意见三条能见诸实行，则本校聘设教授之原意，及教授专心功课与学术之志愿，均可完成矣。

　　（一）凡已得续聘书之各系教授之辞退，应由该系教授会开会讨论，经该系教授会五分之四之可决，并得校长之认可，方能办理。如该系教授不及五人，应经全体教授可决。但开会时，本人不得列席。

　　理由：聘请教授时，既须经聘任委员会之通过，主任之赞成，校长之函聘，复有试教一年之规定手续，可谓郑重矣。试教期满，复经续聘，是校中认其能胜任矣。故辞退，特亦应经郑重之手续，不应凭学生之意见，或主任、或教务长一人之意见，将其贸然辞退。

---

① 《我在北京大学的经历》，《蔡元培选集》，中华书局 1959 年版，第 290 页。

（二）各教授应担任何项功课，应由该系教授会开会，公同商定。一经商定后，应始终令其担任。即欲变更，亦须再行开会议决。理由：查现行办法，各教授担任何项功课，多由主任一人决定，并不先征本人同意。至近上课时，方由注册部通知，又本年所任功课，虽各方面并无不满意之表示，而至下年时，仍可由主任决定，另换他人担任。此法流弊甚多，撮要列举于后：①

（1）各教授所任课程，往往有为本人所不能，或不愿讲授者。

（2）通知过迟，遂致搜罗材料，编辑讲义，均须仓卒从事，本人既深感不便，讲授时又难使听者满意。

（3）功课常有变更，致教授无意于数种学科特别之研究。若本项意见能见诸实行，则上列各弊，可以免除。一二年后，教授对于学术界，必能多有贡献。

（三）各系教授会，应每月至少开会一次。凡本系科目之增减，应开教授会议决，不能由主任或教务长一人决定。

理由：查教授会组织法中，原有"教授会每月开会一次，商议本部应办事宜"，及"'凡关于下列诸事（其一即'本部学科之增设及废止'）本部教授皆有参预讨论之责'。自应切实施行，以收集思广益之效，而免垄断专制之弊。"

此《保障案》的意义在于：第一，明确了教授聘任及辞退过程中，教授会、系主任、教务长、校长等各方的权力和责任，避免了个人专断或学生主导，着重于同系教授的集体意见，这样，就便于通过同行评议，将教授的学术水平、教学效果、人品、人际关系等诸项因素统一起来，对教授是否适合其职位的工作作出比较公平而民主的判断，已聘任教授的辞退必须慎之又慎。第二，文件通情达理地指出，教授的学术水平是否能够得以体现，教学效果是否优良，在很多情况下，完全归功或归咎于当事人并非公平，它很有可能须溯源于有关负责人的教学安排。而要让教授真正表现出他的水平与能力，必须在本人认同，教学与研究可能统一的前提下确定其讲授课目。这也是教研人员能够贡献学术成果的必要保证。第三，强

---

① 高平权编：《蔡元培全集》第4卷，中华书局1984年，第152—153页。

调在大学用人及教研安排的过程中，为了克服中国式管理中人治色彩浓重的弊端，须着重良性制度的建设，涉及行政负责人的权力，一要保证；二要制约，尤其要对教授会发挥职能作出明确的制度规定与时间规范。

蔡元培就任北大校长后，短短几年间，在这个中国头号学府就教员聘任所开展的制度建设对中国大学积蓄学术力量，提升学术品质起到了一定的示范作用，在此同时，其他大学也就教员聘任改革进行了有益的探索。下面以清华学校为例作说明。

### 三 清华学校的教员聘任改革

1. 清华学校成立于辛亥革命发生后不久的 1912 年 11 月，系由清华学堂改制而来。从教师待遇上考量，早期的清华教师聘任，表现出以下几个特点：第一，美籍教员的薪酬远远高于中国籍教员（平均月薪之比为 3.1∶1）；第二，担任西方语言及现代科学教学的教员薪酬高于担任国学教学的薪酬（平均月薪之比为 1.2∶1）；第三，行政职员的薪酬比照担任西方语言及现代科学教学的教员薪酬，即其平均水平仍高于讲授国学的中国籍教员。这一做法有明显的欠缺公平之处，受到很多批评，于是出现了后面的改革。①

1920 年 6 月清华学校董事会启动了薪酬改革，虽然仍旧表现出"男女有别""重洋轻土""重西学轻国学"的意向，但其可取之处则是降低美籍教员的待遇，提升留学生、有高学位者、有欧美教学经历者的待遇。

（1）美籍教员若有欧美著名大学博士学位，另加年薪 400 元，有外国大学专任讲师之经历者，一年加 400 元；以二年为限。既有博士学位又有教学经验者，最高年薪可增加 1200 元。

（2）中国留学生有博士学位者，在起薪之外，年薪增加 480 元；如曾任外国名大学讲师一年以上者，年薪亦增加 480 元，以二年为限。

（3）留学生之起薪，每三年加薪和最高薪级，均为国内大学毕业生的两倍。②

① 1916 年，全国大学教师数为 420 人，北大教师数为 148 人为前者的 1/3 强。参见梁柱《蔡元培与北京大学》，第 32 页。

② 苏云峰：《从清华学堂到清华大学（1911—1929）》，生活·读书·新知三联书店 2001 年，第 148—155 页。

这一改变虽然有其积极意义，但还是引起了教职员及学生的不满。1923 年 1 月，刚刚从哥伦比亚大学取得教育学博士学位回校任教的清华校友庄泽宣发表文章，公开质疑这"任用规则"：第一中国教员之曾留学者与未曾留学者，不问其学问如何，薪俸相差甚巨，是否前者的学问一定比后者为佳？第二，美籍教员与中国籍教员之薪俸相差亦巨，且享有其他种种优惠，是否合理？第三，薪俸增加纯以年限久暂为准，年限久者是否学问年年增进？新任教授者是否必不及人？第四，凡得博士者加薪，而有著作或发明者，却不加薪，似非提倡学术之道。他于是参照外国大学教授、副教授、助教授、讲师、教习、助教的职位设定，考虑到研究发明、学位、教学方法、年资等因素，制定了一个他认为更加合理的薪俸表（如下）。

**庄泽宣建议的清华学校教员月薪表**　　　　　　　　（单位：银元）①

| 职位 | 最低月薪 | 研究或发明<br>每次加薪 | 年资加薪 | 最高月薪 |
|---|---|---|---|---|
| 正教授 | 400 | 40 | 20 | 800 |
| 副教授 | 300 | 40 | 15 | 600 |
| 助教授 | 200 | 40 | 15 | 400 |
| 教习 | 100 | 40 | 10 | 200 |
| 助教 | 50 | 40 | 10 | 150 |

庄的方案得到许多教员以及国外留学生的支持，但学校当局解已美驻华使馆、外交部的态度，以及经费等因素，没有采行。但庄所地的问题直至今天仍然未能得到令人满意的答案，其启发性犹存。

2. 1926 年，由曹云祥长校的清华学校制定了《清华学校组织大纲》，本着"教授治校之原则"，改革以往在教员聘任过程中具有行政力的人员，尤其是高层行政人员权力过大的弊病，就教员评聘权限出了较为明确的规定：成立"评议会"和"教授会"，二会互相制衡，以评议会"为学校最高权力。评议会以校长、教务长及教授会互选之评议员七人组成，校长为当然主席"。评议会的权力之一即"议决教授讲币与行政部各主任之

① 庄泽宣："教员待遇问题"，《清华周刊》267 期 1923 年 1 月 13 日，第 6—10 页，见苏云峰《从清华学堂到清华大学（1911—1020）》，生活·读书·新知三联书店 2001 年版，第 154—155 页。

任免"。《大纲》还规定学系主任（名誉职）由该系教授、教员、于教授中推举，任期二年，学系主任的职权之一为"推荐本系教授讲师、教员及助教"。从此规定中可以看出，教员的任用，第一，取决于学系主任的推荐，而学系主任一般是由具备相当公信力的教授担任的，有助于保证被推荐者的质量；第二，取决于评议会的"议决"，因此评议员的素质便成为任用得当与否的关键环节。①

第一次教授会议在 1926 年 4 月举行，议程之一即选举评议员，最后当选者为：陈达、孟宪承、戴志骞、杨光弼、吴宓、赵元任、陈福田。从这一名单中可以看出，评议会议事可以保证有较高的学术品味。②

囿于二十年代学术活动范围较窄，学者数量有限，学术制度刚刚创立，掌握一定学术权力的人在选聘过程中就有相当机动余地，他们的品格眼光在很大程度上决定着教员的质量。而透过清华国学研究院的教员聘任运作，我们看到，当年的学者们的确不辱其学术使命。

3. 创立于 1925 年的"清华学校研究院"，即今天所说的国学研究院，在 20 世纪推动以西方现代方法研究中国传统学术（国学）的过程中起到了创建范式的作用。这种作用之发挥与它所订立的研究宗旨及选人标准有着直接的关系，由于彼时近代意义的中国学术社会刚刚萌生，与蔡元培改造北大一样，建制选人不可避免须循"伯乐相马"一径。作为研究院筹备处主任的吴宓所订立的宗旨是，"故今即开办研究院，而专修国学。惟兹所谓国学者，乃指中国学术文化之全体而言。而研究之道，尤注重正确精密之方法（即时人所谓科举方法）并取材于欧美学者研究东方语言及中国文化之成绩，此又本校研究院之异于国内之研究国学者也。"为了实践这一宗旨，吴宓同时还提出了聘任教授及讲师的严格标准：③

（1）受聘者必须具有中国文化之全部知识。

（2）必须具备正确和精密的科学研究方法。

（3）熟悉欧美日本学者研究东方语言及中国文化之成果。

---

① 苏云峰：《从清华学堂到清华大学（1911—1929）》，生活·读书·新知三联书店 2001 年版，第 42—43 页。

② 同上书，第 44—45 页。

③ 吴宓：《清华开办研究院之旨趣及经过》，《清华周刊》第 351 期。第 1—2 页，1925 年 9 月 18 日。

（4）愿意和学员亲近、接触、热心指导，期其于最短时间内学到丰富的知识和治学方法。①

此一标准不可谓不高，而吴宓也确实是以此高标准聘请到了王国维、梁启超、赵元任、陈寅恪四位教授和李济一位讲师。其过程大体如次：

首先，曹云祥校长征求时任"清华大学筹备顾问"的胡适的意向，欲请他出任研究院导师并主持工作，但胡称："非一流学者，不配作研究院导师，我实在不敢当。你最好去请梁任公、王静安、章太炎三位大师，方能把研究院办好。"②

接下来，1925年2月13日，吴宓手持校长曹云样的聘书，到北京王国维的住处，聘请王来国学研究院任教。吴后来在其《自传》中写道："宓持清华曹云祥校长聘书恭谒王国维（静安）先生，在厅堂向上行三鞠躬礼。王先生事后语人，彼以为来者必系西装革履，握手对坐之少年，至是乃知不同，乃决就聘。"

同年2月16日，经吴宓的推荐，曹云祥校长电聘陈寅恪为研究院教授，6月，陈致信吴宓，接受聘请，说明"明春到校"。2月22日，吴宓持曹云祥校长的聘书专程赴津，聘请梁启超出任国学研究院教授，"梁先生极乐意前来"。4月，经教务长张彭春的推荐，曹校长电聘赵元任担任国学研究院导师，赵认真考虑后，接受了这一邀请，于6月上旬抵达北京12日到校。在此时间，经丁文江的介绍，梁启超的积极推动，曹云祥校长还曾聘请旅美清华校友李济出任教授，只因李与美国史密森研究院弗利尔艺术馆有约在先，而不能"常川住院，任教授与指导之事"，遂依惯例聘为人类学专任讲师。

6月15日，校长曹云祥正式批准研究院教职员名单：教授：王国维、梁启超、赵元任、陈寅恪；讲师：李济；助教：陆维钊、梁廷灿、章明

---

① 吴宓：《清华开办研究院之旨趣及经过》，《清华周刊》第351期，第71—72页，1925年9月18日。转引自苏云峰：《从清华学堂到清华大学（1911—1929）》，生活·读书·新知三联书店2001年版，第304页。

② 齐家莹编撰：《清华人文学科年谱》，清华大学出版社1999年版，第3页。

煌；主任：吴宓：事务员：卫士生；助理员周光午。①

我们从聘任过程中可以看到，由于彼时学术界人数有限，学者间的推荐和学者出身的长校负责人的认同在这里所发挥的协同作用。

从 1925 年兴办到 1929 年停办，研究院只存在了四年，共录取了 74人，除 2 人退学，4 人病故外，实际完成学业 68 人。曾在研究院任教的教职员共 17 人。根据办学规定，"学生研究一年完成论文一篇，经导师核可即准毕业，毕业证书由校长及全体导师签名盖章。第二年起准许成绩优良者继续研究一二年，每年毕业一次，照发毕业证书，但不授予学位。"② 即表现出鲜明的"重学问而轻学位"的态度。短短四年中，人才辈出，硕果累累。毕业的 68 人，后来成为两岸以至海外教授与研究中国学术的栋梁，其办学经验极具总结发扬的价值。所以在 1995 年 7 月，清华大学特别兴办了"纪念清华国学研究院七十周年国际学术讨论会"，主题有三：一、纪念创办研究院的六位学者——王、梁、陈、赵、李、吴；二、清华人文学术范式的建立及其当代意义；三、国学研究院人才培养与学术研究的成就与经验。③

4. 1928 年 9 月，罗家伦出任清华大学校长。罗上任后，即对当时的清华管理提出八项批评，其中包括"职员过多，地位权力也太大，如'评议会'及各委员会成员，多为职员而非教员"。"教员待遇重资格而非学识，以至'有学识的教授不多'。"有鉴于此，罗氏采取了重发聘书（续聘 18 人，解聘 37 人）、在国内外新聘教授讲师（至 1929 年 4 月，新鹏近 30 人）、成立聘任委员会、改善教授待遇、依照 1928 年（民国二十七年）蔡元培主持的大学院公布的《国立清华大学条例》重组"评议会"、"教授会"等措施，着力提升学术氛围。其中新设立的"聘任委员会"的职责就是专事进一步延揽国内外有成就学者，充实各系教学研究力量。第一届聘任委员会（以下简称"聘委会"）由王文显、杨振声、吴之椿、陈岱孙、陈桢、翁文灏、张广舆等八人组成，以后该委员会多次进

---

① 齐家莹编撰：《清华人文学科年谱》，第 6—13 页。清华大学出版社 1999 年版；孙敦恒编著：《清华国学研究院史话》，清华大学出版社 2002 年版，第 18—39 页。

② 苏云峰：《从清华学堂到清华大学（1911—1929）》，生活·读书·新知三联书店 2001年，第 289 页。

③ 同上书，第 332 页。

行调整，但一直维系了相当强大的学者阵容。①

经查，从 1930 年 11 月至 1937 年 5 月的六年多时间里，聘委会共开会近三十次，研究审定了数百人次的教员聘任及资格议题。抗日战争爆发，清华南迁与北大、南开合组西南联大后，从 1938 年 11 月至 1946 年 5 月，聘委会共开会三十多次，有效地保障了在动乱的战争年代，联大能够集中一大批优秀学者，保持相当高的教学质量和学术研究水准②。

从有关资料可以看出，聘委会拥有相当大的权力，这一权力在不同时期有所调整，③ 但大体上掌握以下几项职权：（1）确认校务会议所拟聘请的教授讲师及导师名单；（2）确定下一年度续聘各系、所教授、副教授、专任讲师名单；（3）审定新聘教授讲师任职资格；（4）决定教员的晋升；（5）就教师服务规程中各级教员聘任及相关关待遇提出修正建议，等等。④

**四 民国政府关于教员资格的规定与审定**

**1. 规定大学教员资格**

据 1927 年 6 月 15 日国民政府教育政委员会公布的《大学教员资格条例》，明确将大学教员划分为教授、副教授、讲师、助教四等。任职教员必须具有下列资格之一：助教须为国内外大学毕业，获学士学位，有相当成绩；在国学上有所研究者。讲师须为国内外大学毕业，获硕士学位，有相当成绩者；担任助教一年，成绩突出；在国学上有贡献者。副教授须在外国大学研究院研究若干年，获博士学位，有相当成绩；任讲师满一年，有特别成绩；于国学上有特殊贡献者。教授须为担任副教授二年以上，有特别成绩者。

担任大学教员须经大学教员评议会审查，由该教员呈验履历、毕业文凭、著作、服务证书；大学教员评议会审查时，由中央教育行政机关派代表一人列席，遇资格上之疑问及资格不够但学术上有特殊贡献者，例如学

---

① 苏云峰：《从清华学堂到清华大学（1928—1937）》，生活·读书·新知三联书店 2001 年，第 16 页。

② 齐家莹编撰：《清华人文学科年谱》，清华大学出版社 1999 年版。

③ 同上书，各项援引自第 99 页、287 页、165 页、255 页、224 页。

④ 中国第二历史档案馆编：《中华民国史档案资料汇编　第五辑　第一编教育（一）》，江苏古籍出版社 1994 年版，第 168—169 页。

术有特别研究而无学位者，由评议会审核酌情决定。

民国二十九年十月四日，为了统一大学和独立学院教员资格审查，教育部公布《大学及独立学院教员资格审查暂行规程》。文中明确："大学及独立学院教员等别，由教育部审查其资格定之"（第二条）。并对大学教员任职资格再作规定：①

"助教须具左列资格之一：一、国内外大学毕业得有学士学位，而成绩优良者；二、专科学校或同等学校毕业，曾在学术机关研究或服务二年以上，著有成绩者。（第三条）

讲师须具左列资格之一：一、在国内外大学或研究院所研究得有硕士或博士学位，或同等学历证书，而成绩优良者；二、任助教四年以上，著有成绩，并有专门著作者；三、曾任高级中学或与其同等学校教员五年以上，对于所授学术确有研究，并有专门著作者；四对于国学有特殊研究及专门著作者。（第四条）

副教授须具左列资格之一：一、在国内外大学或研究院所得有博土学位或同等学历证书，而成绩优良，并有有价值之著作者；二、任讲师三年以上，著有成绩，并有专门著作者；三、具有讲师第一款资格，继续研究或执行专门职业四年以上，对于所习学科有特殊成绩，在学术上有相当贡献者。（第五条）

教授须具有左列资格之一：一、任副教授三年以上，著有成绩，并有重要之著作者；二、具有副教授第一款资格，继续研究或执行专门职业四年以上，有创作或发明，在学术上有重要贡献者。"（第六条）

《规程》又特别规定："凡在学术上有特殊贡献，而其资格不合于本规程第五条或第六条之规定者，经教育部学术审议委员会出席委员四分之三以上之通过，得任教授或副教授。"（第七条）

在教员资格审查的过程中，曾议论过大学教员学术送审成果的范围，有人提出，应明文规定下列五种情况不得列入成果范围：①中小学教科书；②通俗读物；③翻译外国之教本；④演讲集；⑤与他人合作之著作而申请人仅为其助理者。最后议决，除其中第三项"翻译外国之教本"外，

---

① 中国第二历史档案馆编：《中华民国史档案资料汇编　第五辑　第二编　教育（一）》，江苏古籍出版社 1997 年版，第 716—718 页。

其他四种均不列入资格审查范围。

2. 审查认定教员资格

国民党执政时期，其教育部也努力强化其行政权力，在大学教员的资格审查认定过程中，提升自己的发言权。但另一方面，以蔡元培、梅贻琦、竺可桢等为代表的教育学术界又尽一切可能维护学术自主的原则。因此，在审查大学教员资格的教育部学术审议委员会的组成上达到了某种平衡。①

1939 年 7 月制订的《教育部学术审议委员会章程》中，赋予该委员会很大的职权，其内容包括：①审议全国各大学学术研究事项；②建议学术研究之促进与奖励事项；③审核学士及硕士学位授予暨博士学位候选人之资格；④专科以上学校教员资格之审查；等等。

该《章程》规定，除教育部部长、次长及高等教育司司长为当然委员外，设聘任委员 25 人，其中由教育部直接聘任 12 人，国立专科以上学校院校长选举 13 人。②

1939 年 12 月组织了专科以上学校院校长进行选举，依得票多少，产生了 13 名委员，其名单如下：文科——冯友兰、傅斯年；理科——竺可桢、吴有训；法科——周鲠生、王世杰；工科——茅以升；商科——马寅初；医科——颜福庆；艺术——滕固。因得票相同，由抽签决定的是教育蒋梦麟、农科邹树文、军事及体育马约翰。

自 1940 年（民国二十九年）至 1948 年（民国三十七年）7 月，教育部学术审议委员会前后共审查专科以上学校教员 30 批，计教授 2728 人；副教授 1332 人，讲师 2151 人，助教 2903 人，共计 9114 人。前后共审查硕士论文 22 批，通过 259 人。

3. 设置"部聘教授"

1941 年 6 月，国民政府教育部决定，设置"部聘教授"，其条件为：①在国立大学或独立学院任教授十年以上者；②教学确有成绩，声誉卓著者；③对于所任学科有专门著作，且具有特殊贡献者。其名额暂定 30 名。其推举办法是：除由教育部直接提出者外，国立大学及独立学院或经教育

① 中国第二历史档案馆编：《中华民国史档案资料汇编　第五辑　第三编　教育（二）》，江苏古籍出版社 1997 年版，第 181 页。

② 中国第二历史档案馆编：《中华民国史档案资料汇编　第五辑　第二编　教育（一）》，江苏古籍出版社 1997 年版，第 77—80 页。

部备案之具有全国性之学术团体，可向教育部推荐。最后由教育部学术审议委员会全体会议出席委员三分之二以上赞成，给予确认。①

经上述程序，最后确定了 29 人为部聘教授，名单如下：杨树达、黎锦熙、吴宓、陈寅恪、萧一山、汤用彤、孟宪承、苏步青、吴有训、饶毓泰、曾昭抡、王琎、秉志、张景钺、艾伟、胡焕庸、李四光、周鲠生、胡元义、杨端六、孙本文、吴耕民、梁希、茅以升、庄前鼎、余谦六、何杰、洪式闾、蔡翘。②

这些学者的第一个任期自 1942 年 8 月至 1947 年 7 月。经学术审议委员会 1947 年 7 月议决，这 29 人一律续聘第二个任期，即自 1947 年 8 月至 1952 年 7 月。③

### 五 民间机构介入教员聘任

1930 年，傅斯年、胡适为了帮助蒋梦麟改革北大，是年 1 月 9 日拟定了《北京大学与中华教育文化基金董事会合作研究特款办法》。1931 年，中基会在上海举行第五次常会，蔡元培主持。"中华教育文化基金董事会，与国立北京大学，为提倡学术研究起见，自民国廿年度起，至廿四年度止，每年双方提出国市二十万万元，作为合作研究特款专为下列各项之用。1. 设立北大研究教授；2. 扩大北大图书仪器，及他类相关的设备；3. 设立北大助学金及奖学金。"这个合作办法的一个主要基础是设立"研究教授"若干名，其人选"以对于所治学术有所贡献，见于著述者为标准"其年俸"自四千八百元至七千二百元不等；遇有特殊情况，年俸应超出此最高额……此外每一教授，每年应有一千五百元以内之设备费……研究教授每周至少要课六小时，并担任学术研究，及指导学生之研究工作，研究教授，不得兼任校外教务或事务……研究教授之名额，暂定三十

---

① 中国第二历史档案馆编：《中华民国史档案资料汇编 第五辑 第三编 教育（二）》，江苏古籍出版社 2000 年版，第 193—195 页。

② 中国第二历史档案馆编：《中华民国史档案资料汇编 第五辑第二编教育（一）》，江苏古籍出版社 1997 年版，第 723—724 页。

③ 中国第二历史档案馆编：《中华民国史档案资料汇编 第五辑 第三编 教育（二）》，江苏古籍出版社 2000 年版，第 180—181 页。

五人。"①

继后，选聘工作便循序展开。1931 年 6 月 6 日的《北平晨报》报道，"北京大学自蒋梦麟回校后，即努力整顿校务，聘请教授，更费煞苦心，尤以法科教授为最……"该报 1934 年 4 月 26 日报道，"北京大学国文系系友会，交际代表孙震奇……等四人，原定昨日上午谒见校长蒋梦麟，再度挽留林损、马裕藻、许之衡三教授……但据蒋氏表示，对林、许二教授，于下年度，决定解聘，马教授则继续聘请。"② 10 月 17 日《京报》报道：北京大学"文学院研究教授，已聘定刘复、徐志摩、周作民、汤用彤等四人，全部研究工作，由蒋梦麟负责，理学院聘定冯祖荀、丁文江、王守竞、曾昭抡、刘树杞、李四光、葛利普、许骧、汪敬熙等九教授指导进行。由刘树杞全责。法学院聘定刘志敬、赵廼抟、陈受颐等三教授"③。

1948 年，为纪念北大建校五十周年，胡适写道："……民国二十年一月，蒋梦麟先生受了政府的新任命，回到北大来做校长。他有中兴北大的决心，又得到了中华教育文化基金董事会的研究合作费国币一百万元的援助，所以他能放手做去，向全国去挑选教育与研究的人才。他是一个理想的校长，有魄力，有担当，他对我们三个院长说：'辞退旧人，我去做；选聘新人，你们去做。'"④

中华教育文化基金董事会在聘任科学教席上，因有一严格规定：荣任者一律不得兼任行政职务，以免分心于教学科研以外的事务。由此发生了一九三八年陈焕镛得中山大学校长邹鲁之聘，当任理学院险长兼生物系主任，欣然致函时任干事长的任鸿隽禀报此讯时，鉴于业项荣任有悖于中基会之于科学教席不得兼任之规定，任鸿隽当即复涵云：

"吾兄荣膺院长要职，事诚可喜，惟于中基会规则研究教授不能兼行政事务，若必不得已，惟有暂作请假一年，支领学校薪俸，俟将来脱离行政职务，再行恢复中基会待遇。从前庄长恭君在中央大学担任理学院长，即系如此办理，事有先例，尊处之串，是否遵照庄君前例办理，请迳函中

---

① 王学珍、郭建荣主编：《北京大学史料（1912—1937）》第二卷，第 1363—1364 页。

② 同上书，第 434—435 页。

③ 同上书，第 1364 页。

④ 王学珍、郭建荣主编：《北京大学史料（1946—1948）》第四卷，第 1092 页。

基会，示之为幸。"①

接函后，陈焕铺只得谢绝中山大学的聘请，专任中央研究院农林植物所的工作，并在抗战中为保护该所免遭日寇破坏立下了汗马功劳。②

小结：据《教育部检报国立专科以上学校教员及国立研究机关科研人员统计总表》，截至 1945 年 4 月，国立专科以上学校共有教授及比照教授人数 3070 人，副教授及比照副教授人数 982 人，讲师及比照讲师人数 1520 人，助教及比照助教人数 1887 人；国立学术研究机关相应职级的人数分别为：128 人，81 人，127 人，68 人；两项相加，各个职级的人数总计为：教授级 3298 人，副教授级 1063 人，讲师级 1647 人，助教级 1955 人。其中规模最大的国立中央大学也只有教授 325 人，副教授 57 人，讲师 113 人，助教 259 人。西南联大则分别为：155 人，7 人，34 人，177 人。国立中央研究院分别为：55 人，32 人，45 人，16 人。

## 六 几点认识

以上我们用十分有限的文字粗糙地勾画了以北大、清华为代表的著名大学在民国时期的教员聘任做法及演变，未及述说所具体运作程序与对个体对象如何评价的细节。但通过梳理我们已经查阅的资料，还是可以总结出几点有益的启示。

1. 在学习和借鉴创建了近代学术机构与学术制度的欧美国家基础上，创立中国自己的大学与研究体制，是民国时期巨大的学术创新工程。而有效地选聘优秀的教员到大学来从事教学和研究，又是其中的头等大事。回首 20 世纪上半叶各著名大学及研究院人才辈出，成果丰硕，应当承认当年在如此之短的时间里从才所构建的学术体制，包括教员聘任制度是有效的，实现了其广纳各路人才，培养聪颖后生，推进中华学术的宗旨。

2. 选聘工作得以有效持续开展，首先要归功于主持这一工作的以蔡元培为代表的一批怀抱促进传统学术近代化大志，又学贯中西的"学界泰斗，人世楷模"。可以列入这一名单的有：梅贻琦、傅斯年、胡适、竺

---

① 中国第二历史档案馆、中基会档案。转引自胡宗刚：《关于中基会》，《东方文化》2003 年第 6 期，第 45 页。

② 中国第二历史档案馆编：《中华民国史档案资料汇编 第五辑 第二编 教育（一）》，江苏古籍出版社 1997 年版，第 804—813 页。

可桢、张元济、蒋梦麟、吴宓、潘光旦、冯友兰……无论在选聘过程主要倚赖"伯乐相马"模式，还是倚赖"聘委会""教授会"模式的时期，他们都能不绚私情，秉公办事，而且具备学者的眼力，得以掂量出选聘对象的学术分量。而"教授治校"的方针是这些具有公信力的大师能够掌控聘任权力的保证。

3. 教员选聘经历了从民国初年的"伯乐相马"模式逐渐过渡到30—40年代的制度规范模式的演变，30年代末教育部先是作出了关于教员资格的规定，继后又成立机构对教员资格进行审查。这是对大学数量增多、规模扩大、教员群体增长所带来的教员水平日益参差不齐的制度反应。有关资格、评聘之条例、机构的制度制约之加强，教育行政部门之间接与直接介入，有助于保证教员的基本质量，使其得以有效运转的要义在于确保行政发言权与学术发言权的平衡。

4. 资格的认定与晋升，循格与破格是一对矛盾，处理好这对矛盾，是开发人才资源的重要条件。民国初年，制度尚未建立或初建而不完备，少数学术界主持人拥有聘任学者的大权，他们须依靠学术圈子里熟人的推荐和个人的洞察来聘人用人，破格的情况不鲜，诸如梁漱溟、陈寅恪分别为蔡元培、曹云祥礼聘就是耳熟能详的成功个案。30年代以后，制度逐渐趋于严谨，其中重要的规范之一就是明确规定了出任助教、讲师、副教授、教授的学历资历。对于在学校教育过程中常规发展的绝大多数人来说，如果你智力强，肯用功，总是能够具备硬杠杠的规定的。但是在任何时代，都有一些非常规发展的人，或者因为家庭环境经济条件的限制，未能完成更高程度的学历教育，但却在某一方面做出了突出的业绩；或者能力兴趣严重倾斜，特长特短集于一身，等等。对于这样一些特殊人物，如果依常规处置，不予重用，或者给学术发展造成损失；或者迫使这些人造假，骗得学历、资历，以便被纳入常规渠道。总之，如果制度设计中不考虑给特殊人物安排破格的通道，对学术是相当有害的，也是极不公平的。胡适曾经专门撰文讨论这个问题。20年代末，教育部的《大学及独立学院教员资格审查暂行规程》中，特别为国学教员任教作了破格的规定，这是合理的。其实，在其他学科中，也需要考虑破格的程序操作，以鼓励脱颖而出。在20世纪三四十年代的清华、北大，都有破格的做法，激励超常者做出了杰出的贡献。例如理科的华罗庚（中学学历，1937年被熊庆来聘请到清华任职，第二年经叶企荪主持破格聘为助教）、文科的钱钟书（数学考试 15 分被清华录取，1938 年回国后由冯友兰推荐直接聘为清华教授，而不是按规定聘为讲师）。当然，破格必须严格掌握，否则可能为徇私枉法，当权者玩规矩于股掌之中打开方便之门。

5. 教员是否称职，不能仅仅单方面追究教员的责任。课程设置是否得当，教学安排是否适时，教学民主是否得到发扬，等等；总之，教师权益是否得到保障，也是教师专心致志、献身教育与学术的基本条件。大学行使行政权力的人们，从教研室主任、系主任到院长、教育长，也应从这个方面时时进行检讨，以取得教员的信任，为教学与研究的开展做好服务。

6. 对教员的职业能力要有全面综合的考虑，辞退、低聘须慎重考量。在蔡元培看来，公德是必要条件，在名校的聘任运作中，也非常看重这点，旷课、抄袭、剽窃之类，均属聘任之大忌，哪怕你是大师权威（刘文典：国学大师，性格刚直。1942 年，西南联大时期聘委会不发给聘书，就出于刘未获准假而离校多月）。在业务方面，无论是条例规范还是实际评聘，都要考虑教学能力，学术成果质量，教师可能在一段时间论著迭出，一段时期积累酝酿，均属研究工作的正常节奏，不能以三两年中的产品数量为评聘与否或聘职高低的依据。

7. 允许并提倡民间机构介入教员评聘活动。民国时期以处理美国退还的庚子赔款而设立的"中华教育文化基金董事会"为代表，民间组织介入中央研究院和大学的评聘活动发挥了特殊作用。一是可以吸引社会资金弥补大学办学经费的不足，提高学者尤其是杰出学者的待遇；二是有利于多元办学，推动特定学科、特定设施、特定研究的发展；三是因为政府掌控的是公共财政，拨款时就既要体现"一视同仁"，又要照顾重点，二者很难摆平。民间资本因来自法人或法人团体，具有灵活性，没有攀比的拖累。它的一些规定，例如出任它所选聘的科学教席承担者，一律不准担任行政职务，对于保证学者专心致学，可以说是非常合理的，今天仍值得我们借鉴，但是，民间资本的运作必须要由学者掌控，才能使捐赠有效地为学术服务，绝不能让大学跟着老板转，让学术誉为资本的附庸。

8. 当年的一些作法不一定适用于今天。例如：清华大学在 30—40 年代对教员实行一年一聘的办法，尽管对于解聘教员非常慎重而罕见，低聘似未曾发生，但毕竟费时费力，运作成本高，也不利于学者潜心于重大课题的钻研，是否有必要？40 年代教育部统一审查大学教员资格，权力过于集中，显然不能适应今天大学从精英教育转向大众教育的需要，应当给予各大学足够的自由度，自行行使评聘的权力，促进大学多元多层次发展，其质量由社会中介机构加以评估。

9. 若干常在常新的问题。学术成果、学者水平的评价、激励是一个非常复杂的问题，一些当年的老问题至今仍然困惑着我们：如何确定有留学背景与没有留学背景的学者在出任及薪酬方面的差别？学者水平的软评价与学者资质的硬条件怎样摆平？终身教职给予哪一级的教研人员比较妥当？如何激励具有终身教职身份的学者？哪些文字可以算做学术成果，哪些文字不能算做学术成果？这些难题，民国时期一直在试图给予回答，并取得了某些共识，但随着时代的变迁，它们仍然是些见仁见智，存在争议的问题。

## 第六节　研究审查与激励办法

民国时期对学术的激励主要表现在大学及研究院对学者，主要是教员和研究人员的聘任、晋升方面，根据对其学术能力的评估确定职衔并给予相应的薪酬，教育部等官方机构及中华教育文化基金董事会等社会组织则有部聘教授、研究教授之类学衔授予杰出学者，即中观层面的评价制度比较健全。这时也陆续建立了推出了一些举措，例如学术研究补助金、奖金、出版、研究报告制度等，确定了一些机构负责审定学术成果，以激励学术研究。这些补助、奖金制度主要由教育部主导，某些大学及中央研究院则起一种辅助作用，一些非官方组织对于学术激励亦有所贡献，并出现了以个人名义设立学科奖金奖励优秀成果的情况，表现出激励主体的多元性，激励对象的个体性；激励面有限但质量较高。

### 一　对学者的分级分档与研究补助

民国时期，对学者的分级分档并实行学术研究补助金制度，是进行学术激励的主要手段。它始终在教育部主导的大学及中央研究院实行，而一些非政府组织也参与其中。在大学及研究院的正式教研职级之外，还有更高级别的职级，诸如教育部认定的"部聘教授"、中基会认定的"研究教授"、以及教育部"学术审议委员会"的聘任委员、中央研究院"评议会"的评议员，1948 年选举的中央研究院院士则是最高的学术荣誉。

1. 将学者分级分档

1917 年 5 月《教育部颁国立大学职员任用及薪俸规程令》中规定，教学人员分为正教授、本科教授、预科教授、助教、讲师五个档次（外国教员薪俸另行规定），前四个级别薪俸分为六个档次，（讲师则按授课时数付酬）。其晋级与否，须参酌五项条件：（1）教授成绩；（2）每年实授课时间之多寡；（3）所担任学科之性质；（4）著述及发明；（5）在社会之声望。当年 9 月，将教员名称改设为正教授、助教授讲师三级；1927 年始，又改划分为教授、副教授、讲师、助教四级，而同一级别教员薪俸分档的作法则一起延续下来，成为界定学者水准的一个尺度。①

2. 中央研究院的研究人员分级分档

1930 年，中央研究院第一届院务年会成立了职员加薪晋级标准委员会，由徐伟曼、竺可桢、傅斯年、王敬礼、陈翰笙组成，委员会讨论通过《职员薪体标准及加薪办法草案》，规定薪俸标准为①事务员及助理员，自 60 元至 180 元，分 26 级，每级 5 元；②专任编辑员及技师，自 120 元至 300 元，分 20 级，每级 10 元；③专任研究员，自 200 元至 500 元，分 30 级，每级 10 元。

3. 北京大学 1948 年规定本校教员升级办法

（一）教员升级之推荐，除服务年资外，应根据学术研究之成绩。

（二）关于年资之计算如下：

（1）助教改任讲员，须在服务满二年后。

（2）助教或讲员改任讲师，须在服务满六年后（助教讲员服务年限合并计算）。

（3）讲师改任副教授，须在服务满三年后。

---

① 中国第二历史档案馆编：《中华民国史档案资料汇编 第三辑 教育》，江苏古籍出版社 1991 年版，第 165—167 页。

（4）副教授改任教授，须在服务满三年后。

（5）在同等学校从事同类工作之年资，得合并计算。

（三）关于学术研究成绩之标准如下：

（1）研究成绩以有学术性之论文或实验报告为限。

（2）改任讲师之研究，以相当于研究所毕业论文为标准。

（3）改任副教授之研究，以相当于博士论文为准。

（4）上项研究，以在原级服务期间完成者为限。①

（5）学术研究成绩得由升级委员会转请有关学科之校内外专家审查之。

（四）教员服务届满规定年限，而研究成绩未达前项标准者不得升级；但研究成绩特优者，亦得不受年资之限制。

（五）教员升级之推荐，由系主任、院长于每年五月底以前向升级委员会提出。

4. 教育部学术研究补助费的发放

1946 年 9 月 6 日《教育部代电》，规定国立专科以上学校教员支给学术研究补助费暂行办法：

①国立各专科以上学校教员，除原有一切待遇外，得支给学术研究补助费，俾便购置图书仪器文具供参考研究之用。

②国立各专科以上学校教员学术研究补助费，由教育部请行政院另拨专款分别转发。

③国立各专科以上学校教员学术研究补助费，按照核定之等级及下列标准给支之。

（单位：元/人月）

| 级别 | 32 年度 | 33 年度 | 34—35 年 3 月 | 35 年 4—6 月 | 35 年 7 月起 |
|------|---------|---------|---------------|--------------|--------------|
| 教授 | 500 | 1000 | 2000 | 25000 | 50000 |
| 副教授 | 380 | 760 | 1500 | 20000 | 40000 |
| 讲师 | 250 | 500 | 1000 | 15000 | 30000 |
| 助教 | 130 | 260 | 500 | 10000 | 20000 |

---

① 王学珍、郭建荣主编：《北京大学史料（1946—1948）》第四卷，北京大学出版社 2000 年，第 114 页。

**国立北京、清华、南开大学部聘教授 35 年度 7—12 月薪俸及学术研究费表**

| 姓名 | 每月薪俸数 | 每月学术研究费数 | 六个月薪俸及学术研究费合计数 |
|------|-----------|-----------------|-----------------------------|
| 吴宓 | 600 元 | 1000 元 | 9600 元 |
| 汤用彤 | 同上 | 同上 | 同上 |
| 冯友兰 | 同上 | 同上 | 同上 |
| 饶毓泰 | 同上 | 同上 | 同上 |
| 曾昭抡 | 同上 | 同上 | 同上 |
| 张景钺 | 同上 | 同上 | 同上 |
| 庄前鼎 | 同上 | 同上 | 同上 |
| 刘仙洲 | 同上 | 同上 | 同上 |

注：上两表费用悬殊高达数倍，系货币单位不同，待考。

5. 中基会的学术资助

中华教育文化基金董事会（中基会）作为一个民间人士主导的机构，自 1924 成立始，即是资助与奖励学术研究的一大动力。1927 年该会快议设文科学研究补助金及科学奖励金，但均以自然科学及其应用为限。1930 年北大与中基会合作研究特款，其中有设立北大研究教授与设立助学金及奖学金的规定："研究教授之年俸，自 4800 元至 7200 元不等；遇有特殊情况，年停应超出此最高额时，得由北大商取委员会之同意。此外，每年应有 1500 元以内之设备费。如有研究上需用之重要设备，由各教授提出详细预算，请北大校长提出顾问委员会议决购备。"①②

此外，在某些年份或针对某些研究，还有其他一些对学者的研究补助。例如，1943 年，中基会接受委托，对大学和研究机关的教授和研究员，如果有重要著作发表或者经济状况艰窘者，以审定发给"特别研究补助金"。1944 年，为便利建设事业之研究及西南文物之探讨，在西南联大设立了研究讲座五十名，讲座教授每人每月给予研究补助金一万元。1948 年，教育部为补助各大学研究所指导教授及研究

① 王学珍、郭建荣主编：《北京大学史料（1946—1948）》第四卷，北京大学出版社 2000 年版，第 136 页。

② 同上书，第 135 页。

生的研究，颁布了《大学研究所特种研究补助办法》，以补助研究经费之不足。①②③

### 二　审定并奖励学术研究成果

从民国初年起直至 1940 年代，教育部等官方机构制定了一系列条例对学术研究成果作出定义，并对优秀成果给予奖励，非官方机构，甚至个人也推出了各种奖金奖励特定专业的研究。④

（1）1918 年 3 月，教育部公布《学术审定会条例》，规定由教育总延聘或派充学术审定会会员若干人并指定会长。其审定范围是：哲学及文学上之著述；科学上之著述及发明；艺术上之著述及发明。并对学术著述和学术发明作出了比较明确的规定。

《条例》规定，以下情况不得认为是学术著述：①翻译著作；②编辑其他作者的著作；③由三人以上纂辑成书；④抄袭他人的著作；⑤初等教育、中等教育及与其程度相当的教科书、教师或学生参考书；⑥通俗教育用书（即普及读物）及讲演集；⑦记录表册及报告说明书。以下情况不得认为是学术发明：①无正确的学术根据及说明；②学术原理或应用无独特价值；③发明程序不明或发明事项未完成；④偶然发现（即未得到重复验证）；⑤他人已经发明者。

这可以说是对于学术著述概念的最早定义，其积极意义在于，它力图将学术著作与一般读物区别开来，强调学术作品必须具有原创性逻辑严谨性，并且不得抄袭，从而将编辑、普及、手册之类划分出去。在实际运作中，有助于鼓励高品位论著的撰著，但随着学术队伍的扩大和专业分工的

①　王学珍、郭建荣主编：《北京大学史料（1912—1937）》第二卷，北京大学出版社 2000 年版，第 1363 页。

②　王学珍、郭建荣主编：《北京大学史料（1937—1945）》第三卷，北京大学出版社 2000 年版，第 360—362 页。

③　王学珍、郭建荣主编：《北京大学史料（1946—1948）》第四卷，北京大学出版社 2000 年版，第 583 页。

④　中国第二历史档案馆编：《中华民国史档案资料汇编　第三辑　教育》，江苏古籍出版社 1991 年版，第 730—732 页。

发展，这一过于严格的定义也受到了责难与批评。①

（2）1928 年年底，国民党中央训练部提出了《保障学术人才》等办法五种，经蔡元培等审查修正后，国民党中央原则通过交国民政府办理。其中有"由国家印刷公费，补助学者印行学术专著""规定学术研究奖金办法""确定奖励学术研究奖励基金"等内容。②

（3）1934 年 5 月，国民政府考选委员会、教育部联合设立"建国奖学委员会"，利用政府拨款、私人及公共团体捐助、刊物发行之获得等，奖励"论文考课评定后认为优良者"及"学术著述及发明经审定后，认为确有价值者"。③

（4）1937 年 2 月，国民党中央执委会试图仿照诺贝尔奖，决定设立"总理纪念奖金"。奖金分为文艺、社会科学、自然科学、教育、社会服务等五个类别，每类设五个等级。为此特别拨付基金三百万元，运用其利息，分别奖励有突出贡献者。

（5）1939 年 7 月，教育部决定设立学术审议委员会（前节已对此委员会的组成及在教员资格方面的作用有所讨论），其《章程》规定的任务中有"建议学术研究之促进与奖励事项"，在此后的几年中，该项规定在大学学术研究中发挥了尤为重要的激励作用，是民国年间最重要的奖项。

1940 年 5 月，委员会第一次大会通过"补助学术研究及奖励著作发明"一案，规定著作分为文学、哲学、社会科学、古代经籍研究四类；发明分自然科学、应用科学、工艺制造三类；美术分绘画、雕塑、音乐、工艺美术四类，此项奖励，每年举办一次，由教育部就本国学者之著作发明及美术制作中按照以上各类选拔若干种，予以奖励。奖励范围以最近三年内完成者为限。

对于什么是学术著作，文件规定：中小学教科用书、通俗读物、记录表册或报告说明、三人以上合编之著作、翻译外国人之著作、编辑各家之著作而无特殊之见解者、字典及辞书、讲演集，共八种，均不在著作奖励

---

① 中国第二历史档案馆编：《中华民国史档案资料汇编第五辑 第一编 教育（二）》，江苏古籍出版社 1994 年版，第 1412—1415 页。

② 中国第二历史档案馆编：《中华民国史档案资料汇编第五辑 第一编 教育（二）》，江苏古籍出版社 1994 年版，第 1421—1424 页。

③ 同上书，江苏古籍出版社 1997 年版，第 1425 页。

之列。

著作及发明审查标准为：①作者观点或所代表之思想是否正确；②参考材料是否详瞻；③结构是否完美；④有无特殊创见；⑤是否有独立体系或自成一家学说；⑥是否为有系统之叙述或说明；⑦整理前人学说有无改进之点或特殊贡献；⑧是否适合国情或对于我国社会经济及农工业各方面之影响如何；⑨是否有学理根据……共13条，其中与人文社会科学有关的为上述九条。划分获奖等级的标准是依据其独创性或发明性的程度分列一、二、三等，并遵循宁缺毋滥的原则，一律严格审选。①

从1941年至1947年该奖项共颁发了六届（1946与1947合为第六届），获奖项目总计272项（此外还有26项为等外"给奖助者"），其中人文社会科学类获奖项目为120项（此外有6项为等外"给奖助者"），占总数的41.1%。文学34项（此外5项等外"给奖助者"），哲学12项，古代经籍研究29项，社会科学55项（此外1项等外"给奖助者"）。②

在获奖名单中，我们看到，朱光潜《诗论》获文学二等奖，曹禺《北京人》、王力《中国语法理论》获文学三等奖，冯友兰《新理学》获哲学一等奖，闻一多《楚辞校补》获古代经籍二等奖，陈寅恪《唐代政治史述论稿》获社会科学一等奖，邓广铭《宋史职官考正》、费孝通《禄村农田》获社会科学三等奖。在评奖中，意识形态色彩较为浅淡，一方面，确实有如孟云桥的《三民主义之理论研究》、崔书琴的《三民主义理论》获三等奖的情况，但同时也有李显承的《马克思及其地租论》、张质君的《人类社会与民族国家论》获三等奖的情况。③

1948年，教育部发布《著作发明及美术规则》，受理该年度的奖励申请，其内容与1940年的奖励办法基本相同。

（6）中央研究院的研究激励制度。根据《中央研究院组织法》的规定，中央研究院的任务就有"指导、联络、奖励学术之研究"，其评议会，为"全国最高学术评议机关"。但在它1928年成立以后，主要专注于自身的研

---

① 《国立西南联大史料三》，云南教育出版社1998年版，第755—769页。

② 王学珍、郭建荣主编：《北京大学史料（1946—1948）》第四卷，北京大学出版社2000年版，第580—581页。

③ 李扬编：《国立中央研究院史》，图书情报工作杂志社1998年版，第127—130页，120页。

究，并未能有效发挥这一职能，只是作了非常有限的一点工作。为了奖励科学研究，为了纪念两位已故的总干事杨铨、丁文江，于 1939 年设立杨铨奖金、丁文江奖金。两项奖金分别授予对人文社会科学研究（分人文和社会科学两类，按届轮换）和自然科学研究（分数理化地质、生物三类，按届转换）有新贡献者。第一届杨铨奖金为语言学家李方桂所得，第一届丁文江奖金为物理学家吴大猷所得，此后董同龢、劳干曾获杨铨奖金；许德佑、卢衍豪、尹莘芸、丁振麟等亦曾获得丁文江奖金。①

（7）1926 年中华教育文化基金董事会曾设立社会研究奖金，奖金分甲乙两种，每年各设二名，针对北京大学法律政治经济三系的研究人员和毕业生、高年级学生的著述给予奖励。1930 年，中基会又制定了《增进科学研究事业计划》和相关实施办法①，仿照欧美国家，计划提了三项内容：①设立科学研究席；②设立科学研究学额；③奖励研究结果，计划决定出资延聘中外著名科学家若干人出任研究席的研究员（研究教授），同时津贴研究生在研究员的指导下从事研究工作。要求"凡设研究席及研究生之学校，每年须将研究情形报告于本会，所有研究结果之出版品应交本会份存查"；并且设立研究奖金，分为三等，额度分别为三千元、二千元、一千元，若研究成果在有价值之杂志上发表，且得到著名科学家或教授推荐，经相关执行委员会议决，给予颁发。② 1940—1948 年间，中国地质学会曾颁发奖金给李四光、黄汲清、杨钟健等五人，表彰他们对该学科的贡献。③

中国科学社在 1925 年和 1936 年再次议决设立"中国科学社奖章"，分为生物科学、物理科学、工程科学、社会科学四科，推定胡先骕、胡刚复、顾毓琇、黎照寰分别负责，并组成审查委员会，审查申请人资格。中国科学社还设立了多种奖金，奖励特定学科的研究成果。如 1931 年设立考古学奖金，首次获奖者为发现北京猿人头骨的裴文中；此外还有爱迪生

---

① 王学珍、郭建荣主编：《北京大学史料（1912—1937）》第二卷，北京大学出版社 2000 年版，第 1570 页。

② 中国第二历史档案馆编：《中华民国史档案资料汇编  第五辑  第一编  教育（一）》，第 237—241 页。江苏古籍出版社南京 1994 年版，王学珍、郭建荣主编：《北京大学史料（1912—1937）》第二卷，北京大学出版社 2000 年版，第 1361—1362 页。

③ 冒荣：《科学的播火者》，南京大学出版社 2002 年版，第 85—86 页。

奖金奖励物理化学的著作，其他如以个人名义设立的奖金则有：何育杰物理学奖金、绍桐生物学奖金、裘可桴、裘汾龄父子科学著述奖金、范太夫人奖金（范旭东捐赠）等。

### 三 学术研究报告制度

对于学者的各种晋级与补助、奖励是激励的核心，但激励需要辅之以必要的审查与考核。当年没有如今的量化评价体系，学术研究报告制度就成为对学者研究计划及进程进行审查的重要手段。正如《国立清华大学研究所办法大纲》所规定的："各研究所应于每年年度开始前由所长或分组、所主任编拟工作计划送校核定。各研究所应于年度终了时编具报告，由校印发分送国内外有关系之学术机关。"① 而研究所的计划、报告又是汇总概括研究人员的计划、报告而来，所以我们从中央研究院和各大学存留下来的史料中，看到了院所及个人这方面的大量汇报材料，从中了解到当年的学术研究管理方式。

例1. 国立北京大学研究教授工作报告② （第二次中华民国二十三年六月）

序言指出：北京大学研究教授第一次工作报告，于22年6月辑成付印。本年度22年至23年除继续聘请丁文江……（下略，共11人）为理学院研究教授，周作人、张颐、陈受颐、汤用彤、刘复为文学院研究教授，张忠绂、赵廼抟、刘志敬为法学院研究教授外，又增聘朱物华、饶毓泰为理学院研究教授，计共21教授。兹将各教授工作分述如次（此处仅着重列举文科工作）：

周作人教授：周教授因上学年译注希腊神话未能完成，本年度除任课外仍继续工作，拟译成后仍由文化基金会编译会出版。下半年拟研究并翻译日本神话，即日本最古史书《古事记》中之［神代卷］，此为日本神道之经典，所谓［神国］观念即从此出者也。

张颐教授：研究"康德如何从自然科学之探讨转到纯净哲学之考

---

① 《国立清华大学研究所办法大纲》，《西南联大史料三》，云南教育出版社1998年版，第529页。

② 《国立北京大学研究教授工作报告》，中华民国二十三年六月（北京图书馆藏）。

究"……此中经过,最中心展示科学与人生及哲学之关系。且亦为吾人今日所极应知悉者。现正将所得结果草拟"康德哲学之酝酿及其发展历程"一文,约本年七月中可以完成。张教授在上年计划中,原拟于数年之内,将黑格尔哲学之重要部分,陆续研究,分别作文陈述其要旨,并讨论其价值……尚须自欧美搜求数种参考书,其中颇有绝版者,一时不易搜得,故将黑格尔哲学暂行搁置,而从事于康德哲学之研究。现拟于下年度仍研究黑格尔哲学……

张忠绂教授:张教授本年度除任课并兼任政治系主任外,其研究题目为"中华民国之外交,1911年至1931年(九一八事变)",该书暂定之章目约如下列(以下为大纲九章)。此外,张教授尚著有《欧洲外交史(1815—1933年)》教本一种,分上下二卷,由世界书局承印,约在本年八月中出版。

陈受颐教授:其研究工作仍集中于"明末清初的中西文化接触"——总题。除"近代中欧文化接触史"已写至17世纪后半叶外,并做范围较小之特殊研究五种(下列五种的题名)。

汤用彤教授:整理所搜集材料编纂《汉魏两晋南北朝佛教史》。兹将新拟定之目录连同已作成部分(约12万字)之纲目列下(以下为大纲22章及余论,并注明:上述已成部分几全系新作,并非就旧日讲义加以增改,故颇费时日。此外还留意于唐玄奘前百年间学说之发展,而认定……

赵迺抟教授:对于研究工作成有《商业循环的理论》论文一篇,其纲要如下(以下列大纲四节及细目,并在书后作为附件第13号公布)

刘复教授:刘教授本年度除任课并主持研究院文史部外,其研究工作可分五项:一、完成之论文四篇(以下列四篇名称,并在书后作为附件第14、15、16号公布);二、增改《十韵汇编》,现已编完,即交本校出版组印行;三、故宫所藏古今乐器之音律,已测验完……现将结果编排,即交故宫印刷所印行。四、为完成"古声律研究"起见,曾至开封、上海、河南巩县等处测验、摄影、记录,并做相关施工,已可得其大概,拟再旁求证据,作为论文;五、本年暑假,拟往平绥路沿线各处调查方音音素及音调之变化。

刘志敬教授:刘教授已将专题研究项下之"平津铺底问题"解决,并摘要在南京法治周报发表(附件第17号)。现正研究"典当之损害赔偿"问题。又专著项下之现行法注释亦在努力进行中，本学年终即可完成。最这一报告的特点是：

①简明扼要，但涵盖了研究工作的所有方方面面。包括：已发表、尚未发表及正在进行中的论文、著作；说明参加的国际国内学术会议及提交的论文；完成和进行中的实验、实地调查研究；等等。

②已发表及待发表的著作、论文，列出其大纲、章节，论文作为附件载于《工作报告》后面，并说明其创新之处和学术意义。①

③预期进程未能完成，说明其延误的原因（如周作人的希腊神话译注、生物学家张景钺教授的光与植物生长关系研究）及继续之安排。研究成效不大，说明系教学行政原因还是研究条件欠缺（如物理学家饶毓泰教授之光学研究②）。

例2. 中央研究院史语所报告③

《傅斯年全集》第六卷的全部40万字内容就是作者当年担任史语所所长时所提交的工作报告，年代从1928年至1948年。1928—1936年，年年都有报告，有的年份甚至月月都有报告，每年的报告因情况和任务的差异而框架有所不同，但均相当规范；1937—1945年，即抗战期间，则只有三份报告；1946—1948年，年年都有报告，但已比较笼统而粗糙。说明抗战前该所曾有很好的发展，亦取得了巨大的成绩。下面以1934年度的报告为例说明对研究人员的考查。④

该报告长达2. 3万字，包括①组织②房屋及设备③各组工作④历史

① 该《工作报告》中关于理学院研究教授张景钺教授的工作介绍中说："……此外复继续作光与植物生长之研究，去春因北平不靖，此项研究，未克完成。今已在温室中辟一暗室，将在光中与暗室内作各种实验。一般植物学者，皆认为在暗处节间方可引长。然现经发现植物中仅限于胚中已有若干节间生成者乃如此。胚中无预生节间之植物，在暗中其节同并不特别增长，盖仅胚茎之增长而已。张教授拟作种种试验，以查明此种现象之是否普遍。"

② 该《工作报告》中关于理学院增聘的研究教授饶毓泰教授的工作介绍中说："饶教授于本年度自北平研究院来本校任系研究教授兼系主任。一年以来，多数时间用于整理课程，与添置设备以备研究之用。如机械工作室之扩充，常温度室之建筑（将来楼兰光栅即装置于此）与分光实验室之设计诸项预备工作。至于个人研究方面，前以本校无分光学之设备，故于上学期中仍时往北平研究院物理研究所与吴学蔺君继续研究拉曼效应与电溶液之构造……"

③ 《傅斯年全集》第六卷，湖南教育出版社2003年版。

④ 王学珍、郭建荣主编：《北京大学史料（1912—1937）》第二卷，北京大学出版社2000年，第1341页。

博物馆筹备处工作报告四个部分。其中第三部分就是检查汇报研究工作，对从第一至第四的历史、语言、考古、人类学四个组分别报告，在分组报告中，几乎涉及到每个人的工作成果和进展。如陈寅恪、徐中舒、劳幹、俞大纲；赵元任、罗常培、李方桂、丁声树；李济、董作宾、李景聃、梁思永；吴定良、凌纯声、芮逸夫，等等。根据每个学科性质的不同特点，报告其研究工作、整理工作、校勘工作、调查工作、实验工作、发掘工作中的相关进展，对于论著的进行、初稿、发表；资料整理的对象、编辑及发现；参加国内外学术会议及提交的报告；调查、实验及发掘工作的内容、时间、地点及收获……以及病假、事假、出访，均有相当详尽的说明。同时也报告研究中发生的经费、设备、人员方面的要求和困难。确实证明当时的报告制度对于研究机构负责人和研究人员发挥着种实实在在的检查、考核与督促作用。

### 四　奖学金制度

各大学和中央研究院均设立了各种奖学金，鼓励在学和毕业研究生的优秀研究业绩。

1. 北京大学在 1932 年通过了《研究院奖学金草案》，规定对各科研究生均设立奖学金一名，共十五名，根据其成绩经验与研究，经奖金委员会审定后奖给二年级以上研究生中的优秀者。此后北大单独或与中基会等机构合作，又设立过多种形式的奖学金，奖励或不分学科，或针对特定学科，罗庸、张煦等人曾获奖。[①]

2. 中央研究院为了奖励科学研究，为了纪念已故院长蔡元培，于1948 年设立蔡元培奖学金。蔡元培奖学金设 50 名，分别授予北京大学、清华大学、中央大学、武汉大学、浙江大学、中山大学、交通大学的成绩特优学生。[②]

3. 以个人捐款的方式设立的奖学金。早在 1928 年，科学社社员高君珊女士就曾捐款设立高君韦女士记念奖金，奖励国内大学及专科学校内学

---

① 冒荣：《科学的播火者》，南京大学出版社 2002 年版，第 84—85 页。

② 王学珍、郭建荣主编：《北京大学史料（1912—1937）》第二卷，北京大学出版社 2000年版，第 1626 页。

习自然科学及应用科学的学生。黄昆、陈国达曾是获奖者。1935 年，北大教授周叔迦设立了"佛法研究奖学金"。[①]

### 五　对研究计划给予资助

1927 年，中基会设立的科学研究补助金可以说是最早的对于研究计划的资助。其《规程》规定：研究问题以天文气象及地学、理化科学、生物科学为限；研究年限为一年至三年，确需延期的可酌量延长；申请人员须具备一定资格并有前期基础工作；对于计划的研究要提出详尽的论证报告；被资助者须每六个月报告其进展一次，若经审查认为其研究进行无望，得中止资助；无故半途停止研究，要求其缴还资助费用……其特点是仅面对自然科学研究，不受理人文社会科学研究；对申请的审查和效果要求相当严格。

针对社会科学方面的研究资助，现在只见到 1945 年美国国务院拨款给西南联大，资助六项计划，其中包括中国古建筑遗迹调查（3000 美元，一年）、战时中国劳工情况调查（2900 美元，一年），通货膨胀及物价和生活费用调查（2300 美元，10—12 个月）、中国西南地方的土民调查（2800 美元，一年）四项，均系委托专人负责的社会调查研究，而非基于文献资料整理考证基础上的研究。[②]

### 六　其他激励措施

1. 自 1914 年始，民国政府便设立了奖章、勋章，奖励在教学与研究方面作出贡献的教员与职员，蔡元培、陶履恭、陈汉章、沈尹默等，是最早的获奖者。

国民政府曾在 1935 年作出规定，除获得硕士学位继续从事研究，考核成绩合格可以成为博士学位候选人外，如果"①在学术上有特殊之著作或发明者，②曾任公立或立案私立之大学或独立学院教授三年以上

---

①　王学珍、郭建荣主编：《北京大学史料（1912—1937）》第一卷，北京大学出版社 2000 年版，第 1361—1362 页。

②　《国立西南联大史料三》，云南教育出版社 1998 年版，第 746—752 页。

者"，经教育部审查合格，也可成为博士学位候选人。①

2. 1915 年由九位留美学生学者——胡明复、赵元任、周仁、秉志、章元善、过探先、金邦正、杨铨、任鸿隽，创立了"中国科学社"，其宗旨是"发起《科学》(Science) 月刊，以提倡科学、鼓吹实业、传播知识"，成为民国时期最活跃、最有影响的学者联谊团体，为发展幼稚时期的中国科学（这个由科学人文主义者主持的组织始终是将自然科学与社会科学归为一体的）作出了巨大的贡献。②

他们为激励学术研究，一是严格审查申请入社的人员资格，并将社员身份划为六种类型——社员（普通社员）、特社员、仲社员、赞助社员名誉社员、永久社员，主要根据其学术贡献或资金赞助来划分。其中一类"特社员"，规定"凡本社社员有科学上特别成绩，经董事会或社员年会过半数之选决者，为特社员"。蔡元培、马君武、竺可桢、吴稚晖等即被选为特社员，另外一类"名誉社员"，规定"凡于科学学问事业著有成绩，经董事会之提出得年会到会社员过半数之选决者为本社名誉社员"，张謇、爱迪生就被选举为名誉社员。

1917 年由严修、蔡元培、黄炎培等创立的"中华职业教育社"，以发展与表彰职业教育为宗旨，也根据其赞助和研究贡献，将社员分为四类，第四类"特约社员"，即授予有专门研究或有实在之赞助者。

## 七 几点认识

1. 民国时期的学术审查与激励建基于同行评议之上，较好地保证了这些办法的有效实施。一是出于学术界的抗争，弱化了行政系统的干预，并将学术与宣传划界，保证了学术研究的相对独立运作；二是如教育部学术审议委员会、中研院评议会评议员、北平研究院学术会议及大学的审议机构均由当时学术界公认的一流学者主持，使审查的质量与激励对象的水准有所依凭。

2. 激励应以激励学者为主，激励成果为辅。学术研究的开展须依赖

---

① 王学珍、郭建荣主编：《北京大学史料（1912—1939）》第二卷，北京大学出版社 2000 年版，第 1350 页。

② 冒荣：《科学的播火者》，南京大学出版社 2002 年版，第 10、41—43 页、第 84—86 页。

学者的创造力，近现代学术机构对学者学衔的认定和晋升是对其创造能力的总体评价，而不同于对成果的判断只是一种个别的阶段性的评价，所以激励学术研究应以激励学者为主，民国时期选择的这一激励形式是合理的。在教研人员升级审查时，考虑年资与学术研究成绩两个因素，以研究成绩为重；研究水平不够，达到年资也不能升级；水平特优，不够年资也可以破格，这是一个重大的激励举措，而设立富于公信力的升级委员会，采取同行评议方式审查并确认，程序也是较为得当的。学者（尤其是人文社会科学学者）的研究总需要购买文献资料，开展印刷出版、查询研讨等活动，应当在经费上得到保障。当时实行的将薪俸及学术研究费明确分开，但同时拨付给教研人员的做法，有利于学者认识到自己的研究责任，不可将研究费用于生活开支，不妨视为体现专款专用的一种尝试。但数额是否得当，怎样加强管理，则需要进一步探讨。

3. 定期报告是对学术研究进行督促检查的必要形式。激励与检查是一个统一体，既然给教研人员拨付了学术研究费，他就应当取之于研究亦用之于研究，这里自律是第一位的，而他律也不可或缺。固然可以采用量化考核的办法，但它既不公正又不合理，此处不再赘述。取而代之的办法就是定期的报告制度，将个人和机构已经完成和进行中的研究，发生的困难、需要的帮助以及预期的进度，向同行、部门、上级及拨款单位作出汇报，这应当是受益于公共财政或者民间资助的学术机构和研究人员向纳税人和赞助者负责所必须承担的义务，也是相互检查督促的有效手段。

4. 限定对研究计划（课题）的资助范围。对研究人员发放学术研究费，已经可以保证学者从事研究所需的一般性开支。但是由于相当部分自然科学研究需要购置仪器设备，需要聘请辅助人员，所以对于有价值的研究计划或课题再行拨付必要的经费是合理的。人文社会科学研究则不然，除去社会调查、考古挖掘等少数学科或课题外，并不需要额外的拨款，民国时期将对计划的资助限制在特定的范围，将资金更多地用于奖励成果而不是奖励计划（课题）设计是更可取的。

5. 激励方式的多元性。对学术研究的激励可以来自行政系统，即所谓纵向激励；也可以来自民间渠道，即所谓横向激励。既可以是奖金一类的物质激励，也可以是授勋、出版文集等形式的精神激励，等等。民国时期的激励已初步体现出多元性，但毕竟更多的来自教育部这样的官方系统，更多的以物质激励出现，似有主次倒置之嫌。为了体现学术文化对于政治体系与经济体系之独立性，学者的使命主要在于提升人的精神境界，对它的激励最好更多地以民间的、精神激励的形式出现。

6. 某些做法值得商榷。民国时期，认为翻译著作、由三人以上纂辑成书、普及读物等，不承认其为学术著作；规定"曾任公立或立案私立之大学或独立学院教授三年以上者"，经教育部合格，也可成为博士学位候选人；一些学术团体将其成员划分为若干类型，授予资助者和有学术成就以特殊的身份以区别于一般成员，……今天的学术交流、学术合作、学术普及看来，从导师选拔学术继承人看来，从社会性学术团体应当体现科学的普遍主义原则看来，是否妥当，有必要给予批评、检讨和改进。

## 第七节  群星闪烁——从评议员到院士①

学术评价的重心是对学者的评价，面对一个国家学术界代表人物的评选最能反映当时的学术评价制度和方法。透过民国年间中央研究院评议会和北平研究院评议会议的组成，以及 1948 年中央研究院院士的产生过程，可以窥一斑而知全豹的方式看出当时学术权力的分量和学术评价的质量，了解学术评价的制度建设曾经取得了怎样的成就。

### 一  中央研究院及其评议会

1927 年 5 月南京国民政府议决设立中央研究院筹备处，并推定蔡元培等为筹备委员。1928 年 4 月，国民政府公布修正国立中央研究院组织条例，改中华民国大学院中央研究院为国立中央研究院，任命蔡元培为中央研究院院长。1928 年 11 月，公布国立中央研究院组织法，规定中央研

---

① 本节参考了下列文献：①罗丰："夏鼐与中央研究院第一届院士选举"，《中华读书报》2003 年 2 月 19 日；②谢泳："从院士到学部委员"，《文汇读书周报》2000 年 5 月 13 日；③张建伟、邓琮琮：《中国院士》，浙江文艺出版社 1997 年版；④谢泳："从中国院士制度的变迁看国共两党的文化理念"（待发表）。

究院直属于国民政府，为全国最高学术研究机构。并决定在中央研究院设立评议会，为全国最高学术评议机构，规定"评议会之性质与欧美各国之全国研究会议（Nation Research Conference）相等，其职务在联络国内研究机关，讨论一切研究问题，谋国内外研究事业之合作。"①

1. 评议会的产生。1935 年，国民政府颁布了评议会条例。《条例》规定，评议员由当然评议员（中央研究院院长及其直辖各研究所所长）和聘任评议员组成。随后由蔡元培主持，选举产生了第一届评议会。为此，蔡元培曾报告说："在第一届聘任评议员的选举会中，国立大学各校长都感觉到评议员人选的重要，够得上做评议员的应该为学术界的中坚人物。而同时对于各种学科又应该有相当的均匀的分配。经过了慎重的推举和选择，结果当选的是李书华先生等三十人。这三十位评议员一共代表中央研究院十四种的研究科目，即物理、化学、工程、地质、天文、气象、历史、语言、人类、考古、心理、社会科学、动物、植物。凡国内重要的研究机关，如国立北平研究院、北平地质调查所、中央农业实验所、全国经济委员会、中国科学社、静生生物调查所、黄海化学工业研究所，设有研究所的著名大学如北京、清华、协和、燕京、中央、中山、浙江、南开、武汉大学等，以及与科学研究有直接关系的教育部，无不网罗在内，本院和各院研究机关因之而得到更进一步的联络。这是本院历史中可以'特笔大书'的一件事。"②

2. 评议会的职能及其组成。中央研究院评议会作为学术机构，是全国最高的学术评议机关。其职能是决定中央研究院的学术研究方针，接受政府委托从事学术研究，选举院长候选人三人呈请政府遴选，联络国内研究机关讨论一切急需研究的问题，促进国内国际的学术合作与互助，受考试院委托审查考试人员之著作或发明事项等等。中央研究院院长、总干事、各直属研究所所长为评议会的"当然评议员"。由于中央研究院评议会是全国性的，因此除从本院评选外，还须从全国各大学和其他学术单位中选举"聘任评议员"，对"聘任评议员"的选举，有三条相关的规定：一是被选举人的资格："（1）对于所专习之学术有特殊

① 中国第二历史档案馆编：《中华民国史档案资料汇编 第五辑 第一编 教育（二）》，江苏古籍出版社 1994 年版，第 1330—1333 页。

② 中国第二历史档案馆编：《中华民国史档案资料汇编 第五辑 第一编 教育（二）》，江苏古籍出版社 1994 年版，第 1353—1354 页。

之著作或发明者；（2）对于所专习之学术机关，领导或主持在五年以上成绩卓著者"；二是候选人的产生："在评议会选举评议员前，应由国立大学及独立学院各院系之教授，就相关科目及有被选举人之资格者，加倍选举候选人。候选人不以国立大学及独立学院各院系之教授为限"；三是聘任评议员的产生："由中央研究院院长及国立大学校长组织选举会，投票选举三十人，呈请国民政府聘任之。"中央研究院院长为评议会议长。

第一届评议会产生于 1935 年；第二届产生于 1943 年。第一、二届评议员名单见下表。第三届评议会产生于中央研究院院士产生之后的 1948 年 9 月。从第三届开始，其聘任评议员是由中央研究院士选出。

### 中央研究院第 1. 2 届评议会评议员名单

| | 议长 | 蔡元培 | | | | | | |
|---|---|---|---|---|---|---|---|---|
| 第一届评议会 | 秘书 | 丁文江 翁文灏 | | | | | | |
| | 当然评议员 | 蔡元培 | 丁燮林 | 庄长恭 | 周 仁 | 李四光 | 余青松 | 竺可桢 |
| | | 傅斯年 | 汪敬熙 | 陶孟和 | 王家楫 | 任鸿隽 | | |
| | 聘任评议员 | 李书华 | 姜立夫 | 叶企孙 | 吴 宪 | 侯德榜 | 赵承嘏 | 李 协 |
| | | 凌鸿勋 | 唐炳源 | 秉 志 | 林可胜 | 胡经甫 | 谢家声 | 胡先骕 |
| | | 陈焕镛 | 丁文江 | 翁文灏 | 朱家骅 | 张 云 | 张其昀 | 郭任远 |
| | | 王世杰 | 何 廉 | 周鲠生 | 胡 适 | 陈 垣 | 陈寅恪 | 赵元任 |
| | | 李 济 | 吴定良 | 茅以升 | 叶良辅 | | | |
| 第二届评议会 | 议长 | 朱家骅 | | | | | | |
| | 秘书 | 翁文灏 | | | | | | |
| | 当然评议员 | 朱家骅 | 叶企孙 | 萨本栋 | 丁燮林 | 吴学周 | 周 仁 | 李四光 |
| | | 张钰哲 | 竺可桢 | 傅斯年 | 汪敬熙 | 陶孟和 | 王家楫 | 罗宗洛 |
| | | 赵九章 | | | | | | |
| | 聘任评议员 | 姜立夫 | 吴有训 | 李书华 | 侯德榜 | 曾昭抡 | 庄长恭 | 凌鸿勋 |
| | | 茅以升 | 王宠佑 | 秉 志 | 林可胜 | 陈 桢 | 戴芳澜 | 胡先骕 |
| | | 翁文灏 | 朱家骅 | 谢家荣 | 张 云 | 吕 炯 | 唐 钺 | 王世杰 |
| | | 何 廉 | 周鲠生 | 胡 适 | 陈 垣 | 赵元任 | 李 济 | 吴定良 |
| | | 陈寅恪 | 钱崇澍 | | | | | |

　　第三届聘任评议员共 32 名。他们是：陈省身、苏步青、吴有训、李书华、叶企孙、庄长恭、翁文灏、竺可桢、茅以升、凌鸿勋、秉志、伍献文、陈桢、胡先骕、钱崇澍、李宗恩、林可胜、冯德培、汤佩松、俞大绂、汤用彤、冯友兰、胡适、陈垣、赵元任、李济、梁思成、王宠惠、王世杰、周鲠生、钱端升、陈达。当然评议员 15 人（因中央研究院所长的人事变动，竺可桢改为马德培外，其余 14 人同第二届）。①

　　从 1935 年至 1948 年的 13 年间，共有 57 位自然科学、技术科学和人文社会科学学者被选为聘任评议员，其中 12 人占 21% 连任三届；13 人占 22% 两届当选；其余 32 人当选一届。表现出聘任评议员选聘中，方面是有突出学术贡献又有品德威望的学术泰斗保持相对稳定外，又不断地吸收了新鲜血液，将这些人誉为当年的中国学术精英应该是当之无愧的。

## 二　北平研究院学术会议

　　国立北平研究院是中央研究院以外的另一学术重镇，集中了当年北方的大批学术精英，于 1929 年 8 月 6 日由国民政府定名成立，其性质为一独立的学术机构；同月，教育部聘李煜瀛为院长；9 月 9 日李就院长职，并于是日组织成立总办事处。但是，北平研究院学术会议的酝酿则晚至抗战胜利前夕的 1945 年春。当时北平研究院筹备改组各学会及研究会为该院学术会议，并计议推举学术专家为学术会议会员。学术会议的主要职责是开会讨论学术问题及全院的重大问题。1946 年 3 月，院长李煜瀛由重庆赴昆明，召集了北平研究院学术会议第一次大会；1948 年北平研究院设立院务会议和学术会议。1948 年 1 月成立了北平研究院学术会议第二次大会筹备委员会，由委员 13 人组成，通过了学术会议暂行规程，决议委托北平研究院的院务会议推举学术会议会员，由院长聘任；以后的会员由学术会议自行选举。

---

①　Htp：//cz. nankai. edu. cn/onlineclass/newl/s/zhenyuan. sdedu. net/ resource/book/edu/jxcks/ts 01158/0099 - ts/011058. htm

### 北平研究院学术会议会员名单

| 组别 | 当然会员 | 会员 | | | | |
|------|----------|------|------|------|------|------|
| 天算组 | | | | | | |
| 理化组 | 李书华　严济慈<br>周发岐 | 吴有训 | 叶企孙 | 饶毓泰 | 马士修 | 庄长恭 |
| | | 吴　宪 | 曾昭抡 | 杨石先 | 黄子卿 | 吴学周 |
| | | 林世谨 | | | | |
| 生物组 | 李煜瀛　朱　洗<br>张　玺　刘慎谔 | 陈　桢 | 秉　志 | 胡先骕 | 戴芳澜 | 张景钺 |
| | | 周太玄 | 童第周 | 胡经甫 | | |
| 地学组 | | 翁文灏 | 李四光 | 杨钟健 | 袁复礼 | 孙云铸 |
| | | 尹赞勋 | 裴文中 | 李士林 | 竺可桢 | 国　璋 |
| | | 张印堂 | | | | |
| 农学组 | | | | | | |
| 工学组 | | 刘仙洲 | 魏寿昆 | 李书田 | 朱物华 | 侯德榜 |
| | | 张克忠 | 顾毓琇 | | | |
| 医药组 | 赵承嘏 | 林可胜 | 陈克恢 | 汤飞凡 | 朱恒璧 | 戚寿南 |
| | | 李宗恩 | 朱广相 | | | |
| 史学组 | 徐炳昶 | 陈　垣 | 陈寅恪 | 顾颉刚 | 姚从吾 | 张星浪 |
| | | 董作宾 | 汤用彤 | 李　俨 | | |
| 文艺组 | | 吴作恒 | 张元济 | 胡　适 | 沈尹歌 | 谢寿康 |
| | | 陆志韦 | 朱光潜 | 魏建功 | | |
| 社会<br>科学组 | | 王宠惠 | 顾孟余 | 陶孟和 | 何基鸿 | 杨端六 |
| | | 陈序经 | 崔敬伯 | 费孝通 | 吴克刚 | 罗喜闻 |

　　中央研究院和北平研究院作为民国时期两个最大的综合性的学术研究机构，其评议会和学术会议可以说集中了当年中国学术的最高代表，而1948年选举产生的中央研究院士则将两个机构的学术精英会聚到了一起。

### 三　院士制度及院士遴选

　　在1946年10月召开的中央研究院第二届评议会第三次年会上，曾对中央研究院的体制和整个中国学术界的状况进行讨论，认为为了对内加强学术研究，对外促进国际合作，必须建立院士制度，即在全国学术界成绩卓著的人士中，选出若干人为院士，作为中央研究院的构成主体。经过各大学及独立学院、各专门学会、各研究机关按照数理科、生物科、人文科的提名，推举出 450 余人；经 1947 年 10 月的第二届评议会第四次年会的选举，从中选出 150 名院士候选人；最后在 1948 年 3 月的第二届评议会第五次年会上选举出 81 名院士。[①]

关于这次选举，竺可桢认为："渠曾阅研究院院士录，见有郭沫若之名，知研究院之能兼收并蓄。"[②] 曾以中央研究院历史语言研究所所务代理身份参与选举筹备工作的夏鼐（当时是副研究员，已在学术界崭露头角，深受所长傅斯年器重，傅赴美治疗而委托其代办有关事宜）认为："不管各方面对于这次院士名单的意见如何，我们如果说'这一个名单，相当的足以代表今日中国学术界的情况'。这话大致不会有多大错误吧！"他们的评价应当说是公允的。公允与否，首先从实质上看院士名单，是以关系或政治意识形态倾向入选，还是以学术水准入选；其次从程序上看运作过程即在酝酿——提名——选举这一整个过程中，是否严格按规矩行事。以下着重就人文组院士的产生做一解析。[③]

从名单分析。引人注目的是两位著名的左派人士入选。一位是以 1927 年国共分裂后撰写《请看今日之蒋介石》的郭沫若；另一位是对蒋介石、四大家族和官僚资本抨击最烈，曾被国民党政府软禁的马寅初。反之，某些学者虽被认为是自由主义知识分子，还曾在政府里担任要职，如蒋廷黻、吴景超、何廉等人，却未能当选。名单中更没有国民党主管意识形态的官员，曾任宣传部长的王世杰当时虽任外交部长，但他是以国际知名的法学家当选的。与主事者胡适、傅斯年有密切关系的人，如在胡适做驻美大使期间被胡适选为助手的张忠绂，深为胡适赏识的社会学家潘光旦，均未能入选。

此次当选院士的学术水平，从另一角度也可以反映出来。1949 年 10 月，新中国成立后组建的中国科学院五位院长副院长当中，除副院长陈伯

---

[①] http：/zhjyx. hfjy. net. cn/resource/book/edu/jxcks/ts 011058/

[②] 《竺可桢日记》第 2 册，科学出版社 1989 年版，第 1257 页。

[③] 《中央研究院第一届院士的分析》，《观察》周刊，第 5 卷第 14 期，第 3 页。

达之外，另外四位：院长郭沫若（考古、历史学家）、副院长李四光（地质学家）、陶孟和（社会学家）竺可桢（气象、地理学家），均系当选院士，而且其中两位还是人文组的院士。[①]

从过程分析。在蔡元培主持下，中央研究院于 1928 年在南京成立，它网罗了一大批精英人士，为国内外公认的华夏第一学术重镇。虽然 1935 年成立了评议会，有相当的威望，但它毕竟未经严格程序选举产生，所以不具有欧美国家院士（Academician）一般的地位。1945 年抗战胜利后，学界上层就在议论设置中央研究院院士一事。[②]

第一阶段，初步酝酿。《胡适日记》记载，1947 年 3 月 15 日，中央研究院第二届评议会第一次商讨院士选举办法，决定选举工作分数理、生物、人文三个组分头酝酿，委托物理学家萨本栋（时任中央研究院总干事）和历史学家傅斯年各考虑一个选举办法方案。人文学科方面评议员有：胡适、傅斯年、陈垣、赵元任、李济、陈寅恪等。隔天之后，又开了第二次会，比较两个方案，后来集中议论的是傅斯年所提交的方案，以后的进程大体是仿照这方案进行的。

第二阶段，院士提名。在确定采用的博斯年等人酝酿的选举程序中，先行程序就是院士候选人提名，并决定只有评议员拥有提名权。现在能够找到的胡适所提名单为：

哲学：吴敬恒（稚晖）、汤用彤、金岳霖

中国文学：沈兼士、杨树达、傅增湘

史学：张元济、陈恒、陈寅恪、傅斯年

语言学：赵元任、李方桂、罗常培

考古学及艺术系：董作宾、郭沫若、李济、梁思成

人文地理民族学：想不出人名

胡适的名单中，没有他自己，也没有他任驻美大使期间的助手，政治学家张忠绂，以及他很器重的潘光旦等人。而与其政治理念不同的郭沫若则受到提名。

傅斯年所提出的名单为：

---

① 《胡适日记全编》第七卷，安徽教育出版社 2001 年版，第 648 页。

② 《胡适日记全编》第七卷，第 656—657 页。

中国文学：吴稚晖、胡适、杨树达、张元济

史学：陈寅恪、陈恒、傅斯年、顾颉刚、蒋廷黻、余嘉锡或柳诒微

考古及美术史：李济、董作宾、郭沫若、梁思成

哲学：汤用彤、冯友兰、金岳霖

语言学：赵元任、李方桂、罗常培

与胡适不同，傅斯年毛遂自荐。但傅也提名郭沫若。

此次会后，傅斯年赴美就医，所务即交夏鼐代理。在当年9月1日夏鼐致傅斯年的信中曾写道："院士提名审查委员会，已经开过……委员会须评议员始有资格代表出席，生乃未人流的弼马温，自无法参加。曾请李济先生兼任代表，但李先生不接受。如果吾师不欲弃权，请委托其他议员代表出席。此次被提名者闻达四百余人，九月底评议会开会时可决定初步名单（据萨先生云，评议会与院务会议不同，非评议员仅能列席报告，不能代表评议员出席，故无权表决）。"说明评议过程中，对正式代表、列席代表、缺席授权、参会资格等的规定是相当严格的。从有关资料推断，此次会议还商定，10月13日举行第一次评议会，决定候选人名单，并公告大众。明春举行第二次评议会，选举80—100名院士。以后由院士本身每年选举15位，10年后院士达200余位。

10月13日，中央研究院评议员组成的院士选举筹备委员会正式开会，研究院中不是评议员的所长列席旁听。评议员原提名510人，经初步审查，留下了402名[1][2]。资格审查的主要依据是看是否在沦陷区的所谓伪大学等机构担任行政职务。著名化学家赵承嘏、萨本铁二人因此被删除。个别人认为郭沫若同情共产党，"罪过"大于共产党，也应予以删除。夏鼐认为此事关系重大，不顾自己列席者的身份不能参加讨论，起身为郭沫若辩护："Member of Academy Sinica（中央研究院院士）以学术贡献为标准，此外只有自绝于国人之汉奸，应取消资格。至于政党关系，不应以反政府而加以删除。"意见分歧很大，决定以无记名方式表决。人文组以13票对8票，决定将郭沫若列入候选人名单。在审查中，有的学科虽有候选人提名，但多数委员认为其尚不具备院士水准，本着宁缺毋滥的

---

[1]　《傅斯年全集》第七卷，湖南教育出版社2003年版，第349—350页。

[2]　《胡适日记全编》第七卷，安徽教育出版社2001年版，第683页。

原则，主张将其候选人位置空缺，天文学就是如此。会议确定了院士分配到各组的名额构成，在人文组中，安排文史约 20—21 人，社会科学约 13—14 人。16 日晚，人文组召集人胡适通宵赶写该组院士的"合格之根据"。17 日，评议会继续开会，讨论异常激烈，最后敲定的名单在当晚 7 时公布。①

通过先是协商，有分歧者无记名投票表决的方式，最后共推出院士候选人 150 名，其中数理组 49 人，生物组 46 人，人文组 55 人。候选人较拟选人数，文史方面超出了 50％，社会科学方面则超出了将近一倍。其名单如下（括号内为正式名额）：

哲学（3—4 名）：吴稚晖、陈恒、金岳霖、汤用彤、冯友兰、陈康

中国文学（4 名）：余嘉锡、胡适、张元济、杨树达、刘文典、唐兰

史学（3 名）：陈寅恪、傅斯年、顾颉刚、徐炳昶、徐中舒、陈受颐、李剑农、柳诒徵、蒋廷黻

语言学（3 名）：赵元任、李方桂、罗常培、王力

考古学及艺术史（4 名）：郭沫若、李济、董作宾、梁思成、徐鸿宝、梁思永

法律学（3—4 名）：王宠惠、王世杰、燕树棠、郭云观、李浩培、吴经熊

政治学（3—4 名）：周鲠生、萧公权、钱端升、张奚若、张忠绂

经济学（4 名）：马寅初、刘大钧、何康、杨端六、陈总、方显廷、巫宝三、杨西孟

社会学（2—3 名）：陈达、陶孟和、潘光旦、凌纯声、吴景超

第三阶段：正式选举。1948 年 3 月 25 日—27 日，评议会开会讨论院士候选人，非评议员不得与会，没有列席人员。会前，朱家骅院长曾询问傅斯年回国日期，傅斯年在美国写了一封正式的给评议会的信，信中大概有傅关于他认为应另外列入的候选人人选。后来夏鼐问信汇报说："惟依章程，不能于候选人名单以外添人，故威寿南先生等，无法加入。"

会议经过五论投票。第一轮仅投出 60 名，五轮后方产生出 81 名院士，候选人中有众多名流落选。中央研究院总办事处于 4 月份编印《国

① 《胡适日记全编》第七卷，安徽教育出版社 2001 年版，第 684 页。

立中央研究院院士名录》，其中的人文组院士 28 人为：

吴稚晖、金岳霖、汤用彤、冯友兰、余嘉锡、胡适、张元济、杨树达、柳诒微、陈恒、陈寅恪、傅斯年、顾颉刚、李方桂、赵元任、李济、梁思永、郭沫若、董作宾、梁思成、王世杰、王宠惠、周鲠生、钱端升、萧公权、马寅初、陈达、陶孟和

应当说，这次对于院士资格的要求是很高的，原提名的候选人几乎被淘汰了一半，法学的六名候选人中只有两人当选，而经济学的八名候选人中只有马寅初一人当选。原拟选出 33—35 人，却仅选出 28 人，尚余 20% 的空额，不可不说是慎之又慎。但是，不同意见总是存在的，例如，历史学家向达发表文章批评说："本院的所长、大部分的专任研究员，几乎都是当然院士。"① 会后，夏鼐在给傅斯年的信中写道："此次评议会所作之事，为选举院士而已。名单发表后，外界一般意见，以为较候选人名单为佳，以其标准似较严格也。惟有少数人批评其缺点：①遗珠甚多。②当选者，与中央研究院同仁及有关人物过多。（此以'近水楼台'之故，自所不免。）③老辈中有许多早已不做研究工作，且年轻时亦未曾有重要贡献之研究工作。所谓'科学界中的政客，'虽有院士资格第二项可言，但嫌所古比例太高，然此等见仁见智，各人之看法不同也。"夏鼐在此处所介绍的情况可以说是相当客观的，简单概括，大体上是：多数人认为把握标准严格，少数人有些意见：少数人的意见，也不尽致。夏鼐自己后来细致分析了这次选出的院士结构及其特点，提出了自己对于前述一些意见的看法。例如为了回答"中央研究院同仁及有关人物过多"的疑问，他特意计算出，当选全部院士在学术机构中的人数：中央研究院 21 人，北京大学 10 人，清华大学 9 人、技术机构 6 人，中央大学、浙江大学、文化机关及行政长官各有 4 人，其他的机构、大学都在 4 人以下。他认为："如果我们假定中研院设立每一所时，认定这门学科确已产生有专长于此的权威人物，否则宁缺毋滥；又如果延聘原所长的确是本学科的权威人士，那么所长当选院士，毋宁认为是一种当然结果。近 70 名专任研究员中仅有 9 人当选，似乎算不上大部分。"并得出了中央研究院院士"足以代表今日中国学术界的情况"的肯定结论。

---

① 《胡适日记全编》第七卷，安徽教育出版社 2001 年版，第 706 页。

半个多世纪过去了，中华民族历经磨难，学术文化沉沦起伏。如果说五十多年前对于中央研究院院士选举这"国内文化界的一件大事"（夏鼐语）的评价，当时还有种种分歧，那么，今天我们反观当选的 81 人所做工作在 20 世纪中国学术发展中的地位和作用，应当能够得出更加客观更为致的评价：这是同行评议的一次重大实验，无论从程序还是从结果来看，它都堪称一个较为成功的范例。我们理应继承这笔宝贵的推动学术进步的制度性遗产。

纵观民国时期的学术活动，基本上是一批留学欧美的自然科学和人文学者主导的。在 20 世纪上半叶东西方文化的强烈碰撞中，他们向积贫积弱的祖国不遗余力地播种近现代科学方法、科学理论、科学体制固然功不可没，但他们在象牙塔中的学术活动大体上也只能是东亚这块专制愚昧土地上少数精神贵族的游戏，不可能解决地主官僚军阀与人民大众的根本对立，国民党统治集团的最终失败历史性地宣告了其在大陆二十多年治国方略包括文化教育学术政策的破产。1949 年由中国共产党创立的新中国掀起了古老的华夏民族新的历史篇章，"时间开始了"[①]！

但是时间进程从来不是笛卡儿的一维直线，它必然充满了吊诡。新中国的学术研究和学术评价也只能在曲折中前行。

---

① "中央研究院第一届院士的分析"，《观察》周刊，第 5 卷第 14 期，第 3—5 页。